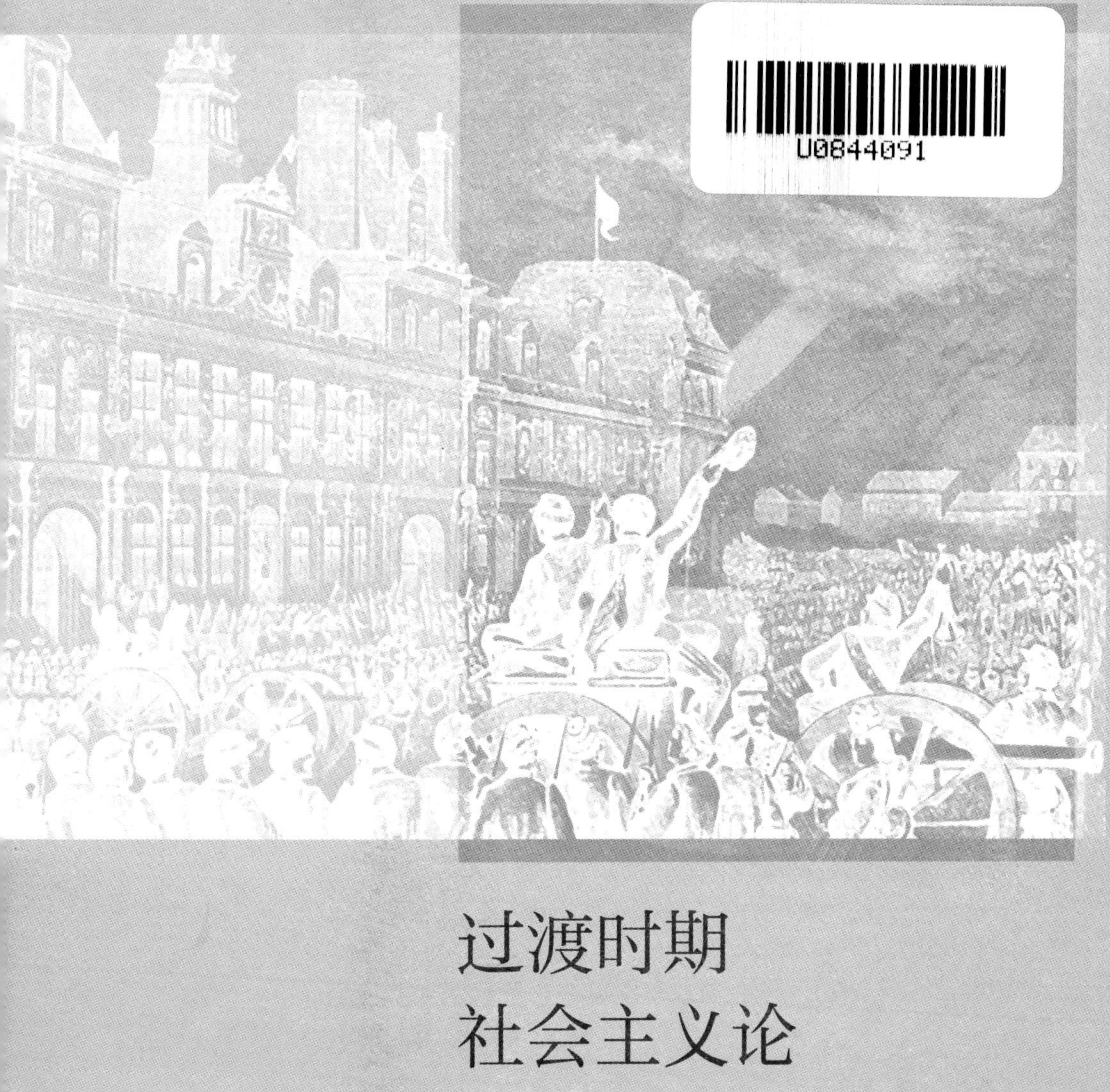

过渡时期社会主义论

Guodu Shiqi
Shehuizhuyilun

程宝光 著

中央编译出版社
CCTP Central Compilation & Translation Press

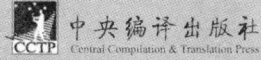

图书在版编目(CIP)数据

过渡时期社会主义论／程宝光著.
—北京：中央编译出版社，2014.6
ISBN 978-7-5117-2152-5

Ⅰ.①过…
Ⅱ.①程…
Ⅲ.①社会主义—政治思想史—研究
Ⅳ.①D091.6

中国版本图书馆 CIP 数据核字(2014)第 093320 号

过渡时期社会主义论

出 版 人：刘明清
责任编辑：王忠波　　杜永明
责任印制：尹　珺
出版发行：中央编译出版社
地　　址：北京西城区车公庄大街乙 5 号鸿儒大厦 B 座(100044)
电　　话：(010)52612345(总编室)　　(010)52612339(编辑室)
　　　　　(010)52612316(发行部)　　(010)52612315(网络销售)
　　　　　(010)52612346(馆配部)　　(010)66509618(读者服务部)
传　　真：(010)66515838
经　　销：全国新华书店
印　　刷：北京溢漾印刷有限公司
开　　本：787 毫米×1092 毫米　1/16
字　　数：264 千字
印　　张：17.25
版　　次：2014 年 6 月第 1 版第 1 次印刷
定　　价：88.00 元

网　　址：www.cctphome.com　　邮　箱：cctp@cctphome.com
新浪微博：@中央编译出版社　　微　信：中央编译出版社(ID：cctphome)

本社常年法律顾问：北京市吴栾赵阎律师事务所律师　　闫军　　梁勤
凡有印装质量问题，本社负责调换，电话：(010)66509618

序

毋庸讳言，自从二十多年前发生苏东剧变以来，马克思的学说遭到空前的质疑和责难，甚至是诋毁和诽谤。有人说它陈旧了、过时了，有人说它失败了、破产了。我国学界也有人这么认为。

面前这本书给我们带来一股清新的空气，使我们再次领悟到马克思学说的博大精深，再次看到马克思主义在现实生活中的熠熠光辉。

本书对社会生产力进行了开拓性研究。手工生产力、机器生产力、智能生产力，作为人类社会先后相继的三代生产力，这在我国学界已经基本达成共识，但是却鲜有人对此进行深入的研究。本书作者认为，机器生产力的显著特征是个别生产过程与社会生产总过程的分离，因为机器总是局部机器，只能生产片面产品，只有社会生产总过程才是完整的，才能完成人与自然的物质变换活动。与此相反，手工生产力的每一个生产过程都是完整的，生产—消费，自给自足；而智能生产力只有社会生产总过程，个别生产过程不复存在，整个社会成为一座大工厂。三代生产力的相继更替是一个否定之否定的历史过程，而所谓生产社会化则是社会生产总过程孕育、产生和发展的全过程。与手工生产力相联系的是原始社会（石器时代）、奴隶社会（铜器时代）和封建社会（铁器时代），与机器生产力相联系的是资本主义社会，与智能生产力相联系的是共产主义社会；而五大社会形态之间都有一个从前者转变为后者的过渡时期，只有相继完成生产关系革命、政治革命和生产力革命，过渡时期才能结束，人类才能进入新的社会形态，这是过渡时期的一般规律。生产力的升级换代决定着人类社会的升级换代，反过来，任何社会所处历史阶段都应以其当时的生产力性质和发展水平来鉴别，例如"手推磨产生的是封建主为首的社会，机械磨产生的是资本家为首的社会"等等。作者认为，三代生产力的理论不仅是马克思主义的，而且是马克思本人的，马克思对于人类社会发展规律的揭示，对于未来共产主义社会的设想，都是以此为基础、为标准的。此话虽然语出惊人，但是细观书中的旁征博引，又言之凿凿，令人信服。可以这么说，挖掘和发现马克思的三代生产力理论，是本书最重要的理论贡献。

根据三代生产力理论，本书重新诠释了剩余价值学说和唯物史观，恢复并光大了科学社会主义的真理性、科学性。既然机器生产力的生产过程是个别生产过程与社会生产总过程的对立统一，那么这就决定了生产劳动的双重性，由此而来的商品、价值、货币、剩余价值等等，则均属于生产力的范畴，哪里存在机器生产力，哪里就必然存在商品经济和市场经济，必然存在价值和剩余价值，社会主义国家也不可能例外。作者认为，三代生产力理论、社会基本矛盾理论、五大社会形态理论、过渡时期理论、世界历史理论、自为阶级理论等，共同架构起历史唯物主义的博大精深的理论体系，只有完整地理解和掌握这个理论体系，才能对现实社会主义进行准确的历史定位、性质界定和发展规律的揭示。历史事实是：经济文化相对落后国家的无产阶级首先取得了政治革命的胜利。"经济文化相对落后"是个什么意思呢？只有一个意思：机器生产力尚未全面取代手工生产力，经济文化领域的资产阶级民主革命尚未彻底完成。1917 年的苏维埃俄国是这样，1949 年的新中国更是这样。因此，经济文化相对落后的国家向共产主义社会的过渡，与马克思所设想的从资本主义向共产主义的过渡时期相比，时间要更长久一些，可以说增加了一个"前置阶段"，在这个阶段上，无产阶级除了剥夺大资本建立社会主义经济制度以外，主要任务是发展生产力，完成经济文化领域的彻底的民主革命。对于这个历史阶段的性质、任务和历史地位的认识，无产阶级曾经付出了极为沉重的代价，直到中国特色社会主义理论体系的形成才基本解决，这是中国共产党人对全世界无产阶级革命事业的伟大历史性贡献。

本书的研究不仅为中国特色社会主义提供了深层次的理论论证，而且彰显了马克思列宁主义、毛泽东思想、中国特色社会主义理论体系的血脉传承和与时俱进。作者认为，虽然马克思没有想到无产阶级革命首先在经济文化相对落后的国家取得胜利，但是他创立的历史唯物主义，其中特别是社会基本矛盾理论、世界历史理论和自为阶级理论，无疑是列宁关于社会主义革命一国胜利理论、毛泽东关于新民主主义革命理论的最直接的理论渊源，后者是对前者的继承、丰富和发展；虽然马克思没有亲自参加社会主义建设的实践，但是他的三代生产力理论、五大社会形态理论、过渡时期理论以及晚年关于跨越卡夫丁峡谷的设想，与列宁关于新经济政策的理论和实践、毛泽东关于新民主主义社会建设的理论和实践，与中国特色社会主义的理论和实践，则是一脉相承的，后者是对前者的继承、丰富和发展。那种认为马克思的科学社会主义不科学、对未来社会的设想是空想的观点是完全错误的，因为迄今为止智能生产力全面取代机器生产力的革命尚未发生，马克思所设想的没有商品和货币的共产主义社会第一阶段仍然是人类社会的美好未来，当今所有的社会主义国家仍然处在以完成经济文化领域的民主革命为主要任务的特殊阶段。中国共产党人把这个特殊阶段称之为社会主义初级阶段，也就是过渡时期社会主义的初级阶段。

本书的不足之处在于有些观点的论述不够深透，有的甚至只有观点而没有论证。例如，过渡时期社会主义与其脱胎出来的旧社会相比，以及与未来共产主义社会相比，都是"非此即彼又亦此亦彼"的，但是书中对于与旧社会的"非此即彼又亦此亦彼"论述得过于简略，而与共产主义社会的"非此即彼又亦此亦彼"则付之阙如。如果对两个"非此即彼又亦此亦彼"详加论述，那么，对于人们认识过渡时期社会主义的性质、基本特征和发展趋势，认识过渡时期社会主义与资本主义的本质区别，认识过渡时期社会主义与共产主义社会（包括第一阶段）的差距和差别，对于鼓舞人们更加自觉地为实现共产主义而奋斗，效果就会大不相同。另外，书中不少观点具有前沿性和新颖性，也唯其如此，其中有的观点尚需进一步地研究探讨，甚至不无值得商榷之处，但是作为一家之言这里就不予指出了。

本书涉及马克思主义哲学、政治经济学和科学社会主义的一系列重大理论问题。值得注意的是，作者认为许多观点并非个人的创造，而是从马克思的学说中发掘、疏理而来的。这无疑给我们很大启迪：马克思的学说博大精深,由于时代的任务和要求不同,在以往的研究中可能忽略了某些方面,也可能对某些观点的理解不够准确和全面,只要我们结合新的时代课题和任务,就会常读常新,使马克思主义不断绽放出新的灿烂光芒。因此我相信,本书的出版对于深入研究马克思主义经典著作将会产生推动作用。

  我与程宝光同志是相识三十余年的老朋友,对于他的学习和钻研精神我一向是十分钦佩的。2011年,宝光同志曾将本书的写作计划与我商量,并建议共同执笔,由于我忙于其他领域的研究,未能参与其事。据讲,书中多数章节都是他在每天凌晨四点到八点草写的,艰辛可知,令人叹止。在本书即将出版之际,宝光同志嘱我作序,我非常高兴,故将拜读原稿时的一些想法书于上,是为序。

赵厚军

2013 年 11 月 22 日

目 录

导 论 ... 1

第一部分 对象、方法论

第一章 社会主义经济学的形而上学 ... 5
第二章 生产力的量变、部分质变和质变 ... 11

第二部分 过渡时期社会主义与历史唯物主义

第三章 工场手工业：过渡时期资本主义 ... 19
  第一节 资本主义生产关系产生的生产力前提 ... 20
  第二节 劳动对资本的形式从属 ... 27
  第三节 从形式从属到实际从属的过渡 ... 31
  第四节 过渡时期资本主义的物质技术基础 ... 37

第四章 机器大工业：资本主义社会形态 ... 45
  第一节 工业革命：机器生产力取代手工生产力 ... 45
  第二节 劳动对资本的实际从属 ... 51
  第三节 生产商品的社会生产力 ... 60
  第四节 分工、商品、货币及其他 ... 68

第五章　智能生产力：共产主义的物质技术基础　　82
第一节　资本的发展趋势　　84
第二节　新一代生产力的幼芽　　88
第三节　共产主义生产力　　94
第四节　马克思和恩格斯的设想　　103

第六章　五大社会形态理论　　116
第一节　五大社会形态依次演进的规律　　116
第二节　"三大社会形态论"缺乏文本依据　　118

第七章　过渡时期理论　　126
第一节　过渡时期　　127
第二节　过渡时期的经济　　130
第三节　过渡时期的政治　　135

第八章　世界历史理论　　139
第一节　资产阶级首创世界历史　　140
第二节　世界历史的基本矛盾和发展趋势　　143
第三节　社会主义革命的生产力前提　　148

第九章　自为阶级理论　　157
第一节　人类社会发展的史前期　　158
第二节　无产阶级上升为自为阶级　　161
第三节　自为阶级的旷世杰作　　164
第四节　自为阶级理论的哲学视域　　172

第十章　试释"两个绝不会"，过渡时期的一般规律　　181

第三部分　过渡时期社会主义的实践与理论

第十一章　共产党人的艰辛探索　　191
第一节　列宁的探索　　191

第二节 "斯大林模式"	201
第三节 "社会主义一国建成论"批判	205
第四节 毛泽东的探索	212

第十二章 追问机器生产力   220
| 第一节 劳动力商品、剩余价值、资本及其他 | 221 |
| 第二节 货币共同体：人对物的依赖 | 227 |

第十三章 改革开放：过渡时期社会主义的迂回前进   236
第一节 中国特色社会主义	237
第二节 邓小平的社会主义观	239
第三节 跨越"卡夫丁峡谷"的曲折历程	246

第十四章 重塑公有制：过渡时期社会主义的未来进攻   249
第一节 新民主主义社会的复活	249
第二节 二次社会主义改造	254
第三节 迎接生产力的革命	257

对马克思主义的再学习、再认识（代后记）   261

导　论

我们在建设什么样的社会主义？

对于这个问题，相信每个人都可以不假思索地作出回答：我们在建设中国特色社会主义。

是的，是这样。但是，为什么要建设这样的中国特色社会主义？它是哪个历史阶段的社会主义？

面对这个问题，相信会有许多人面带惊愕。

中国特色社会主义，说到底，它是中国的社会主义。但是，并不是只有中国才有社会主义，社会主义也不是从中国开始的。作为制度层面的社会主义，开始于1917年的苏维埃俄国，其后包括中国在内十几个国家相继建立了社会主义，组成了一个社会主义阵营。十分明显的是，这些国家的社会主义有一个共同点：它们都是向共产主义社会过渡的历史时期的社会主义，都还没有真正进入马克思所说的共产主义社会，都还不是列宁所说的作为共产主义社会第一阶段的社会主义。对于这个历史时期的社会主义，我们称之为过渡时期社会主义。

从1917年的十月社会主义革命算起，过渡时期社会主义已经走过了近百年的路程，道路是漫长而曲折的，其间的胜利与挫折、成功与失败、前进与倒退，都有了。正因此，研究过渡时期社会主义的条件已经成熟了，时机已经到来了。

特别是，研究社会主义建设的规律，中国共产党已经作为一项重大的理论任务向全党郑重提出了。

我们清醒地知道，这个任务不是我们所能够完成的，但是我们同时也知道，这个任务我们是可以开始的，至少是可以参与的。

过渡时期社会主义是一般，各个国家的社会主义是特殊。只有研究一般，了解一般，才能更加深刻地理解特殊，例如才能更加深刻地理解中国特色社会主义，从而才能进一步增强国人的道路自信、理论自信和制度自信。从大处说，研究过渡时期社会主义，认识过渡时期社会主义的发展规律，有助于增强全世界无产者对于马克思主义的理论自信，对于通向共产主义社会的道路自信，对于实现共产主义伟大目标的理想自信。难道当下不正是全世界无产者最需要增强自信的时候吗？这也表明，研究过渡时期社会主义，已经成为时代的要求和呼唤。

过渡时期社会主义是怎样的？为什么应当是这样的？它的发展规律是什么？这就是本书所要努力探究的问题。但是，谁要想在本书的个别章节找到现成的答案，他就大错特错了。这是一部未了的著作，这是一个需要许许多多人的共同努力才能完成的任务。如果读者在读完全书、掩卷思索而有所得的话，那么我们就心满意足了。

在革命时期，无产阶级的任务是破坏一个旧世界，中心问题是国家政权；在过渡时期，无产阶级的任务是建设一个新世界，中心问题是生产力。无产阶级应当建设怎样的过渡时期社会主义？怎样建设过渡时期社会主义？这完全取决于眼前的生产力的性质、发展水平和发展规律，完全取决于生产力的客观诉求。认识生产力的性质和发展趋势，了解生产力的诉求，无产阶级就获得自觉性和自为性，就能建设好过渡时期社会主义；不然的话，不认识生产力的性质和发展趋势，不了解生产力的诉求，无产阶级就陷入盲目性和自在性，就不能建设好过渡时期社会主义。这是生产力对于人类社会发展的终极的决定作用的表现。十分可惜的是，长期以来，取得革命胜利的无产阶级在基本上忽视了对生产力的研究，这是在建设过渡时期社会主义的过程中出现这样或者那样问题的最根本原因。正因为如此，本书的研究将紧紧围绕生产力问题来进行，特别是着力发掘和梳理马克思、恩格斯的生产力理论以及与此相关的理论。

第一部分

■ 对象、方法论

第一章 社会主义经济学的形而上学

过渡时期社会主义的近百年的实践,其间充满的胜利与挫折、成功与失败、前进与倒退的丰富多彩的经验教训,构成了过渡时期社会主义政治经济学的现实基础。

1952年,斯大林《苏联社会主义经济问题》一书出版,以此为基础,苏联科学院经济研究所的集体著作《政治经济学教科书》第一版于1954年问世,其中的第三编"社会主义生产方式"标志着过渡时期社会主义政治经济学理论体系的形成。现在大家都知道,这个理论体系是对"斯大林模式"的诠释,实质上是斯大林的产品经济理论,其科学性和真理性是大打折扣的。

斯大林经济学体系的核心理论是产品经济理论,他把产品经济同社会主义划了等号,在实践中又把"统"字同社会主义划了等号。社会主义就是要统,什么劳动力的统包统配,生产资料的统调统拨,消费资料的统购统销,从中央财政到地方财政以及企业财务部的统收统支,等等。"统"字也成为附加在社会主义名下的一种本质特征,谁要是按照商品关系冲击这类"统"字,谁就被视为同社会主义相对立,什么"三自一包",什么"自产自销",什么"分、包、标"统统被视为同社会主义相对立的资本主义。这就堵死了改革的路![1]

---

[1] 王琢:《初级社会主义新论》,中国财政经济出版社,2001年12月版,第27页。

斯大林逝世后，特别是苏共二十大以后，社会主义国家的共产党人和理论界的思想有所解放，斯大林的产品经济理论开始受到质疑。从那时到现在，半个多世纪过去了，情况怎么样了呢？社会主义政治经济学的科学性和真理性真正解决了没有呢？应当承认：还没有。迄今为止，虽然以塑造社会主义政治经济学理论体系为目标的专著、教材比比皆是，但是被官方和学界公认为权威性、经典性的社会主义政治经济学教科书还没有出现，许多学者甚至认为"政治经济学遇到危机"，并且至今也没有走出危机，"很难说明现实问题，显得苍白无力"。[①] 试想，像发生在社会主义世界的苏东剧变、中国崛起这样正反两个方向的、震撼全世界的"社会变迁和政治变革的终极原因"，我们能够指望从现在的社会主义政治经济学中"去寻找"答案吗？显然不能指望。可见，"危机"一说是有一定道理的，好在实践已经走在了前头。

一百年的时间不算短，一百年间过渡时期社会主义建设实践中成功的经验和失败的教训不可谓不丰富，然而社会主义政治经济学却像一个长不大的孩子，至今仍在困惑和焦虑中"发育"，这是为什么呢？

发育不正常的孩子必定有毛病，理论也是如此。

传统的社会主义政治经济学陷入了形而上学，研究对象上陷入了片面性，方法论上偏离了辩证唯物主义和历史唯物主义。

政治经济学的研究对象是什么呢？1952年，斯大林在《苏联社会主义经济问题》中写道：

> 政治经济学的对象是人们的生产关系，即经济关系。

这就定下了调子。例如：

> "政治经济学是研究生产关系及其发展规律的科学"。（1984年蒋学模主编《政治经济学教材》、1985年何伟主编《政治经济学新编》）
>
> "政治经济学的对象是研究社会生产关系体系及其发展规律性。"

[①] 刘旨贤、张辉主编：《生产力经济学》，西安地图出版社，2001年7月版，第5页。

(1989年卫光华、顾学荣主编《政治经济学原理》）

"马克思主义政治经济学的研究对象是人类社会各个发展阶段上的生产关系及其运动规律。"（1990年龚士其主编《政治经济学教程》）

那么，关于政治经济学的研究对象，马克思是怎么说的呢？马克思在《〈政治经济学批判〉导言》中写道：

"面前的对象，首先是物质生产。""一切生产都是个人在一定的社会形式中并借这种社会形式而进行的对自然的占有。"

如何理解马克思的观点？2011年6月，学习出版社出版了两本书，一本是《马列主义经典著作选编》，其中节选了马克思的《〈政治经济学批判〉导言》；另一本是这个选编的《学习导读》。对于马克思阐明的政治经济学的研究对象，《学习导读》是这样导读的：

马克思批判了资产阶级经济学家把孤立的个人生产当作出发点的唯心主义、形而上学的观点。《导言》指出：政治经济学的研究对象"首先是物质生产。"这里所说的物质生产，指的是一定社会发展阶段上的物质生产。研究物质生产，就是研究人们在物质生产过程中结成的社会关系。

"研究物质生产，就是研究人们在物质生产过程中结成的社会关系。"直白些，"研究物质生产，就是研究生产关系。"再直白些，"物质生产＝生产关系。"这是一方面。

另一方面，"一切生产都是个人在一定社会形式中并借这种社会形式而进行的对自然的占有。"直白些，"生产是人对自然的占有。"再直白些，"生产＝生产力。"（林白鹏主编的《简明经济学辞典》说："生产：最简单的含义是人对自然的占有。"）

对于这样的"直白些"和"再直白些"，从汉语语法的角度，我们认为是没有问题的。"人对自然的占有"，说的是人与自然的关系，是生产力，至少首先是生产力。恩格斯在专门谈到政治经济学的研究对象时也指出：

> 政治经济学，从最广的意义上说，是研究人类社会中支配物质生活资料的生产和交换的规律的科学。生产和交换是两种不同的职能。没有交换，生产也能进行；没有生产，交换——正因为它一开始就是产品的交换——便不能发生，这两种社会职能的每一种都处于多半是特殊的外界作用的影响之下，所以都有多半是它自己的特殊的规律。但是另一方面，这两种职能在每一瞬间都互相制约，并且互相影响，以致它们可以叫做经济曲线的横座标和纵座标。①

恩格斯所说的生产，是生产物质生活资料的生产，是生产用来交换的产品的生产，这样的生产，总不能说是纯粹的生产关系吧？生产关系是什么产品也生产不出来的。因此，恩格斯与马克思是一致的：政治经济学的研究对象，首先是物质生产，首先是生产力。

可见，马克思的思想与后人的理解就是如此的不同。

但是，我们以极端的方式提出问题，并不是准备走向另一个极端。我们知道，生产力总是与生产关系相联系的。物质生产，人对自然的占有，总是在一定的生产关系之中进行的，孤立的个人在社会之外进行生产是不可思议的。因此，社会生产包括生产力和生产关系两个方面，生产力是生产的物质内容，生产关系是生产的社会形式。因此，既然政治经济学的研究对象首先是社会生产，而社会生产包括生产力和生产关系两个方面，那么，为什么政治经济学只研究生产关系而不研究生产力呢？为什么生产力不是政治经济学的研究对象呢？

按照唯物史观，生产力是人类社会发展中最活跃、最革命的因素，生产力决定生产关系，生产力的发展变化决定生产关系的发展变化。因此，既然政治经济学是研究生产关系及其发展规律的科学，怎么可以不研究生产力及其发展规律呢？生产关系岂不是变成了无源之水、无本之木了么？这样的偏

---

① 《马克思恩格斯选集》第3卷，人民出版社，1972年版，第186页。

离了历史唯物主义的政治经济学，其科学性和真理性不是很可疑的么？

中共中央编译局在《马克思恩格斯全集》（第一版）第47卷的出版"说明"中写道：

> 马克思在这部分手稿中以他制定的关于生产力和生产关系的辩证关系的历史唯物主义原理为总的导线，具体地分析了资本主义生产方式的产生和发展的过程，指明了社会发展的历史趋势。
>
> 他在这一手稿中第一次详细地考察了资本主义生产方式下生产力发展、劳动生产力提高的三个相继的阶段：协作、分工和机器。马克思研究的出发点是："正象各种不同的地质层系相继更迭一样……不应该相信各个时期是突然出现的，相互截然分开的……普遍规律在于：后一个'生产'形式的物质可能性——不论是工艺条件，还是与其相适应的企业经济结构——都是在前一个形式的范围内创造出来的。"为此，马克思在手稿中研究和总结了从古代到十九世纪中叶的极其丰富的技术史资料，从历史的角度论述了生产力的发展，论述了资本主义生产方式的产生过程。
>
> 马克思特别重视科学技术在社会发展中的作用。早在1857—1858年手稿中，他已经指出科学转变为直接生产力的趋势，在1861—1863年手稿中对这一原理又作了详细的论述。马克思指出：只有应用机器的大规模协作才第一次使自然力即风、蒸汽、电大规模地从属于直接的生产过程，使自然力变成社会劳动的因素，而自然力的应用是同科学作为生产过程的独立因素的发展相一致的，生产过程成了科学的应用，而科学反过来成了生产过程的因素，每一项发现都成了新的发明或生产方法的新的改进的基础。因此，他对这一部分加的标题是《机器。自然力和科学的应用》。马克思还研究了有关十九世纪中叶纺织、造纸、制针、机器制造等主要工业部门工艺过程的大量资料，指出机器生产的特点是自动化和联合化，并把工厂制度看作是和机器生产相适应的劳动组织。
>
> 马克思从生产力的变化研究生产关系的变化。他指出："随着一旦已经发生的、表现为工艺革命的生产力革命，还实现着生产关系的革命。"

可见，马克思不仅明确地将生产力作为政治经济学的研究对象，而且身体力行，为我们做出了光辉的榜样。

如果说资产阶级经济学是孤立地研究生产力，那么传统的社会主义政治经济学就是孤立地研究生产关系。在资产阶级经济学那里，变化的是生产力，不变的是生产关系，一个"经济人"的假设为它提供了永恒的资本关系的前提。在社会主义政治经济学这里，变化的是生产关系，不变的是生产力，它被戴上了一顶"落后"的帽子，永远是"落后的社会生产力"，谈到其他国家或者未来社会的生产力，所使用的是"发达的"、"高度发达的"或者"欠发达的"等修辞，至于这些修辞有没有一个统一的客观的标准，则是没有人去想过的。如果说他们也承认生产力的发展变化，那么最多只有量的变化而没有质的区别，对于仅仅以生产关系为对象的传统的社会主义政治经济学来说，他们认为这已经足够了。

传统的社会主义政治经济学的形而上学，是它"长不大"的病根。

但是，问题并不是到此为止。生产力问题不仅是一个重大的理论问题，尤其是一个现实的问题、实践的问题。过渡时期社会主义经济理论上的缺陷，必然会殃及过渡时期社会主义建设的实践。正如前面提到的《学习导读》所指出的：

> 一个时期内，我们对社会主义的认识存在误区，其中最突出的问题是脱离实际而抽象地理解社会主义，表现为忽视生产力的发展，超越阶段，一味拔高生产关系，其结果是欲速则不达，给社会主义发展带来了严重危害。

列宁说，传统社会主义政治经济学的形而上学，是过渡时期社会主义建设实践中教条主义的理论表现，二者相互影响、一脉相承。但是，既然今天实践已经走在了前头，既然改革也是一场革命，那么，传统的社会主义政治经济学的革命还会久远吗？

第二章　生产力的量变、部分质变和质变

事实上，中国改革开放伊始，解放和发展生产力就成为过渡时期社会主义建设实践的主题，借改革开放的东风，学界对于生产力的研究日渐活跃起来，三十多年间取得了可喜的成果。首先，我们在新版本的社会主义政治经济学教材中看到了对于生产力的研究，从开始将社会生产的要素以及生产、分配、交换和消费四环节的简单罗列，到逐渐系统的深入的研究。例如谷书堂主编的《社会主义经济学通论——中国转型期经济问题研究》写道：

> 人类生产力的发展史，至少可以追溯到260万年前。在如此漫长的年代里，人类生产力的发展经历了长短不同的许多阶段。为了便于讨论，我们必须从中区分出几个大的阶段以进行宏观的考察和概括。为此，我们把人类生产力发展史划分为：（1）古代生产力——手工生产力阶段；（2）近代生产力——机械生产力阶段；（3）现代生产力——科学生产力阶段。必须指出的是，这里的阶段划分同其他任何历史分期一样，带有极大的相对性。

这里明确提出了三代社会生产力的区分：第一代——手工生产力；第二代——机械生产力，一般称为机器生产力；第三代——科学生产力，又称为智能生产力。不仅政治经济学研究生产力，而且相关学科也在研究。例如，黄锦奎主编的《先进生产力与价值转化工程》写道：

当一种新生产工具被创造、使用而大大提高了劳动效力时，这一新生产工具就表现先进生产力。青铜器取代石器，铁器取代青铜器，手工工具和机器生产代替人手和人力，电脑代替人脑对生产过程实行自动控制和信息化处理，这一系列变革代表了先进生产力不断取代落后生产力的发展过程。人类历史上每一次由科技革命带来的产业革命，都首先主要表现为劳动工具的变革。微电子人工智能系统装置的使用，使得机器体系在原有的工具机、发动机和传动机这三个部分组成的基础上，新增了自动控制机这第四个组成部分，使大工业机械化制造由功能化的单个部分之间的随机组合转变为信息网络反馈、加工存储和传入调控的人工智能机的自动化工作过程。动力和能源方面的技术突破引起的是体能革命，微电子信息网络技术的突破所引起的则是以计算机模拟人脑的思维活动从而全面增强人脑功能的智能生产力革命，它以神奇般的魔力大大提高了人类认识和改造世界的能力和社会财富的创造力。

这里不仅提到了生产力的部分质变的过程，而且指出了区别第二代生产力与第三代生产力的根本标志——自动控制机。当然，对生产力研究做出最大贡献的还是在改革开放中异军突起的生产力经济学，它完整地、系统地揭示了社会生产力从量变、部分质变到质变的发展规律。例如，刘旨贤、张辉主编的《生产力经济学》写道：

> 纵观人类发展史，可以说是升级换代史，不仅是政治、经济制度的升级换代史，更重要的是生产力的升级换代史。人类300万年来，生产力经历了三大时代。第一代是18世纪工业革命前的300万年，是手工工具生产力阶段。第二代是18世纪中叶到20世纪中叶的200年左右，生产力发展主要靠使用机器，命名为机器生产力。第三代是20世纪中叶至今及以后或长或短的一段时间，智能机器人正在出现并发展，科学在生产力中处于决定地位，可命名为科学生产力。人类生产力至少经历这三代。详见生产力发展三代七级图。

三代七级生产力图示

三代生产力	手工工具生产力 （古代生产力）			普通机器生产力 （近代生产力）		科学生产力 （现代生产力）	
七级生产力	石器时代	铜器时代	铁器时代	蒸汽时代	电力时代	信息时代	生物时代
时间界限	公元前6000年前	公元前770年前	18世纪中叶前	1866年前	1945年前	1945年—约2030年	约2030年—未来
劳动者	体力型			一般文化型		专业科技型	
材料	天然材料和浅加工材料			深加工金属材料和化学材料		新型（分子设计）材料	
工具	手工工具			普通机器体系		智能机器与软件技术	
能源	人力、畜力、简单自然力			蒸汽力和电力		新能源	
科学技术	手工技术			蒸汽电力技术		电子生物技术	

根据以上挂一漏万的简单介绍，我们看到，学界对于生产力的研究至少取得了两个方面的积极成果。第一，生产力不仅存在量变，而且存在质变；不仅存在质变，而且存在部分质变。从第一代生产力到第二代生产力是质变，从第二代生产力到第三代生产力同样是质变。手工生产力发生了两次部分质变，即从石器时代到青铜器时代，再到铁器时代，之所以是部分质变，是因为无论是石质的生产工具，还是铜质的、铁质的生产工具，它们都是手工工具，都是人的肢体的延伸，同属手工生产力的范畴。同样的道理，机器生产力发生了一次部分质变，即从蒸汽时代到电气时代，这次部分质变是由于动力革命引起的。第二，自动控制机在物质生产过程中的出现，标志着智能化、自动化生产力的诞生，将其界定为在质上根本不同于机器生产力的新的革命生产力，即第三代生产力，具有十分重大的革命性意义。

但是，新的革命的生产力与新的生产力的革命，毕竟是既相联系又相区别的两回事，不可混为一谈，因此，认为从1945年至今已经属于第三代生产力的时代（信息时代），并预言第三代生产力将在2030年前后发生部分质变，则失之偏颇，操之过急了，是不正确的。新的革命生产力已经出现，但是新的生产力革命却尚未发生，仍在孕育之中。我们所处的时代，仍然是电气时代，最多只能说处在从第二代生产力向第三代生产力过渡的时期，而这种过渡是从上世纪五、六十年代才开始的，那时世界上第一台数控机床出现在现实的物质生产过程当中。革命的生产力与生产力的革命之间的关系，如果以生产力第一次质变即工业革命来说，那么就是机器与机械化的关系。没有机器，当然不可能有机械化，但是，有了机器，还不就是机械化。最初的机器是用手工工具制作的，最初使用纺纱机、多种型式的织机、缝纫机的，是工场手工业，这种以使用机器为基础的手工业生产，表现为向大工业的过渡。而真正的大工业的出现，有赖于用机器制造机器，而这除了有赖于冶金工业的发展之外，最重要的生产条件，是要有能充分供给力量同时又完全受人控制的发动机，蒸汽机就是这样的机器。关于蒸汽机与工业革命的关系，被公认为是关于工业革命的权威之作（［法］保尔·芒图）《十八世纪产业革命》一书中写道：

> 使用不同于人力或畜力的动力是近代大工业的主要特征之一。没有这种动力虽然能有机器，但机械化就不会存在，生产只能在比较狭窄的范围内发展；简言之，"手工工场制"与工厂制度之间的距离就无法越过。

正因为如此，马克思在盛赞工具机是工业革命的起点，是第一次伟大的工业革命之后，认为：

> 继这第一次伟大的工业革命以后，采用蒸汽机作为生产运动的机器，则是第二次革命。①

正是由蒸汽机所催生的这次生产力的革命，在历史上被称为西方国家的工业革命或者产业革命。这是生产力在质上发生剧烈变动的革命时期。工具机的产生是劳动经验的结晶，马克思肯定它的革命性作用，是因为它是"在历史上曾经是转折点的东西"，而蒸汽机则开启了科学应用于直接生产过程的伟大时代，经由电气时代和第三次科技革命，我们看到，它要彻底掌握、支

---

① 《马克思恩格斯全集》第47卷，人民出版社，1979年版，第414页。

配和统治这个过程。因此，毫无疑问，生产力将要发生第二次质的飞跃、第二次革命，第三代生产力必将取代第二代生产力，但是还不是现在。今天，就像当年的机器出现在工场手工业当中那样，智能机器人和智能机器仍然处在第二代生产力的载体——普通机器体系——的包围之中，真正的"无人工厂"至今也没有一个。18世纪的工业革命已经表明，生产力的革命既不是某一个生产领域的事情，也不是某一个生产领域所能够成就的，它有赖于多个生产领域的革命性变革。同样的道理，生产力的第二次革命既不是某一个科技领域的事情，也不是某一个科技领域所能够成就的，它有赖于多个科技领域的革命。如果说工具机是第一次生产力革命（工业革命）的起点，蒸汽机是工业革命的催化剂，那么，自动控制机就是第二次生产力革命的起点，至于催化剂是什么、有哪些，我们不知道。也许，全世界所企盼的第四次科技革命能够为我们提供答案。

在当前学界对于生产力的研究中，仍然存在着方法论的缺陷，就是说，存在着生产力研究与生产关系研究"两张皮"的现象。例如前面引用的《生产力经济学》中的一段话："纵观人类发展史，可以说是升级换代史，不仅是政治、经济制度的升级换代史，更重要的是生产力的升级换代史。"——这是何等的振聋发聩、何等的科学和正确啊！他们明确地表达出这样的思想：人类社会的升级换代是由生产力的升级换代决定的，生产力的质变和部分质变决定着社会形态的质变和部分质变，生产力发展的阶段性决定着人类社会发展的阶段性。可是，他们在发出这一强音之后，就一声不响地去埋头研究他们的生产力了，好像所有这一切都与他们的研究再没有什么关系。"留给政治经济学去研究吧！"——也许他们这样想。

而所谓的社会主义政治经济学呢？他们完全认可三代社会生产力的不同性质和依次更替，也认可生产力的部分质变，然而，所有这一切与"生产关系及其发展规律"是个什么关系？与社会经济形态、进而与社会形态的依次更替和阶段性发展是个什么关系？则完全付诸阙如，好像他们并没有研究过生产力似的。当他们为了说明生产关系的改革、变革等等而不得不提到生产力的时候，一下子又回到了过去：谈到我国的生产力，仍然是"落后的生产力"；谈到未来新社会的生产力，仍然是"高度发达的社会生产力"；在继续把第二代生产力称为"社会化大生产"的同时,将第三代生产力也包括进去;他们把第二代和第三代生产力的"混合物",美其名曰"现代生产力",如此等等,总之是恢复了老面孔、老提法、老修辞,刚刚取得的研究成果被抛到九霄云外去了。继续片面地、孤立地研究生产关系,就无法摆脱焦虑和困惑,例如前面提到的《社会主义经济学通论》问道:

> 马克思曾经讲过一句名言:"手推磨产生的是封建主为首的社会,蒸汽磨产生的是工业资本家为首的社会。"……如果说蒸汽磨产生的是工业资本家为首的社会,那么,电子计算机是否就一定会产生出社会主义社会呢?

一个"?",充分暴露了他们在理论上的怯懦和不彻底性。

最后,三代社会生产力的理论,或者说揭示三代生产力的不同性质和依次更替的发展规律的理论,是科学的和正确的,是马克思主义的生产力理论。但是,几乎所有的研究者都没有指出,而本书第二部分将要证明:这一科学理论不仅是马克思主义的,而且正是马克思本人的。

第二部分

■ 过渡时期社会主义与历史唯物主义

第三章　工场手工业：过渡时期资本主义

马克思在世时，资本主义经历了工场手工业阶段和以机器生产力为基础的自由竞争阶段。马克思逝世后不久，资本主义发展到它的最高阶段，即垄断资本主义或者说帝国主义阶段。而自上世纪八、九十年代开始，资本主义发展到它的最高和最后的阶段，即虚拟垄断资本主义阶段。① 在资本主义即将走到它的尽头的时候，现在，我们回过头来观察它刚刚生成的幼年期，观察它的工场手工业阶段，重温马克思的有关教诲，弄清楚相关的理论问题，具有十分重要的意义。可以这么说，马克思关于资本主义产生、初步发展的学说，是理解历史唯物主义的钥匙，是认识人类社会发展规律的枢纽，对于把握过渡时期社会主义的发展规律具有重大的借鉴意义和指导意义。

按照马克思的说法，工场手工业阶段是劳动对资本的形式从属以及从单纯形式从属向实际从属过渡的阶段，只是随着工业革命的胜利，也就是随着机器生产力取代手工生产力，才最终完成这种过渡。机器大工业才是"典型的名副其实的资本主义生产方式"。② 因此，工场手工业是从封建社会向资本主义社会的过渡时期的资本主义，简称过渡时期资本主义。

---

① 参见拙作《资本主义最高和最后阶段论》，江苏人民出版社，2012年6月版。
② 《马克思恩格斯全集》第30卷，人民出版社，1995年版，第507页。

第一节　资本主义生产关系产生的生产力前提

资本主义"生产力和生产关系不是从无中发展起来的，也不是从空中，也不是从自己设定自己的那种观念的母胎中发展起来的，而是在现有的生产发展过程内部和流传下来的、传统的所有制关系内部，并且与它们相对立而发展起来的"。[①] 马克思在《资本论》第一卷和1857—1858年经济学手稿等著作中，详细阐述了资本的原始积累过程，揭露了"资本来到世间，从头到脚，每个毛孔都滴着血和肮脏的东西"。不过这一切暂时与我们无关，我们现在要说的是资本主义生产关系产生的生产力前提。

在我国学界，有人认为资本主义生产关系是伴随着以分工为特征的手工工场的出现而萌芽和发展起来的，就是说，分工的手工工场是资本主义生产关系得以产生的生产力前提；也有人认为资本主义生产关系的出现是大机器生产的要求，大机器生产是资本主义生产关系得以产生的生产力前提。[②] 这两种观点都是不正确的，因为既不符合马克思本人的思想，也不符合历史事实。不要说在大机器生产之前，就是在以分工为特征的手工工场之前，资本主义生产关系就已经生成了。后来发生的现象不可能是从前发生的现象的原因和前提，这是不言自明的。分工所产生的生产力，机器这种制造出来的生产力，都是在资本的关系下发展起来的，都是资本创造的生产力，就像母鸡生下的蛋一样。如果蛋是鸡的前提，那么反过来鸡就是蛋的前提，这就陷入了荒谬的循环论证。

关于资本主义生产关系产生的生产力前提，马克思写道：

"首先，资本的生产过程，——从它的物质方面，即从生产使用价值方面考察，——是一般劳动过程，并且作为这种劳动过程，它显示出这

[①] 《马克思恩格斯全集》第30卷，人民出版社，1995年版，第236页。
[②] 参见段忠桥《重释历史唯物主义》，江苏人民出版社，2009年6月版，第111页。

一过程本身在各种极不相同的社会生产形式下所固有的一般因素。也就是说，这些因素是由作为劳动的劳动的性质所决定的。事实上在历史上是这样的：资本在它开始形成的时候不仅控制了一般劳动过程（使劳动过程从属于自己），而且还控制了特殊的现实的劳动过程，这些劳动过程在工艺上处于资本找到它们时的状况，并且是在非资本主义生产关系基础上发展起来的。资本找到现实生产过程，即特定的生产方式，最初只是在形式上使它从属于自己，丝毫也不改变它在工艺上的规定性。资本只有在自己的发展过程中才不仅在形式上使劳动过程从属于自己，而且改变了这个过程，赋予生产方式本身以新的形式，从而第一次创造出它特有的生产方式。"①

"我们再回头来谈我们那位未来的资本家吧。我们离开他时，他已经在商品市场上购买了劳动过程所需要的一切因素：物的因素和人的因素，即生产资料和劳动力。他用内行的狡黠的眼光物色到了适合于他的特殊行业（如纺纱、制靴等等）的生产资料和劳动力。于是，我们的资本家就着手消费他购买的商品，劳动力；就是说，让劳动力的承担者，工人，通过自己的劳动来消费生产资料。当然，劳动过程的一般性质并不因为工人是为资本家劳动而不是为自己劳动就发生变化。制靴或者纺纱的特定方式和方法起初也不会因资本家的插手就发生变化。起初，资本家在市场上找到什么样的劳动力就得使用什么样的劳动力，因而劳动在还没有资本家的时期是怎样的，资本家就得采用怎样的劳动。由劳动从属于资本而引起的生产方式本身的变化，以后才能发生，因而以后再来考察。"②

马克思所说的"生产方式"，根据中国人民大学段忠桥教授的考证，并不是通常认为的"生产力和生产关系的统一"。马克思所说的"生产方式"，"作为从使用价值方面来看的特定的生产过程，既指劳动者使用何种生产资料

---

① 《马克思恩格斯全集》第32卷，人民出版社，1995年版，第103页。
② 《资本论》第1卷，人民出版社，1975年版，第209页。

进行生产，也指劳动者结成何种劳动组织形式进行生产，是这二者的统一。""相对于生产关系而言，可以认为，生产力和生产方式具有相同的含义。"①我们认为段忠桥教授的考证是有力的和充分的，应予采信。当然，这只是说，在我们阅读马克思著作的时候，要理解"生产方式"这个概念的真实含义并不是在说我们今天的学习和研究中，必须把生产方式和生产力作为同一个概念。②

根据马克思的论述，我们看到，作为资本前提的生产力，是资本来到世间所找到的现成的生产力，而不是资本自己创造的生产力，就是说，是在旧社会生产关系中发展起来的、既定的生产力。这是一方面。另一方面，资本起初也不是预先设定的资本，不是产业资本，而是商人资本和高利贷资本，这是"洪水期前的资本形式，它在资本主义生产方式以前很早已经产生，并且出现在极不相同的社会经济形态中"。③ 在这个时候，既没有鸡，也没有蛋。从静态来看，从社会的横截面来看，一方面是现成的、被游离出来的生活资料和生产资料，另一方面是与劳动条件相分离的、一无所有的自由劳动者；除此之外还有一个第三者：商人资本和高利贷资本，总之是货币资本。货币资本插手在二者之间，一手购买生活资料和生产资料，一手购买自由劳动者的劳动力，于是资本主义生产过程开始了、产生了，于是一切都发生了改变：货币转化为资本，变成了生产资本、产业资本，自由劳动者变成了雇佣工人，

---

① 段忠桥《重释历史唯物主义》，江苏人民出版社，2009年6月版，第117—118页。
② 本书没有对马克思所说的"生产方式"进行专门研究，而是基本沿用了传统观点，即生产方式是生产力和生产关系的统一。近观学界研究，不少学者将"生产方式"视为有别于生产力的独立范畴，形成了所谓"生产力——生产方式——生产关系"序列。这是不正确的。在大多数情况下，马克思所说的生产方式就是生产力，确切地说，是指社会基本生产单位的现实生产过程，包括生产的技术条件和劳动者在这种现实生产过程内部的社会结合两个方面。读者在本书第四章将会看到，工厂（企业）是机器生产力的基本生产单位，即个别生产过程或者个别生产力；机器生产力的显著特征是个别生产过程与社会生产总过程的分离，而社会生产总过程则是生产过程与交换过程的统一。因此，当马克思在《资本论》第一卷第一版序言中说"我要在本书研究的是资本主义生产方式以及和它相适应的生产关系与交换关系"，这其中的生产方式＋交换关系＝机器生产力，就是说，《资本论》所研究的是机器生产力和资本主义生产关系，也就是资本主义这一社会经济形态。
③ 《资本论》第3卷，人民出版社，1975年版，第671页。

物质生产过程变成了价值增值过程，一句话，资本主义作为一种新的社会生产关系产生了。但是，这里的生产力，这里的劳动过程，是被资本占有的生产力，是被资本控制的劳动过程，就其生产使用价值的过程来说，与旧社会的生产过程没有任何区别，就是说，仍然是旧社会的生产力，劳动者从前使用什么工具进行生产，现在仍然使用什么工具生产，劳动者从前的技艺是怎样的，现在仍然是怎样的，劳动组织的形式也是如此。因此，从这个角度看问题，新的资本主义生产方式＝旧社会的生产力＋资本主义生产关系。

对以上结论人们也许要问，行会手工业的生产关系和资本主义的生产关系是两种性质不同的生产关系，如果认为使资本主义生产关系得以产生的生产力前提是行会手工业后期达到的生产力水平，那是不是说这两种性质不同的生产关系是基于同一生产力水平？如果是这样的话，那又如何解释有什么样的生产力，才会有什么样的生产关系这一历史唯物主义的基本原理呢？①

这位学者正确地提出了问题，但是并没有正确地回答问题，这里且不去管他。如果我们仔细阅读前面引用的马克思的两段论述，那么不难发现，第一，旧的生产方式，旧社会的生产力，作为产生资本主义生产关系的前提，是"从它的物质方面，即从生产使用价值方面来考察"的，而如果从生产交换价值的方面去考察，就可能得出另外的结论；第二，"资本找到现实生产过程，即特定的生产方式"，是从哪里找到的呢？马克思说得很明确，是"在市场上找到"的。马克思说：

"存在于货币形式上的财富，只是由于而且只有劳动的客观条件同劳动本身相分离，才可能用来交换劳动的客观条件。……只有当自由劳动通过历史过程而与自己存在的客观条件相分离的时候，这种财富才找到购买这种自由劳动的条件。也只有这时候，这种财富才有可能购买这些

---

① 段忠桥《重释历史唯物主义》，江苏人民出版社，2009年6月版，第119页。

条件本身。例如，在行会条件下，单纯的货币，如果它本身不是行会的、不是行会师傅的货币，就不可能买到织机，用来织布；一个人可以使用多少织机等等，是预先规定好的。总之，工具本身还同活劳动本身连在一起，还表现为活劳动所支配的领域，以致工具还没有真正进入流通。"

"绝不是资本创造出劳动的客观条件。相反，资本的原始形成只不过是这样发生的：作为货币财富而存在的价值，由于旧的生产方式解体的历史过程，一方面能买到劳动的客观条件，另一方面也能用货币从已经自由的工人那里换到活劳动本身。"①

可见，生产力因素的这种既定的、现成的状态，即劳动者与劳动的客观条件的分离，是一个历史过程的结果。这个历史的过程就是"用血与火的文字载入人类编年史"的资本的原始积累。

例如，英国的大土地所有者遣散了那些曾经与他们共同消费剩余农产品的侍从；其次，他们的租佃者赶走了茅舍贫农等，这样一来，首先有大量的活劳动力被抛到劳动市场上，他们在双重意义上是自由的：摆脱旧的保护关系或农奴依附关系以及徭役关系而自由了，其次是丧失一切财物和任何客观的物质存在形式而自由了，自由得一无所有；他们唯一的活路，或是出卖自己的劳动能力，或是行乞、流浪和抢劫。他们最初力图走后一条路，但是被绞架、耻辱柱和鞭子从这一条路上赶到通往劳动市场的狭路上去；由此可见，政府，如亨利七世、亨利八世等等的政府，是作为历史上解体过程的条件而出现的，并且是作为资本存在的条件的创造者而出现的——这已为历史所证明。②

原始积累的历史过程不是资本的结果，而是资本的前提。经过这个历史过程，资本家与在土地财产或一般财产同劳动之间作为中间人历史地插了进

---

① 《马克思恩格斯全集》第30卷，人民出版社，1995年版，第499—501页。
② 同上，第502页。

来。历史根本不知道什么资本家和工人结成联盟等等的美妙幻想,在资本概念的发展中也没有这种迹象。资本只不过是把它找到的大量人手和大量工具结合起来。资本把它们聚集在自己的统治之下。这是资本的实在的积累;就是在各个点上把工人连同他们的工具积累起来。但是,这个历史的过程,这个资本的前史和前提,根据历史唯物主义,毕竟是社会生产力发生变动的表现,并且,生产力的变动是这样一种变动:"在过去的生产方式中,必然发展起那些超出旧生产关系并迫使旧生产关系转化为资本关系的交往手段、生产资料和需要。但是,它们只需要发展到使劳动在形式上从属于资本的程度。"①那么,这到底是一种什么样的社会生产力呢?

"资本只能在商品生产和商品流通的基础上形成,因而只能在已有的、发展到一定阶段的商业的基础上形成,相反,商品生产和商品流通(它包括货币流通)绝不是以资本主义生产作为自己存在的前提,相反,它们是资本主义生产的必要的既定的历史前提。"②

"例如16世纪的英国,由于尼德兰工业的发展,英国的羊毛生产在贸易上获得重大意义,而另一方面,特别是对尼德兰商品和意大利商品的需要也增长了。现在为了得到更多的羊毛来当作交换手段出口,耕地变成了牧羊场,小租佃制遭到了破坏,发生了托马斯·莫尔所哀叹的(所揭露的)那一整套暴力的经济变革。因此,农业失去了为使用价值(作为直接的生存资料来源)而劳动的性质,而农业的剩余产品的交换对于农业关系的内部结构来说失去了迄今为止是无关紧要的和外表的性质。在某些地方,农业本身开始完全由流通决定,转变为纯粹设定交换价值的生产。这样一来,不仅生产方式改变了,而且一切与之相适应的旧的、传统的人口关系和生产关系,旧的、传统的经济关系都解体了。"③

"货币转化为资本的方式,在历史上往往非常明显地表现成这样:例

---

① 《马克思恩格斯全集》第49卷,人民出版社,1982年版,第126页。
② 《马克思恩格斯全集》第32卷,人民出版社,1995年版,第356页。
③ 《马克思恩格斯全集》第31卷,人民出版社,1995年版,第369页。

如商人让许多以前以农村副业的形式从事纺织的工人为他劳动,把他们的副业变成他们的本业。这样,商人就掌握了他们,……商人所做的一切,只是逐渐把他们限制在这样一种劳动之内,这种劳动使他们依赖于出售,依赖于买者,依赖于商人,最终他们就只是为他而生产,并通过他而生产。最初,商人只是通过购买他们的产品来购买他们的劳动;一旦他们只限于生产这种交换价值,从而必须直接生产交换价值,必须把自己的劳动全部用来换取货币,才有可能继续生存,这时他们便落入商人的支配之下,最后就连他们好像是把商品出卖给商人的那种假象也消失了。"①

由此可见,这种"在非资本主义生产关系基础上发展起来"又"超出旧生产关系"的生产力,是这样一种生产力:从前为了自我消费而生产,现在是为了商人、为了市场而生产;从前只生产使用价值,现在是"直接生产交换价值"、"只限于生产交换价值";从物质方面,从生产使用价值的方面来观察,它没有任何的变化,无论是工艺条件还是劳动组织形式都没有任何的不同,就是说,生产力的发展水平没有任何的提高,但是,从前它是生产使用价值的生产力,现在却是生产交换价值的生产力了。即使社会生产力的总量保持不变,由于按照另一种方式分配,交换价值发展了,交换价值的生产规模相对扩大了,在整个社会范围内扩大了,终于有一天,它"超出"了旧的以生产使用价值为目的的生产关系;与此同时,市场也扩大了,终于有一天,未来的资本家先生能够在商品市场上购买到"劳动过程所需要的一切因素:物的因素和人的因素,即生产资料和劳动力"。交换价值的生产是使用价值的生产通向价值增值生产的中介和桥梁,发展到一定规模的交换价值的生产力,既是旧的生产关系解体的前提,又是资本主义生产关系得以产生的前提;它一方面瓦解着自给自足的封建经济,另一方面催生着价值增值的资本主义经济。因此,这种在封建生产关系基础上发展起来而又超出这一关系的生产交换价值的手工生产力,就是资本主义生产关系得以产生的生产力前提。

---

① 《马克思恩格斯全集》第 30 卷,人民出版社,1995 年版,第 505—506 页。

而这种生产力的相对扩大或者增长也不是无缘无故的，它是由于美洲的发现和美洲贵金属的输入、绕道好望角这条航道同东印度通商后流通中商品量的增加，以及海上贸易的发展共同促成的。

但是不要忘记，我们这里所说的交换价值的发展，以生产交换价值为目的的生产力的扩大与增长，都是相对的；所谓旧的生产关系的解体，所谓封建社会的瓦解，都是局部的。封建社会的全面崩溃和资本主义的全面胜利，是发生在工业革命的过程之中的事情，那是生产力乃至整个社会在质上发生剧烈变动的革命时期。

以后我们将会证明，在资本主义生产关系的基础上发展起来而又超出这一关系、在客观上要求宏观调控和计划调节的机器生产力，是社会主义生产关系得以产生的生产力前提；由于无产阶级创造历史的特殊性，它同时又是社会主义革命的生产力前提。

第二节　劳动对资本的形式从属

我们已经看到，最初的资本主义生产过程，如果从它的物质方面，即从生产使用价值方面来考察，那么它是资本起初遇到的现成的生产过程，也就是在旧的生产关系的基础上发展起来的现成的物质生产力。而如果从交换价值方面来考察，首先，生产过程的前提是交换过程的结果，一切生产要素都是作为商品进入生产过程的；其次，在生产过程中，劳动力的使用价值，劳动本身，不仅创造出一个与劳动力等量的价值，而且创造出一个剩余价值，生产过程是价值增值过程，资本家所关心的，正是尽可能多地榨取、占有这些剩余价值。对于这样的生产过程，或者说对于这个阶段的资本主义，马克思称之为劳动对资本的形式从属。

"资本家所关心的是，合乎目的地利用劳动材料本身，使它作为劳动材料来消费。如果材料白白浪费掉了，那么它就没有进入劳动过程，没有作为劳动材料来消费。就劳动资料来说，如果工人不是通过劳动过程本身，而是以其他方式损坏了它的物质实体，那么，情况也是如此。最后资本家将注意的是，要工人真正地劳动，用全部时间来劳动，而且只花费必要的劳动时间，即在一定的时间里完成正常的劳动量。劳动过程，从而劳动和工人本身，在所有这些方面都受到资本的监督和支配。我把这称作劳动过程在形式上从属于资本。"①

"劳动在形式上从属于资本，……'资本主义前的关系和资本主义关系之间的'这种差别是形式上的差别，因为这种差别在生产方式和生产借以实现的那些社会关系没有任何变化的情况下也能存在。"②

"如果事先认定，工场手工业的产生就是资本生产方式的产生（奴隶自在的就是结合的，因为他们属于一个主人），那就是以下面这点为前提：真正由资本本身所造成的劳动生产力还不存在。"③

那么，在这个阶段，劳动仅仅在形式上从属于资本的阶段，资本主义生产的具体形式或者说具体形态是怎样的呢？

既然我们已经知道，这个阶段的资本的生产过程，从物质方面来看，与旧的生产过程没有任何区别；既然我们知道，在封建经济中，劳动的独立性和分散性是其显著特征，那么，这种独立性和分散性就同时是这个阶段上资本生产的特征，也就是形式从属的第一个表现形态。

资本主义首先侵入的不是城市工商业，而是农村副业，例如纺和织，即最少需要行会技巧、技艺训练的那种劳动。开始，商人向他们购买剩余的产品，使他们不仅为满足家庭消费而劳动，而且间或为了销售而劳动，并且逐渐地把他们的副业变成他们的本业，也就是使他们的劳动完全为了销售，完全依赖于商人。商人起初通过购买他们的产品来购买他们的劳动，后来则通过向他们提供劳动材料甚至劳动资料来直接购买他们的劳动。"商人购买他们的劳动，并且先是剥夺他们对产品的所有权，很快又剥夺对劳动工具的所有

---

① 《马克思恩格斯全集》第32卷，人民出版社，1995年版，第104页。
② 同上，第297页。
③ 《马克思恩格斯全集》第30卷，人民出版社，1995年版，第590页。

权,或者是为了减低商人自己的生产费用而把劳动工具留给他们作为徒有其名的财产。"① 这种由一个资本家(开始是商人)剥削许许多多的、分散在不同地点的雇佣工人的形式,就是劳动在形式上从属于资本的第一种形式。

最简单的和最不以分工为转移的形式是:资本给各种独立的和分散在各处的手工、织工、纺工等活干(这种形式至今还同工业并存)。可见,这里生产方式本身还不是由资本所决定,而是由资本所遇到的。这些分散工人的统一点,只在于他们同资本的相互关系,在于他们生产的产品在资本手里积累起来,从而他们创造的超出自己收入的剩余价值也在资本手里积累起来。工人们作为共同劳动只是自在地存在着,这仅仅是就他们中间每一个人都为资本劳动这一点来说的,——由于这一点资本成为一个中心,——但他们并未共同劳动。所以,工人通过资本而实现的联合只是形式上的,而且涉及的只是劳动的产品,不是劳动本身。工人不是和许多人相交换,而是和一个资本家相交换。因此,资本造成交换的集中。

资本不是以个人的身份进行交换,而是以许多人的消费和需求的代表者的身份进行交换。资本不再作为单个交换者进行交换,而是在交换行为中代表社会。这是资本方面同分散劳动的织工等等进行的集体交换和集中交换。通过这种交换,他们的劳动产品,从而他们的劳动本身,被集合起来,联合起来,虽然他们的劳动是彼此独立进行的。他们的劳动的联合,表现为一种特殊行为,与此同时,他们劳动的独立分散性仍然存在。②

这个劳动在形式上从属于资本的第一种形式、第一种形态,即使在机器大工业的一个时期内仍然广泛存在,在当时被称作"现代家庭劳动",它不仅遍布于农村,而且充满着城市。

---

① 《马克思恩格斯全集》第 30 卷,人民出版社,1995 年版,第 506 页。
② 同上,第 588—589 页。

资本除了把工厂工人、手工工场工人和手工业工人大规模地集中在一起，并直接指挥他们，它还通过许多无形的线调动着另一支散居在大城市和农村的家庭工人大军。例如，梯利先生在爱尔兰的伦敦德里所开设的衬衫工厂，就雇佣着1000个工厂工人和9000个散居在农村的家庭工人。①

就劳动在形式上从属于资本的第一种形式来说，"后来他们又必须离开家乡，联合在一个作坊里——这是第二步"。② 这就是第二种形式或者说第二种形态。

第二种形态消除了第一种形态中许多工人的分散性。这时，在交换行为中，一个资本对这些工人来说不再只是表现为社会集体力量，把许多交换联合在资本中，而是在它的指挥下把工人集合在一个地点，一个手工工场内。这时工人被聚集在同一地点，只是便于资本的监督，工人还只是作为单个人而劳动。他们的劳动可能是相同的，也可能是不同的，但并不是共同劳动，不是协同劳动，不具备共同劳动的同时性。因此，这种聚集在同一空间内的劳动，"并没有引起劳动生产力的实际增长，单个人不可能把自己的活动范围扩展到取得这种结果所需要的程度。"③ 所以这种情况，即劳动在形式上从属资本的第二种形态，还仅仅是协作的前提条件之一，而不是真正的协作本身。

就生产方式本身来说，例如初期的工场手工业，除了同一资本同时雇佣的工人较多而外，和行会手工业几乎没有什么区别。行会师傅的作坊只是扩大了而已。

因此，起初只是量上的区别。④

---

① 《资本论》第1卷，人民出版社，1975年版，第506页。
② 《马克思恩格斯全集》第30卷，人民出版社，1995年版，第505页。
③ 《马克思恩格斯全集》第32卷，人民出版社，1995年版，第292页。
④ 《资本论》第1卷，人民出版社，1975年版，第358页。

劳动在形式上从属于资本的以上两种形态，在某些行业是前后相继的，而在另外的行业则只有第二种形态，没有第一种形态，这是由不同行业的劳动的性质所决定的。而严格说来，第一种形态，即许多分散的劳动在形式上从属于一个资本，表现为分散的、封建的小商品生产向资本主义商品生产的过渡，并不形成资本主义生产的真正起点，历史上作为资本主义生产的真正起点的是第二种形态，即扬弃了劳动的分散性的形态。

毕竟，工人被聚集在同一空间、同一地点，协作的可能性产生了。简单协作的实质始终是行动的同时性，这种行动的同时性所达到的结果，是各个独自行动的单个工人按时间依次进行他们的劳动所根本不可能达到的。因此，简单协作是资本起初遇到的旧的社会生产力向资本的生产力的最初转换，是劳动对资本的形式从属向生产方式本身的实际改变的最初转化，亦即向实际从属的最初转化。

第三节　从形式从属到实际从属的过渡

劳动对资本从单纯的形式从属向实际从属的过渡，在本质上是说社会生产力在资本主义生产关系的基础上的发展，或者说是由资本所创造的生产力的产生与发展。在纯粹的形式从属阶段，真正由资本所造成的劳动生产力还不存在。什么时候由资本所创造的生产力出现了，什么时候便开始了向实际从属的过渡、转化。

简单协作

真正由资本创造的生产力最初是协作生产力，或者说是由资本主义协作而生成的劳动生产力。

> 许多人在同一生产过程中，或在不同的但互相联系的生产过程中，有计划地一起协同劳动，这种劳动形式叫做协作。
> 一个骑兵连的进攻力量或一个步兵团的抵抗力量，与单个骑兵分散

展开的进攻力量的总和或单个步兵分散展开的抵抗力量的总和有本质的差别,同样,单个劳动者的力量的机械总和,与许多人手同时共同完成同一不可分割的操作(例如举重、转绞车、清除道路上的障碍物等)所发挥的社会力量有本质的差别。在这里,结合劳动的效果要么是个人劳动根本不可能达到的,要么只能在长得多的时间内,或者只能在很小的规模上达到。这里的问题不仅是通过协作提高了个人生产力,而且是创造了一种生产力,这种生产力本身必然是集体力。①

协作,古已有之。从前的协作同样提高个人的生产力,同样创造出一个集体力,但是,从前的协作不同于资本主义协作。根据马克思的分析,从前的协作要么以个人尚未脱离氏族脐带为基础,要么以直接的统治关系和从属关系为基础,就是说,依靠的是直接的身体上的强制,而资本主义协作是以人身完全自由的劳动者为基础的,资本主义协作固然也存在强制,但这里是经济强制而不是从前的人身强制,就是说,劳动者与劳动条件相分离,劳动者一无所有,劳动条件是他人的财产,并且作为积累或者积聚的资本而存在。因此,这个时候协作所创造的集体力,表现为资本所创造的生产力,资本的生产力。正如马克思所说:

> 工人作为独立的人是单个的人,他们和同一资本发生关系,但是彼此不发生关系。他们的协作是在劳动过程中才开始的,但是在劳动过程中他们已经不再属于自己了。他们一进入劳动过程,便并入资本。作为协作的人,作为一个工作机体的肢体,他们本身只不过是资本的一种特殊存在方式。因此,工人作为社会工人所发挥的生产力,是资本的生产力。②

我们已经知道,资本主义生产关系产生的生产力前提是在旧社会发展起来的生产力,是资本起初遇到的生产力,那时,资本自己的生产力、资本创

---

① 《资本论》第1卷,人民出版社,1975年版,第362页。
② 同上,第370页。

造的生产力还不存在。现在不同了,资本创造出一个集体力,创造出一个自己的生产力。于是,与资本关系相对应的生产方式发生了变化,具体说,是劳动组织形式发生了变化,变成了资本主义协作关系。因此,特殊的资本主义生产方式,特殊的资本的生产力,第一次出现了。

如果说,劳动在形式上从属于资本的第二种形态,是资本对劳动的分散性的扬弃,即把许多工人聚集在一起,聚集在一个地方,那么,资本主义协作则是资本对劳动的独立性的初步扬弃,第一次扬弃,劳动不再是那么独立自主的了,现在它要服从于协作,从属于协作。这样一来,劳动对资本的从属就不再仅仅是形式上的了,而是具有了实在的、实际的内容:一方面,在劳动过程中,协作关系存在于工人之外,存在于把他们集合和联结在一起的资本中,因此,他们的劳动的联系,在观念上作为资本家的计划,在实践中作为资本家的权威,作为他人意志的权力而与他们相对立,他们的活动必须服从这个意志的目的;另一方面,劳动过程作为价值增值过程,协作是提高相对剩余价值的手段,也就是资本家尽可能多地剥削劳动力,随着同时雇佣的工人的人数的增加,他们的反抗也加剧了,因此,资本为压制这种反抗所施加的压力也必然增加。这样两个方面的内容,标志着劳动对资本开始向实际从属过渡,当然是第一阶段的过渡,或者说是过渡的第一阶段。

> 这是第一阶段,在这个阶段上,劳动对资本的从属不再是单纯形式上的从属,而是会改变生产方式本身,于是资本主义的生产方式就成为特殊的生产方式。……在这里,劳动是在这样一些条件下进行的,在这些条件下,单个人的独立劳动无法进行,而且这些条件表现为统治他的关系,表现为由资本缠在各单个工人身上的绳索。[①]

分 工

工场手工业的分工,或者说以分工为基础的协作,是向实际从属过渡的

[①]《马克思恩格斯全集》第32卷,人民出版社,1995年版,第296—297页。

第二阶段。"这个时期大约从十六世纪中叶到十八世纪末叶。"①

毋庸赘言,工场手工业的分工进一步提高了劳动生产力,并且,这是资本的生产力,资本创造的生产力。

作为向实际从属过渡的第二阶段,是资本对劳动的独立性的进一步扬弃,第二次扬弃。在第一阶段上,即简单协作,是一个工人和其他许多工人同时共同劳动,和他们同时完成同一项工作,而他的劳动本身不发生任何变化,只是造成暂时的联系,即某种并行的活动。这种并行的活动,只是形式上使工人成为整体的部分,但是在这个整体中,工人作为生产者不会由于他同其他许多工人干同样的活而进一步受到影响,就是说,简单协作大体上没有改变一个人的劳动方式。现在不同了。在这第二个阶段上,工场手工业分工使工人的劳动本身发生了彻底地改变,从根本上侵袭了个人的劳动方式。从前工人依次完成的各种不同的操作,现在作为独立的操作或过程互相分离了,孤立了,成为某一工人或一定数量工人的唯一职能,工人从属于这个独立的职能,从属于分工。反过来,分工把工人变成了畸形物,变成了局部工人,他的劳动力变成了终身从事这种局部职能的器官,而整个工场则变成了一个以人为器官的生产机构。因此,工人是工场的活的组成部分,他通过他的劳动方式本身变成了资本的附属物,因为他的技能只能在一个工场里,只是作为一个代表资本的存在而与工人相对立的机构的环节才能发挥作用。

工人最初不得不把生产商品的劳动当作商品出卖给资本家,因为他缺少实现他的劳动能力的客观条件。现在他之所以必须出卖他的劳动,是因为他的劳动能力只有出卖给资本才是劳动能力。因此,他现在从属于资本主义生产、受资本的支配,不只是由于他缺少劳动资料,而且是由于他的劳动能力本身,由于他的劳动的性质和方式;他受资本的支配,因为在资本的手中不仅掌握着主体劳动的客观条件,而且也掌握着主体劳动的社会条件,工人的劳动只有在这些条件下还能是劳动。

因此,事情不仅是:由分工即劳动的这种社会存在形式引起的生产力的提高不再是工人的生产力,而是资本的生产力。这种结合劳动的社会形式作

---

① 《资本论》第1卷,人民出版社,1975年版,第373页。

为资本的存在与工人相对立。结合作为有强大威力的天命与工人相对立，工人受到这种天命的支配是由于他的劳动能力变成了完全片面的职能，这种片面的职能离开总机构就什么也不是，因此，它完全要依赖于这个总机构。工人本身变成了一个简单的零件。

在这里（在分工的条件下），资本主义生产方式已经从本质上控制并改变了劳动。这已经不再只是工人对资本的形式上的从属：即工人在他人的指挥和监督下为他人劳动。①

实际从属的有限性和脆弱性

我国有学者认为，从简单协作开始，尤其是从工场手工业的分工开始，劳动对资本的从属就不再是形式上的从属而是实际从属了。② 这种观点是不正确的，既不符合马克思的思想，也不符合客观事实。马克思无论在谈到简单协作还是在谈到工场手工业的分工时都明确指出：劳动对资本的从属"不再只是"形式上的从属了。十分明显，"不再只是"与"不再是"是完全不同的两回事。而在事实上，例如简单协作，正如马克思所说的，只存在于某些暂时的特殊的时期，只是为了满足例外的需要，例如在收割庄稼、修筑道路等等或者在最简单的工场手工业的场合就是这样，并且这种简单协作按照事物的性质很容易中断。再如分工。工场手工业的分工虽然既改变了劳动组织的形式又改变了单个工人的劳动方式，但是并没有改变结合劳动的根本性质，作为基本的和主要的方面，生产力仍然是资本起初遇到的那种社会生产力，仍然是手工生产力。

为了正确地理解工场手工业的分工，把握住下列各点是很重要的。首先，在这里生产过程分解为各个特殊阶段是同手工业活动分成各种不

---

① 《马克思恩格斯全集》第 32 卷，人民出版社，1995 年版，第 318 页。
② 参见段忠桥《重释历史唯物主义》，江苏人民出版社，2009 年 6 月版，第 114 页。

同的局部操作完全一致的。不管操作是复杂还是简单,它仍然是手工业性质的,因而仍然取决于每个工人使用工具的力量、熟练、速度和准确。手工业仍然是基础。①

劳动仍然是手工劳动,生产力仍然是手工生产力,手工生产力始终是工场手工业的物质技术基础,这一点从名称上就可以看出来,或者说这是一种同义反复。从前,一个工人依次使用不同的手工工具、依次完成不同的操作;现在,许多工人,或是单个工人或是按照一定的数量比例分成的工人小组,分别使用与从前大体相同的手工工具、分别完成与从前"完全一致的"操作,如此而已。协作使资本创造出一个集体力,这不过是说,在资本主义协作的情况下,生产力大于单个工人的劳动生产力的总和,$1+1>2$,但是单个工人的劳动生产力的总和毕竟是基本的。分工使手工工具不断完善,工人技艺不断积累,并且由于协作的一般性质,进一步提高了劳动生产力,但只是提高而已,手工生产力的基础仍然是主要的。尤其是,手工劳动,即劳动者使用手工工具劳动,主人始终是劳动者,工具始终是工具,是劳动者的工具,是劳动者的奴仆,而决不会相反,决不会像在机器体系面前那样工人从主人变成奴仆。凭此一点,在整个工场手工业阶段,作为基本的和主要的方面,劳动对资本的从属就必然不是实际上的,所谓实际从属是十分有限的和脆弱的。这一结论可以由工人的"不服从行为"作验证:

> 由于手工业的熟练仍然是工场手工业的基础,同时在工场手工业中执行职能的总机构没有任何不依赖工人本身的客观骨骼,所以资本不得不经常同工人的不服从行为作斗争。我们的朋友尤尔叫喊说:
> "人类天性的弱点如此之大,以致工人越熟练,就越任性,越难驾驭,因此,工人不驯服的脾气给总机构造成巨大的损害。"
> 因此,在整个工场手工业时期,都可听到关于工人缺乏纪律的怨言。即使我们没有当时的著作家的记载,但从十六世纪直到大工业时代,资

---

① 《资本论》第1卷,人民出版社,1975年版,第375—376页。

本始终没有能够占有工场手工业工人全部可供支配的劳动时间,各种工场手工业生命短促,它们随着工人由国外迁入或迁往国外而由一国迁到另一国,这些最简单的事实就等于成千上万册的书。我们一再引用过的《论手工业和商业》的作者在1770年呼吁说:"必须用这种或那种方法把秩序建立起来。"六十六年以后,安德鲁·尤尔博士也说道,在以"经院式的分工教条"为基础的工场手工业中,还缺乏"秩序"……①

最后需要指出,那种认为从简单协作开始,劳动就"不再是"形式上从属于资本,而是实际从属于资本的观点之所以错误,最根本的原因在于:他们误解了马克思的思想,把两件完全不同的事情混为一谈了。所谓"形式从属",说的是资本主义生产关系,是资本的形式规定,它不因"实际从属"的出现而消失,相反,它一直存在着。而所谓"实际从属",则说的是资本创造的生产力,这是一个从无到有的过程。二者是形式和内容的关系。不过,这个问题留待第四章第二节再作详谈。

第四节　过渡时期资本主义的物质技术基础

我们已经看到,手工劳动,手工生产力,是过渡时期资本主义的物质技术基础。换句话说,正因为手工生产力是它的物质技术基础,所以它才是过渡时期资本主义,才是不够格的资本主义。本节的任务不是继续观察手工生产力与资本的关系,而是观察它本身,就是说,重温马克思对人类社会第一代生产力的研究和思想。

马克思并没有直接使用过"手工生产力"这一概念,而是使用"手工劳动"、"手工工具"、"手工业"等概念。十分明显,它们的含义是一样的。例如马克思在谈到工场手工业时,说"手工业仍旧是基础",是说手工生产力仍旧是基础,这应当是没有疑义的。

---

① 《资本论》第1卷,人民出版社,1975年版,第406—407页。

三大发展阶段

在生产和交换的略高一些的阶段上,生产工具比产品重要;而金属(起初是石块)是最初的和最不可缺少的生产工具。就在古代人的货币中扮演了重大角色的铜来说,充当生产工具的特殊使用价值,和不是来自商品的使用价值而是与商品作为交换价值(包括交换手段)的规定相适应的其他属性,在它身上还是结合在一起的。①

在德意志人那里,青铜的使用比铁早。②

赖特迈埃尔正确指出:"金、银和铜,尽管它们比较软,在古代民族那里首先被用来制造采伐工具和采掘工具,——比铁早。"……"当人们学会淬火,使铜的硬度提高到能够敌得过坚硬的岩石的时候,"工具得到了改进。"人们用炼得很硬的铜来制造加工石头的凿子和锤子……最后发现了铁。"③

尽管直到现在,历史著作很少提到物质生产的发展,即整个社会生活以及整个现实历史的基础,但是,至少史前时期是在自然科学研究的基础上,而不是在所谓历史研究的基础上,按照制造工具和武器的材料,划分为石器时代、青铜时代和铁器时代的。④

在这里,马克思勾勒出了手工生产力在自身发展的历史长河中所经历的三大阶段,即石器时代、青铜器时代和铁器时代。

生产过程的完整性和封闭性

例如,目前还部分地保存着的原始的规模小的印度公社,就是建立

---

① 《马克思恩格斯全集》第 30 卷,人民出版社,1995 年版,第 116 页。
② 同上,第 130 页。
③ 同上,第 133 页。
④ 《资本论》第 1 卷,人民出版社,1975 年版,注(5a),第 204 页。

在土地公有、农业和手工业直接结合以及固定分工之上的,这种分工在组成新公社时成为现成的计划和略图。这种公社都是一个自给自足的生产整体,它们的生产面积从一百英亩到几千英亩不等。产品的主要部分是为了满足公社本身的直接需要,而不是当作商品来生产的,因此,生产本身与整个印度社会以商品交换为媒介的分工毫无关系。①

在前资本主义社会,自给自足的自然经济占据统治地位,主要是使用价值的生产。研究表明,原始社会的氏族,奴隶社会和封建社会的个体家庭,是各自社会的经济单位,也就是生产单位。这种个体家庭,既包括男耕女织的小农的个体家庭,也包括拥有大庄园的奴隶主的或者封建主的个体家庭。氏族或者个体家庭作为社会的经济单位,不管其规模的大小和内部分工的程度如何,都是一个生产过程,一个完整的生产过程,都生产同一种东西——自我消费。生产——消费,自给自足。而氏族之间,个体家庭之间,正所谓"鸡犬之声相闻,老死不相往来。"因此,在这个时候,生产过程中的活劳动,手工劳动,只生产使用价值,只有一重性,只是具体劳动。正如马克思所说:

> 如果个人所生产的是自己的直接的生活资料,例如就像继续保留着自然发生的农业关系的国家中大多存在的情况那样,那么他的生产就不具有社会性质,他的劳动就不是社会劳动。②

> 如果个人A和个人B的需要相同,而且他们都把自己的劳动实现在同一对象中,那么他们之间就不会有任何关系;从他们的生产方面来看,他们根本不是不同的个人。他们两个人都需要呼吸,空气对他们两个人来说都是作为大气而存在;这一切都不会使他们发生任何社会接触;作为呼吸着的个人,他们只是作为自然物,而不是作为人格互相发生关系。……而且,大象为老虎生产,或者一些动物为另一些动物生产的情况,是不会发生的。例如,一窝蜜蜂实质上只是一只蜜蜂,它们都生产

---

① 《资本论》第1卷,人民出版社,1975年版,第395页。
② 《马克思恩格斯全集》第46卷下册,人民出版社,1975年版,第471页。

同一种东西。①

有限的产品交换和商品生产

在物物交换中,产品只自在地是交换价值;这是交换价值的最初表现形式,不过产品还没有设定为交换价值。首先,这一规定[交换价值]并没有遍及整个生产,而只是涉及到生产的多余部分,因此它本身或多或少是多余的(正像交换本身那样);它涉及到满足范围,享受范围的偶然扩大(和新的客体有关)。因此,交换只是在少数地方发生(最初在原始共同体的尽头,在它们与外人的接触中),限制在小范围内,对生产来说是一种暂时的、附带的现象;它的消失和它的发生都是偶然的。偶然用自己产品的剩余来交换外人产品的剩余。②

起初的商品交换不仅具有纯粹的物物交换的性质,而且这种用于交换的物并不是专门为了交换而生产的,相反,它们是为了生产者的直接消费而生产的。就是说,起初的商品交换并不是以商品生产为基础的,先有商品交换而后有商品生产,这个类似于"先有鸡还是先有蛋"的古老问题在这里是一清二楚的。交换者偶然用自己产品的剩余来交换别人产品的剩余。较为经常的商品交换只是在第一次社会大分工,即农业和畜牧业的分离之后才成为可能。而按照恩格斯的意见,后于商品交换的商品生产是在社会发生第二次大分工之后才开始出现的。恩格斯写道:

随着生产分为农业和手工业这两大主要部门,便出现了直接以交换为目的的生产,即商品生产,随之而来的是贸易,不仅有部落内部和部落边界的贸易,而且还有海外贸易。然而,所有这一切都还很不发达;贵金属开始成为占优势的和普遍性的货币商品,但是还不是铸造的货币,

---

① 《马克思恩格斯全集》第 30 卷,人民出版社,1995 年版,第 197 页。
② 同上,第 156 页。

只是简单地按重量交换罢了。①

在前资本主义社会，就生产过程来说，商品的生产过程与同时期的产品的生产过程没有什么不同，劳动者使用的手工工具也大体相同，因此，这样的商品生产，不论后来如何的"发达"，总是"简单"商品经济，它的规模和活动范围都是十分有限的。马克思指出：

> 在这里，产品本身还是基础，生产是为了生存。在这里，商品生产的基础还是这样一种生产，这种生产的主要产品不是商品，在这种生产中，生活资料本身还不取决于出售；在这里还没有这种情况，即生产者不生产商品就什么也不生产。②
>
> 在古亚细亚的、古希腊罗马的等等生产方式下，产品变为商品、从而人作为商品生产者而存在的现象，处于从属地位，但是共同体越是走向没落阶段，这种现象就越是重要。真正的商业民族只存在于古代世界的空隙中，就像伊壁鸠鲁的神只存在于世界的空隙中，或者犹太人只存在于波兰社会的缝隙中一样。③

手工生产力的保守性和狭隘性

> 人的最初的工具是他本身的肢体，不过，他自身首先占有的必然正是这些工具。只是有了用于新生产的最初的产品——哪怕只是一块击杀动物的石头——之后，真正的劳动过程才开始。④

但是在分工中，劳动资料同过去一样仍然是这样一种劳动工具，它的使用要取决于单个工人的个人技艺；劳动资料在这里仍然是工人自己

---

① 《马克思恩格斯选集》第4卷，人民出版社，1995年版，第159—160页。
② 《马克思恩格斯全集》第32卷，人民出版社，1995年版，第340页。
③ 《资本论》第1卷，人民出版社，1975年版，第96页。
④ 《马克思恩格斯全集》第32卷，人民出版社，1995年版，第109页。

的技能的传导者，实际上是附加在人的自然器官上的人工器官。①

再加上手工工具是附加在人的自然器官上的人工器官，所以，一方面，手工工具是人的工具，受劳动者的支配；另一方面，劳动工具也接受了人自身的全部限制和全部局限性。

首先是人的自然器官的数量的限制：

> 人能够同时使用的工具的数量，受到人天生的生产工具的数量，即他自己身体的器官数量的限制。在德国，起初有人试图让一个纺纱工人踏两架纺车，也就是说，要他同时用双手双脚劳动。这太紧张了。后来有人发明了脚踏的双锭纺车，但是，能同时纺两根纱的纺纱能手几乎像双头人一样罕见。②

其次是人的力量的限制。一个人的力气有多大呢？而强大的生产力就必须有比人力强大的动力，更不用说人是产生划一运动和连续运动的很不完善的工具了。③

我们知道，手工劳动的效率取决于劳动者的力量、熟练、速度和准确，而这一切在事实上都是非常有限的，甚至是可怜的，只要想一想手工劳动所可能达到的最大的精确度，就足够了。手工生产力的保守性和狭隘性的最根本表现，在于：

> 只要手工业和工场手工业构成社会生产的普遍基础，生产者对专一生产部门的依附，他的职业的原有多面性的破坏，就成为发展的必要因素。在这一基础上，每一个特殊的生产部门都通过经验找到适合于自己的技术形式，慢慢地使它完善，而一旦达到一定的成熟程度，就迅速地

---

① 《马克思恩格斯全集》第32卷，人民出版社，1995年版，第336页。
② 《资本论》第1卷，人民出版社，1975年版，第411页。
③ 同上，第413页。

使它固定下来。除商业提供的新的劳动材料外,劳动工具的逐渐改变也会不时地引起变化。一旦从经验中取得适合的形式,工具就固定不变了;工具往往世代相传达千年之久的事实,就证明了这一点。很能说明问题的是,各种特殊的手艺直到十八世纪还称为 mysteries（mysteres）[秘诀],只有经验丰富的内行才能洞悉其中的奥妙。这层帷幕在人们面前掩盖起他们自己的社会生产过程,使各种自然形成的分门别类的生产部门彼此成为哑谜,甚至对每个部门的内行都成为哑谜。①

由此可见,劳动工具的固定性和劳动诀窍的秘密性是手工生产力的保守性和狭隘性的突出表现。而从本质上说,其保守性和狭隘性则在于排斥科学的应用,排斥社会对自然的统治和支配,排斥社会生产力的自由发展,它只同生产和社会的狭隘的自然产生的界限相容。而排斥科学应用于直接的生产过程,就不可能使生产过程获得革命性的改造,人类就不可能获得新的先进的生产方式。劳动对象也是这样。手工生产力的对象几乎仅限于自然界所提供的现成的东西,并且是十分有限的范围,（没有科学）既不可能发现现有物质的新的用途,更不可能发现新的有用的物质。手工生产力的动力、工具、对象、产品都是贫乏的、有限的,从而是狭隘的。手工生产力伴随着人类社会的出现而产生以来,一直缓慢地发展着、前进着,终于,在资本主义工场手工业中发展到了它的顶点,创造了它的辉煌,就是说,工场手工业的分工与协作,以及由分工引起的手工工具的完善和工人技艺的积累,使手工生产力达到了空前的高度,然而结果又怎样呢? 马克思指出:

但是,真正的工场手工业时期并没有引起根本的改变。我们记住,工场手工业只涉及国民生产的很小一部分,它一直以城市手工业和农村家庭副业作为广阔的背景。②

---

① 《资本论》第 1 卷,人民出版社,1975 年版,第 532—533 页。
② 同上,第 816 页。

综上所述，马克思认为：首先，从人类学会制造工具，"真正的劳动过程才开始"，劳动工具"起初是石块"，后来是青铜，"最后是铁"；其次，从原始社会到资本主义工场手工业，劳动工具始终是手工工具，"实际上是附加在人的自然器官上的人工器官"，从而接受了人身所加给它的全部局限，具有保守性和狭隘性；再次，手工生产力的保守性和狭隘性决定了劳动过程的完整性和封闭性，"一窝蜜蜂实质上是一只蜜蜂"，同时决定了"生产是为了生存"，生产劳动"不是社会劳动"，只是具体劳动，只有一重性；最后，以手工劳动为基础的小商品生产，虽然劳动具有了某种程度的社会性，但是规模极其有限，即使是资本主义工场手工业，既不能掌握全部社会生产，也不能根本改造它，"只涉及国民生产的很小一部分"。——这就是马克思对于人类社会第一代生产力的基本思想。手工生产力走到了它的尽头。它自身创造出来的生产需要在呼唤着新一代的人类社会生产力。

第四章　机器大工业：资本主义社会形态

一方面，工场手工业分工通过手工业活动的分解和劳动工具的专门化，为机器的产生创造了技术前提；另一方面，工场手工业本身的狭隘的技术基础和它自身创造出来的生产需要之间的尖锐矛盾，在呼唤着新一代的生产力的出现，而它也就出现了，这就是机器。

机器生产力是资本主义的物质技术基础，资本主义生产关系建立在机器生产力的基础上，从而结束了从封建社会向资本主义社会的过渡，结束了过渡时期资本主义，资本主义作为比封建社会新的更高的社会形态出现了，从此开始了自身的运动和发展。"自从蒸汽机和新的工具机把旧的工场手工业变成大工业以后，在资产阶级领导下造成的生产力，就以前所未闻的速度和前所未闻的规模发展起来了。"[①]

第一节　工业革命：机器生产力取代手工生产力

生产力的第一次质的飞跃，第一次革命，史称工业革命或者产业革命。英国是工业革命的先驱。1764 年，织工兼木匠的哈格里佛士发明了能同时转动 8 个纺锭的珍妮纺纱机，以后又增加到 16 个纺锭，能够生产比过去多 15 倍的纱。珍妮机是不用人的手指纺纱的机器，人只是作为动力来摇动它。这是

[①]《马克思恩格斯选集》第 3 卷，人民出版社，1972 年版，第 425 页。

第一个从工具发展为机器的重大发明。一般就把英国的工业革命看作是由此开始的。继英国之后，法国、美国、德国以及后来的日本，在19世纪里相继发生工业革命。从1764年算起，工业革命在英国持续70年，在西方世界持续100多年。

机器和手工工具的区别

今天谈论机器和手工工具的区别也许是可笑的和多余的，但是在当年却是一个认真而严肃的话题。因为机器刚刚出现的时候

> 数学家和力学家说，工具是简单的机器，机器是复杂的工具。某些英国经济学家也重复这种说法。他们看不到二者之间的本质区别，甚至把简单的机械力如杠杆、斜面、螺旋、楔等等也叫做机器。的确，任何机器都是由这些简单的力构成的，不管它怎样改装和组合。但是从经济学的观点来看，这种说明毫无用处，因为其中没有历史的要素。另一方面，还有人认为，工具和机器的区别在于：工具的动力是人，机器的动力是不同于人力的自然力，如牲畜、水、风等等。按照这种说法，在各个极不相同的生产时代存在的牛拉犁是机器，而一个工人用手推动的、每分钟可织96000个眼的克劳生式回转织机不过是工具了。而且，同一台织机，用手推动时是工具，用蒸汽推动时就成为机器了。既然畜力的使用是人类最古老的发明之一，那么，机器生产事实上就应该先于手工业生产了。①

因此，首先应该清楚，劳动资料如何从工具转变为机器，或者说，机器和手工工具有什么区别。那么，它们的区别何在呢？马克思写道：

> 如果我们仔细地看一下工具机或真正的工作机，那么再现在我们面前的，大体上还是手工业者和工场手工业工人所使用的那些器具和工具，尽管它们在形式上往往有很大改变。不过，现在它们已经不是人的工具，

---

① 《资本论》第1卷，人民出版社，1975年版，第409页。

而是一个机构的工具或机械工具了。……因此，工具机是这样一种机构，它在取得适当的运动后，用自己的工具来完成过去工人用类似的工具所完成的那些操作。至于动力是来自人还是来自另一台机器，这并不改变问题的实质。在真正的工具从人那里转移到机构上以后，机器就代替了单纯的工具。即使人本身仍然是原动力，机器和工具之间的区别也是一目了然的。①

直接作用于劳动对象的人造物，即工具，从前是在劳动者的手中，从而是手工工具，是劳动者的人工器官，现在却离开了人手的控制，跑到一个非人的、木的或铁的机构的身上，成了机构的器官，成了机械工具。工具可说是没有多大改变，但是改变了位置，从而改变了主人，由活生生的人的工具变成了冷冰冰的机构的工具。换句话说，机构从人的手中将工具夺走，安在了自己的身躯上，摇身一变成为工具的主人。这就是机器和手工工具的本质区别：人使用工具变成了机构使用工具，机器代替了人。机构使用工具便是机器。正因为如此，马克思指出：

机器的这一部分——工具机，是十八世纪工业革命的起点。在今天，每当手工业或工场手工业生产过渡到机器生产时，工具机也还是起点。②

工业革命的进程

虽然工具机是工业革命的起点，但是工具机并不是自觉应用科学的结果，相反，它仍然是手工劳动经验的产物，工具机的发明与手工工具在工场手工业中的完善是一脉相承的。这从机器发明者的身份也可以看得出来：他们是实践家而不是科学家。工具离开人的手而成为机构的工具，这就摆脱了人身所加给它的全部限制，为利用自然力开辟了道路。最初利用的是畜力、风力

---

① 《资本论》第1卷，人民出版社，1975年版，第410—411页。
② 同上，第410页。

和水力。这是自在的自然力。但是水不能随意增高,在缺乏时不能补充,有时完全枯竭,而主要的是,它完全受地方的限制。风力也是这样。因此,最初的机器是由工场手工业使用的,甚至是个人或者家庭使用的,在英国,工场手工业分散在广大农村的河流之畔。这样的机器同样不能根本改造手工业,使用这样的机器还称不上机器生产,只能是机器生产的一个简单要素。这是机器大工业的"童年期"、"幼年期"。

工作机规模的扩大和工作机上同时作业的工具的数量的增加,需要较大的发动机构。这个机构不仅要克服它本身的阻力,必须有比人力强大的动力,而且必需产生划一的和连续的运动。1784年,瓦特发明了第二种蒸汽机,即所谓双向蒸汽机。在专利说明书中,他没有把自己的蒸汽机说成是一种用于特殊目的的发明,而把它说成是大工业普遍应用的发动机。历史表明,它果真如此,果真被普遍应用于大工业。换句话说,这种蒸汽机加速了工业革命的步伐,甚至是肇启了真正的工业革命。因为从这时起,机器开始成为由发动机、传动机和工作机三个部分组成的发达的机器,小机器变成了大机器、名副其实的机器;手工业开始向大工业过渡,并逐渐集中在城市。不久,又催生了机器体系的出现。

只有在劳动对象顺次通过一系列互相联结的不同的阶段过程,而这些过程是由一系列各不相同而又互为补充的工具机来完成的地方,真正的机器体系才代替了各个独立的机器。在这里,工场手工业所特有的以分工为基础的协作又出现了,但这种协作现在表现为各个局部工作机的结合。……在这里,整个过程是客观的按其本身的性质分解为各个组成阶段,每个局部过程如何完成和各个局部过程如何结合的问题,由力学、化学等等在技术上的应用来解决,当然,在这里也像以前一样,理论的方案需要通过实际经验的大量积累才臻于完善。每一台局部机器依次把原料供给下一台,由于所有局部机器都同时动作,产品就不断地处于自己形成过程的各个阶段,不断地从一个生产阶段转到另一个生产阶段。①

---

① 《资本论》第1卷,人民出版社,1975年版,第416—417页。

大工业借助于机器，在它首先占领的那些生产领域排除了手工业和工场手工业。然而，它自身的生产，即机器制造业，却仍然是工场手工业，仍然是用手工劳动制造机器，手工生产力成了大工业的直接的技术基础。大工业发展到一定阶段，也在技术上同自己的手工业以及工场手工业基础发生冲突。发动机、传动机构和工具机的规模日益扩大；随着工具机摆脱掉最初曾支配它的构造的手工业形式而获得仅由其力学任务决定的自由形式，工具机的各个组成部分日益复杂、多样并具有严格地规则性；自动体系日益发展；难于加工的材料日益不可避免地被应用，例如以铁代替木材——所有这些都是自然发生的问题，要解决这些问题到处都碰到人身的限制。例如，后来出现的印刷机、蒸汽织机和梳棉机这样的机器，就不是工场手工业所能制造的。因此，用机器制造机器，就成为工业革命的最后一役。只有这样，大工业才建立起与自己相适应的技术基础，才能得以自立。不消说，完成这个最后一役，蒸汽机又是功不可没，因为用机器制造机器的最重要的生产条件，是要有能充分供给力量同时又完全受人控制的发动机。蒸汽机已经是这样的机器。关于工业革命的这个最后一役，马克思写道：

> 随着十九世纪最初几十年机器生产的发展，机器实际上逐渐掌握了工具机的制造。但只是到了最近几十年，由于大规模的铁路建设和远洋航运事业的发展，用来制造原动机的庞大机器才产生出来。[1]

最后，大工业造就了新的劳动组织形式——工厂制度。它是奴役雇佣工人的兵营。但是就其物质形态来说，

> 在这里，代替单个机器的是一个庞大的机械怪物，它的躯体充满了整座整座的厂房，它的魔力先是由它的庞大肢体庄重而有节奏的运动掩盖着，然后在它的无数真正工作器官的疯狂旋转中迸发出来。[2]

---

[1] 《资本论》第1卷，人民出版社，1975年版，第422页。
[2] 同上，第419页。

机器生产力的革命性质

机器生产力的革命性质首先表现在科学在劳动过程中的应用,科学成为劳动过程的独立要素。与工场手工业的协作和分工不同,机器是科学的对象化,是制造出来的生产力。只有在这种生产方式下,才第一次产生了只有用科学方法才能解决的实际问题;只有在现在,实验和观察,以及生产过程的迫切需要,才第一次达到使科学的应用成为可能和必要的那样一种规模;同时,也第一次在相当大的程度上为自然科学创造了进行研究、观察、实验的物质手段。于是,劳动过程愈来愈成为科学的过程。

大工业的原则是,首先不管人的手怎样,把每一个生产过程本身分解成各个构成要素,从而创立了工艺学这门完全现代的科学。社会生产过程的五光十色的、似无联系的和已经固定化的形态,分解成为自然科学的自觉按计划的和为取得预期有用效果而系统分类的应用。[①]

大工业把巨大的自然力和自然科学并入生产过程,必然大大提高劳动生产率,这一点是一目了然的。[②]

其次,在机器生产力成为资本主义的技术基础的条件下,发明新机器、改良旧机器就成为唯一的目的,没有固定不变的东西,劳动过程的所有条件和所有要素都在变化、在发展。科学和生产的互相渗透、互相促进的关系早已昭示了这一点。马克思指出:

现代工业从来不把某一生产过程的现存形式看成和当作最后的形式。因此,现代工业的技术基础是革命的,而所有以往的生产方式的技术基础本质上是保守的。现代工业通过机器、化学过程和其他方法,使工人

[①] 《资本论》第 1 卷,人民出版社,1975 年版,第 533 页。
[②] 同上,第 424 页。

的职能和劳动过程的社会结合不断地随着生产的技术基础发生变革。①

资产阶级除非使生产工具,从而使生产关系,从而使全部社会关系不断地革命化,否则就不能生存下去。反之,原封不动地维持旧的生产方式,却是过去的一切工业阶级生存的首要条件。生产的不断变革,一切社会关系不停地动荡,永远的不安定和变动,这就是资产阶级时代不同于过去一切时代的地方。②

第二节　劳动对资本的实际从属

劳动对资本的形式从属和实际从属,说到底是形式和内容的关系,是资本的社会存在(马克思称为资本的形式规定)和物质存在的关系。所谓形式从属,说的是生产关系,即劳动从属于资本的社会存在,资本占有活劳动创造的剩余价值;而实际从属则是说的生产力,劳动从属于资本的物质存在,活劳动从属于劳动资料。任何社会生产,在它的成熟形态或者典型形态,都是自己的生产关系和自己创造的和代表的生产力的统一,资本主义生产也不例外。只有劳动不仅形式上从属资本而且在实际上也从属于资本,或者说劳动既从属于资本的社会存在又从属于资本的物质存在,也就是资本最终创造出自己的物质技术基础,才是成熟的和典型的资本主义,才是真正的资本主义社会形态。过渡时期资本主义并不是这样。资本最初遇到的生产力是由旧社会创造的现成的社会生产力,那时劳动过程并不包括在资本里,那时的劳动过程与封建行会手工业的劳动过程,或者与家庭手工业的劳动过程,没有任何区别,没有任何不同。那时由资本创造的生产力还不存在。因此,那时劳动与资本的关系,是单纯的形式上的从属。就是说,资本主义生产关系产生了,劳动从属于资本的社会存在,资本占有雇佣工人的剩余劳动。仅此而已。后来,劳动过程中出现了资本主义协作;再后来,出现了工场手工业的

---

① 《资本论》第1卷,人民出版社,1975年版,第533—534页。
② 《马克思恩格斯选集》第1卷,人民出版社,1972年版,第254页。

细密的分工。由资本创造的生产力出现了。劳动者必须服从协作，服从分工，从而劳动对资本在形式从属的前提下，开始具有了实际从属的内容，也就是生产力的内容。这是从单纯的形式从属向既形式从属又实际从属的过渡，"不再只是"形式上的从属，但是还没有真正的和完全的实际从属。因为协作也好，分工也罢，这仅仅是劳动组织形式的变化，而不是资本的物质存在的变化，不是劳动资料的变化。马克思说："只要劳动资料仍然是本来意义上的劳动资料，像它在历史上直接地被资本纳入资本价值增殖过程时的情形那样，它所经受的就只是形式上的变化。"① 这是告诉我们，资本最初遇到的是手工生产力，劳动资料是手工工具，而手工工具向来是人的工具，从属于劳动者而不是相反，不是劳动者从属于这样的劳动资料，因此，这样的劳动资料被穿上资本的制服，所经受的只是社会利用形式的变化。从前它为行会师傅所利用，现在它为资本家所利用，但它在物质存在上一直从属于人，一直是劳动者的手工工具。因此，从资本主义生产关系的产生到资本主义工场手工业的整个历史时期，虽然协作和分工使资本部分地创造了自己的生产力，但是却从来未能使劳动者从属于劳动资料，前面已经指出，这个时期的资本主义是过渡时期的资本主义。

但是，一场工业革命，使资本主义用"自己的脚"稳稳地站起身来。它迅速占领了国民生产的各个领域，同时胜利地向全世界进军。这是资产阶级和资本主义的时代。

工人从属于机器

大工业的起点是劳动资料的革命，而经过变革的劳动资料，在工厂的有组织的机器体系中获得最发达的形式。正像协作和工场手工业分工所产生的生产力是资本创造的生产力，是资本的生产力那样，机器和机器体系本身就是资本创造的生产力、资本的生产力。因此，正像工人必须服从协作和分工那样，现在工人也必须服从机器，服从资本的物质存在。马克思说：

---

① 《马克思恩格斯全集》第 31 卷，人民出版社，1995 年版，第 90 页。

在工场手工业和手工业中,是工人利用工具,在工厂中,是工人服侍机器。在前一种场合,劳动资料的运动从工人出发,在后一种场合,则是工人跟随劳动资料的运动。在工场手工业中,工人是一个活机构的肢体。在工厂中,死机构独立于工人而存在,工人被当作活的附属物并入死机构。①

机器无论在哪一方面都不表现为单个工人的劳动资料。机器的特征决不是像[单个工人的]劳动资料那样,在工人的活动作用于[劳动]对象方面起中介作用;相反地,工人的活动表现为:它只是在机器的运转,机器作用于原材料方面起中介作用——看管机器,防止它发生故障,这和对待工具的情形不一样。工人把工具当作器官,通过自己的技能和活动赋予它以灵魂,因此,掌握工具的能力取决于工人的技艺。相反,机器则代替工人而具有技能和力量,它本身就是能工巧匠,它通过在自身中发生作用的力学规律而具有自己的灵魂,它为了自身不断运动而消耗煤炭、机油等等(辅助材料),就像工人消费食物一样。只限于一种单纯的抽象活动的工人活动,从一切方面来说都是由机器的运转来决定和调节的,而不是相反。科学通过机器的构造驱使那些没有生命的机器肢体有目的地作为自动机来运转,这种科学并不存在于工人的意识中,而是作为异己的力量,作为机器本身的力量,通过机器对工人发生作用。②

由此可见,在机器生产中,劳动过程的面貌发生了根本的改变。这首先是指劳动者在劳动过程中的地位和作用的改变。劳动者不再是劳动过程的主人,相反,现在他是机器的器官、"有意识的肢体",机器是他的主人。劳动者曾经引以为豪的技艺被科学转移到机器身上,机器本身就是能工巧匠。过去生产靠的是人的力量、速度和准确,现在靠的是机器的力量、速度和准确,当然是无可比拟的更大的力量、更快的速度和更高的准确度,这也就是科学在劳动过程中的应用。工人的劳动变成了单调的无内容的活动,工人的作用

---

① 《资本论》第1卷,人民出版社,1975年版,第463页。
② 《马克思恩格斯全集》第31卷,人民出版社,1972年版,第90—91页。

被贬到次要的、微不足道的地步。而科学、巨大的自然力、社会的群众性劳动都体现在机器体系中,并同机器体系一道构成"主人"的权力。因此,如果说资本主义协作是套在工人身上的一道绳索,如果说工场手工业分工把工人变成局部工人,"他个人的劳动不卖给资本,就得不到利用",那么,机器体系则粉碎了工人不依赖资本而独立劳动的一切希望。机器大工业使资本主义生产关系成为占统治地位的生产关系,"它使阶级对立简单化了。整个社会日益分裂为两大敌对的阵营,分裂为两大相互直接对立的阶级:资产阶级和无产阶级"①。

协作、工场手工业分工、机器和机器体系,这是资本创造的生产力的量的积累过程,同时也就是劳动对资本的部分实际从属到完全实际从属的发展过程。另一方面,劳动对资本的形式从属,资本主义生产关系,也处在量的积累过程之中。当机器生产力取代了手工生产力,劳动既从属于资本的社会存在又从属于资本的物质存在,那时,资产阶级就最终确立了自己的经济统治和政治统治。关于机器造成的劳动对资本的实际从属,马克思写道:

> 过去是终身专门使用一种局部工具,现在是终身专门服侍一台局部机器。滥用机器的目的是要使工人自己从小就变成局部机器的一部分。这样,不仅工人自身再生产所必需的费用大大减少,而且工人终于毫无办法,只有依赖整个工厂,从而依赖资本家。②

工人对机器的斗争

资本家和雇佣工人之间的斗争是同资本关系本身一起开始的。在整个工场手工业时期,这场斗争一直如火如荼地进行着。但只是在采用机器以后,工人才开始反对劳动资料本身,即反对资本的物质存在形式。工人奋起反对作为资本主义生产方式的物质基础的这种一定形式的生产

---

① 《马克思恩格斯选集》第1卷,人民出版社,1972年版,第251页。
② 《资本论》第1卷,人民出版社,1972年版,第462—463页。

资料。

十七世纪，反对……一种织带子和花边的机器的工人暴动几乎席卷了整个欧洲。十七世纪三十年代，一个荷兰人在伦敦附近开办的一家风力锯木场毁于平民的暴行。十八世纪初在英国，水力锯木机好不容易才战胜了议会支持的民众反抗。1758 年，埃佛雷特制成了第一台水力剪毛机，但是它被 10 万名失业者焚毁了。5 万名一向以梳毛为生的工人向议会请愿，反对阿克莱的梳毛机和梳棉机。十九世纪最初十五年，英国工场手工业区发生的对机器的大规模破坏（特别是由于蒸汽织机的应用），即所谓鲁德运动，为西德默思、卡斯尔里等反雅各宾派政府采取最反动的暴力行动提供了借口。①

工人对机器的斗争，最初是个别的工人，然后是某一工厂的工人，然后是某一地方的某一劳动部门的工人。马克思在《资本论》第一卷中专门叙述了"工人和机器之间的斗争"。按照马克思的思想，工人之所以捣毁机器、焚烧工厂，是因为工人阶级仍然是一个自在的阶级，还没有上升到自为的阶级，他们反对机器的斗争是出自阶级本能，并且力图恢复已经失去的中世纪的工人的地位。马克思说：

工人要学会把机器和机器的资本主义应用区别开来，从而学会把自己的攻击从物质生产资料本身转向物质生产资料的社会使用形式，是需要时间和经验的。②

而作为最直接的原因，则在于机器对工人的排挤和扼杀：

劳动资料一作为机器出现，立刻就成了工人本身的竞争者。……一旦工具由机器来操纵，劳动力的交换价值就随同它的使用价值一起消失。

---

① 《资本论》第 1 卷，人民出版社，1972 年版，第 468—469 页。
② 同上，第 469 页。

工人就像停止流通的纸币一样卖不出去。工人阶级的一部分就这样被机器变成了过剩的人口。①

劳动资料扼杀工人。当然,这种直接的对立,在新采用的机器同传统的手工业生产或工场手工业生产发生竞争时,表现得最明显。但在大工业本身内,机器的不断改良和自动体系的发展也发生类似的作用。

"改良机器的一贯目的,是减少体力劳动,"……"在自动体系下,工人的才能越来越受排挤。""机器改良不仅可以减少为取得一定成果所雇用的成年工人的人数,而且用一种人代替另一种人:熟练程度低的代替熟练程度高的,儿童代替成年人,女工代替男工。所有这些变化都引起工资率的经常波动。""机器不断地把成年人抛出工厂。"②

但是机器不仅是一个极强大的竞争者,随时可以使雇佣工人"过剩",它还被资本公开地有意识地宣布为一种和工人敌对的力量并加以利用。机器成了镇压工人反抗资本专制的周期性暴动和罢工等等的最强有力的武器。棉纺业中的走锭纺纱机、梳棉机、搓条机等等,所有这些机器都是为镇压罢工而发明的。在毛纺业中也有这种情况。但是,还是让我们听一听资本家的心声吧。安德鲁·尤尔博士的《工厂哲学》发表于1835年,马克思说这是一部通篇为资本家辩护的书。这个尤尔——

(在谈到新式织机的发明时,他说:)"这样一来,一帮不满分子自以为在旧的分工线上构筑了无法攻破的工事,却发现他们已被从侧翼包围,现代机器战术使他们的防御手段毫无用处。他们只好无条件投降。"(在谈到"铁人"——自动走锭纺纱机时,他说:)"资本招募科学为自己服务,从而不断地迫使反叛的工人就范。""扩大纺纱机规模的需要,即工联的决议所引起的这一需要,不久前激起了从未有过的发展力学的强烈愿望……厂主把自己的走锭纺纱机的规模扩大一倍,就可以除掉那些不

---

① 《资本论》第1卷,人民出版社,1972年版,第471页。
② 同上,第473—474页。

太好的或反叛的工人,而重新成为自己工厂的主人,这就给他带来很大的好处。""铁人是……恢复工人阶级中间的秩序……的一个创造。"①

还是这个尤尔,他一方面为工场手工业"缺乏秩序"而感叹,(这一点我们在前面已经看到了),另一方面又为机器"建立了秩序"而欢呼。秩序?这无非就是资本对劳动的统治!就是说,机器体系,机器大工业,奠定了资本主义的物质技术基础,也就同时确立了资本对劳动的稳固的统治,劳动不仅在形式上而且在实际上都从属于资本了。

机器体系是适合资本主义的劳动资料形式

机器体系是这样的劳动资料,它在劳动过程中使活劳动从属于自己。这一点即使在社会主义条件下也不能例外。那么,为什么说机器体系是适合资本主义的劳动资料形式呢?

毫无疑问,在人类社会发展的历史上,机器生产力,第二代生产力,是资本创造的生产力,是资本的生产力,因此,资产阶级是它的代表者。马克思说:"从机器体系随着社会知识的积累、整个生产力的积累而发展来说,代表一般社会劳动的不是劳动,而是资本。"② 说的就是这个意思。当恩格斯说在工业革命以后,"在资产阶级领导下造成的生产力,就以前所未闻的速度和前所未闻的规模发展起来了"时,说的也是这个意思。当马克思、恩格斯说"资产阶级在它的不到一百年的阶级统治中所创造的生产力,比过去一切世代创造的全部生产力还要多,还要大"③ 时,说的还是这个意思。正因为资产阶级是机器生产力的代表者,是机器大工业的代表者,所以它在历史上才被正确地称之为工业资产阶级。

的确,马克思还说过:"决不能从机器体系是固定资本的使用价值的最适合的形式这一点得出结论说:从属于资本的社会关系,对于机器体系的应用

---

① 参见《马克思恩格斯全集》第 32 卷,人民出版社,1995 年版,第 388—389 页。
② 《马克思恩格斯全集》第 31 卷,人民出版社,1995 年版,第 93 页。
③ 《马克思恩格斯选集》第 1 卷,人民出版社,1972 年版,第 256 页。

来说，是最适合的和最好的社会生产关系。"① 这是用最明白无误的语言告诉我们：在机器生产力的基础上，在资本所创造、所代表的生产力的基础上，也可以建立起社会主义的生产关系。这个问题涉及社会主义革命的生产力前提和人类社会自发发展的终结，属于后面的研究范围，这里暂且放下。但是，正如刚刚讲过的，在人类社会发展的历史上，机器生产力是资本创造的生产力，资产阶级是它的代表者，这既是毋庸置疑的历史事实，又是马克思和恩格斯的重要思想。即使在今天，在一切自发发展的国家和民族中，资产阶级仍然是机器生产力的代表者，这是一个普遍存在的客观事实。而社会主义革命，即无产阶级推翻资产阶级的经济和政治统治，被推翻的必定是机器生产力的代表者，不然的话，被推翻的就不是资产阶级，这样的革命也不会是社会主义性质的革命。这是社会主义革命的历史前提问题。

那么，为什么机器体系是适合资本主义的劳动资料形式呢？马克思说：

> 活劳动被对象化劳动所占有——创造价值的力量或活动被自为存在的价值所占有，——这种包含在资本概念中的占有，在以机器为基础的生产中，也从生产的物质要素和生产的物质运动上被确立为生产过程本身的性质。从劳动作为支配生产过程的统一体而囊括生产过程这种意义上来说，生产过程已不再是这种意义上的劳动过程了。相反，劳动现在仅仅表现为有意识的机件，它以单个的有生命的工人的形式分布在机械体系的许多点上，被包括在机器体系本身的总过程中，劳动自身仅仅是这个体系里的一个环节，这个体系的统一不是存在于活的工人中，而是存在于活的（能动的）机器体系中，这种机器体系同工人的单个的无足轻重的动作相比，在工人面前表现为一个强大的机体。在机器体系中，对象化劳动在劳动过程本身中与活劳动相对立而成为支配活劳动的力量，占有活劳动的资本就其形式来说就是这样的力量。由于劳动资料转变为机器体系，由于活劳动转变为这个机器体系的单纯的活的附件，转变为机器运转的手段，劳动过程便只是作为资本价值增殖过程的一个环节而

---

① 《马克思恩格斯全集》第31卷，人民出版社，1995年版，第94页。

被包括进来,这一点从物质方面来看,也被肯定了。①

因此,只有当劳动资料不仅在形式上被规定为固定资本,而且扬弃了自己的直接形式,从而,固定资本在生产过程内部作为机器来同劳动相对立的时候,而整个生产过程不是从属于工人的直接技巧,而是表现为科学在工艺上的应用的时候,只有到这个时候,资本才获得了充分的发展。或者说,资本才造成了与自己相适合的生产方式。②

由此可见,资本作为生产关系,也就是资本的形式规定或者社会存在形式,是资本家剥削雇佣工人,资产阶级剥削无产阶级,一句话,资本主义占有,这是"包含在资本概念中的占有",是资本主义生产关系本质所在。资本关系的这个本质,从它产生那天起就是如此。但是,这种资本对劳动的占有,起初仅仅表现在生产关系中,表现在资本的社会存在形式中,并不同时表现在资本的物质存在形式中,不表现在现实的劳动过程中。那时,"劳动过程不包括在资本里,而资本,按其物质条件,按其物质存在来看,表现为这个过程的各种条件的总和,并和这个过程相应,分为一定的、质上不同的各个部分,即劳动材料(正确的概念是劳动材料,而不是原材料),劳动资料和活劳动。一方面,资本按其物质组成来看,分成这三种要素;另一方面,这些要素的运动的统一是劳动过程(或者说这些要素共同加入这一过程),它们的静止的统一是产品。在这种形式中,物质要素——劳动材料、劳动资料和活劳动——只表现为资本所占有的劳动过程本身的基本要素。而这个物质方面——或资本作为使用价值和现实过程的规定——同资本的形式规定完全不相符合。"③ 例如工场手工业,从资本关系出发,劳动过程的三要素——劳动材料、劳动资料和活劳动,它们作为资本,例如作为固定资本和流动资本,或者作为可变资本和不变资本,"只是这样表现的:资本在量上分为几个部分",反过来说就是资本"表现为这个过程的各种条件的总和"。而在劳动过

---

① 《马克思恩格斯全集》第31卷,人民出版社,1995年版,第91—92页。
② 同上,第93—94页。
③ 同上,第89页。

程内部，从资本的关系来看，劳动这个要素和另外两个要素互相区别的地方只是：后两个要素是不变的价值，而劳动是创造价值的东西。但是，抛开资本关系，扬弃它们的资本形式，单就使用价值上的差别来说，就物质方面来说，"这种差别完全不属于资本的形式规定之内"。就是说，对于工场手工业的劳动过程来说，即使你把劳动资料——手工工具——"在形式上被规定为固定资本"，那么也丝毫于事无补，丝毫不能改变劳动过程的性质，那里依然是劳动者占有劳动资料（手工工具），而不是劳动资料占有劳动者，"同资本的形式规定完全不相符合"。而随着机器生产力取代手工生产力，随着机器体系作为固定资本的物质存在形式，劳动者占有劳动资料的历史就结束了，被否定了，第一次被否定了。现在是劳动资料占有劳动者、支配劳动者。因此，现在作为使用价值的各要素之间的差别，同时表现为作为资本的资本在形式规定上的差别，即对象化劳动占有活劳动。换句话说，在固定资本取得了机器体系这种物质存在形式以后，劳动资料就其使用价值来说，也就是就其物质存在来说，转化为一种与固定资本和资本一般相适合的存在，它支配和占有活劳动。于是，"这种包含在资本概念中的占有，在以机器为基础的生产中，也从生产的物质要素和生产的物质运动上被确立为生产过程本身的性质"，资本主义生产关系"从物质方面来看，也被肯定了"。这是社会规定性和物质规定性完全统一的典型的资本主义社会经济形态。

第三节 生产商品的社会生产力

根据刚才的叙述，我们看到，机器体系之所以是适合资本主义的劳动资料形式，是因为机器生产力是这样一种生产力，在它的生产过程中，劳动资料占有、支配活劳动，迫使劳动在实际上从属于资本。——但是这并不是事情的全部，还有另外的原因。马克思说：

> 由于机器体系所造成的规模巨大的生产，产品同生产者的直接需要的任何联系也都消失了，从而同直接使用价值的任何联系也都消失了。

产品生产的形式和产品生产的关系已经意味着：产品只是作为价值的承担者被生产出来，而它的使用价值只是实现这一目的的条件。在机器[体系]中，对象化劳动本身不仅直接以产品的形式或者以当作劳动资料来使用的产品的形式出现，而且以生产力本身的形式出现。劳动资料发展为机器体系，对资本来说并不是偶然的，而是使传统的继承下来的劳动资料适合于资本要求的历史性变革。①

由此可见，首先，机器体系是"以生产力本身的形式出现"的，因此，所谓机器生产力，就是以机器体系为表现形式的社会生产力，机器体系就是机器生产力。其次，机器体系生产什么呢？机器生产力生产什么呢？马克思说得很明白：它生产价值的承担者，也就是生产商品。因此，机器生产力是生产商品的生产力。而资本是什么呢？资本是自行增殖的价值，因此，资本首先是价值，然后才是自行增殖。进一步说，资本主义生产是生产剩余价值的生产，同样的道理，它必须首先生产价值，然后才能生产剩余价值。不是价值的东西不可能成为资本，不生产价值的生产不可能成为生产剩余价值的生产。因此，商品生产是资本主义生产的基础。但是，如果资本不把整个社会生产都变成商品生产，那么它就不能在全社会确立自己的经济统治。而事实发生的是：随着工业革命的结束，也就是随着机器生产力的发展，整个社会都变成了商品的堆积，商品的王国，商品生产成为占统治地位的生产形式。正因为如此，生产商品的机器体系（生产力）就成为"适合于资本要求"的劳动资料的形式。

直观的经济现象是：机器生产力走到哪里，哪里的自给自足的自然经济就必然地被瓦解，哪里就必然是商品生产；在社会自发发展的条件下，还必然地是资本主义商品生产。这个历史的事实是有目共睹的。但是，机器生产力为什么是生产商品的生产力，为什么它走到哪里就把商品生产带到哪里，则是需要进一步说明的。特别是，这个问题在我国理论界不是没有形成共识，而是很少有人提及。因此，挖掘、疏理马克思关于这个问题的重要思想，就

---

① 《马克思恩格斯全集》第 31 卷，人民出版社，1995 年版，第 92 页。

成为绝对的必要。

让我们先从两代生产力和两种商品生产说起,也就是从手工生产力和机器生产力、简单商品生产和资本主义商品生产说起。本书第三章第一节的题目是:资本主义生产关系产生的生产力前提。我们看到,在封建关系的基础上发展起来而又超出这一关系的生产交换价值的手工生产力,就是资本主义生产关系得以产生的生产力前提。这就是说,资本主义生产关系一开始就是与生产商品的生产力相结合的,这是它的逻辑起点;资本主义生产关系一开始是与生产商品的手工生产力相结合的,这是它的历史起点。二者是一致的。这种生产商品的手工生产力,一方面,它瓦解封建关系,另一方面,它是资本关系的前提。由此看来,手工生产力,人类社会的第一代生产力,也存在着生产交换价值,也就是生产商品的情况。那么,这是不是说,手工生产力同机器生产力一样,也是生产商品的社会生产力呢?回答是否定的。马克思讲得很明白,手工劳动是使用价值的生产,"生产本身,就它的整个结构来说,是为了使用价值,而不是为了交换价值。"① 历史事实已经表明,在手工生产力的基础上是自给自足的自然经济。但是历史也同样表明,的确有一部分手工生产力,也许是很小一部分手工生产力,它生产交换价值,生产商品,这就是前资本主义的简单商品生产,甚至资本主义幼年期的工场手工业也是如此。那么,二者的区别何在呢?马克思认为,手工业和机器大工业是不同的,尽管它们都生产价值、生产商品,但是,手工生产力生产商品的推动力来自于外部,例如社会需要的扩大等等,完全是被动的,因而是偶然的,而机器生产力生产商品的动力来自于生产力内部,来自于机器生产力的内部结构,完全是主动的,因而是必然的。马克思说:

> "起初是经营商业的民族出现在半开化或未开化的民族之间,或者是由于自然条件不同而进行不同生产的各个部落发生接触和交换他们的剩余物。第一种情况是比较典型的形式,所以我们来考察一下。剩余物的交换是设定交换和交换价值的交易。但是,这种交易仅仅涉及 [剩余物

---

① 《马克思恩格斯全集》第 31 卷,人民出版社,1995 年版,第 443 页。

的]交换,因而只是在生产本身之旁起次要的作用。但是,如果从事交换的商人(伦巴第人、诺曼人等等几乎对所有的欧洲民族都扮演这个角色)一再地出现,从而继续不断的贸易发展起来,——在这种贸易中,从事生产的民族仍然只经营所谓被动的贸易,因为推动它从事设定交换价值的活动的动力来自外面,不是来自它的生产的内部结构,——那么,生产的剩余物就必然不仅仅是偶然的、间或存在的东西,而且是不断反复出现的东西,因而本地的生产本身就具有一种以流通,以设定交换价值为目的的趋势。"而对于资本主义商品生产来说,这种动力"出现在资产阶级的生产制度内部,即设定交换价值的生产制度本身内部"。[①]

由此可见,机器生产力生产商品的动力源自于它的内部结构,从而是主动的、必然的。所以,机器生产力才成为资本主义生产关系的最好、最合格的伙伴,机器体系才成为适合资本主义的劳动资料形式。那么,机器生产力的内部结构是怎样的,从而推动它必然地生产价值、生产商品呢?

机器的应用加剧了社会分工的发展

从机器产生的历史过程,我们已经知道,工场手工业分工通过手工业活动的分解和劳动工具的专门化,为机器的产生创造了技术前提。譬如一家手工业工场,它生产某一种产品,分成若干工序或环节,总之它分出的工序越多,环节越多,也就是分工越细密,手工工具也就越专门化,进而越是为机器的产生提供技术前提,就是说,机器,工具机,最先产生于那个最容易被替代的环节。而一旦被替代,这个环节便独立化为一个新的生产过程和劳动过程。因此,机器对劳动过程的侵袭,即它改变劳动过程的面貌,除了前面指出的它改变了劳动者在劳动过程中的地位和作用之外,还破坏了劳动过程的完整性和封闭性,这是机器侵袭劳动过程的外部表现。一个劳动过程被分解为多个劳动过程,工场手工业分工把手工业活动分解成多少个环节,机器就会把它分解为多少个独立的劳动过程,而且分解过的劳动过程还会继续分

[①]《马克思恩格斯全集》第30卷,人民出版社,1995年版,第212页。

解下去。于是,工场手工业内部的分工被机器提升为社会内部的分工,社会分工。马克思指出:

> 工具积聚发展了,分工也随之发展,并且反过来也一样。正因为这样,机械方面的每一次重大发明都使分工加剧,而每一次分工的加剧也同样引起机械方面的新发明。①
>
> 总之,机器对分工起着极大的影响,只要一种物品的生产中有可能用机器制造它的某一部分,生产就立即分成两个彼此独立的部门。②
>
> 机器生产用相对少量的工人所提供的原料、半成品、工具等等的数量日益增加了,与此相适应,对这些原料和半成品的加工就越分越细,因而社会生产部门也就越来越多样化。机器生产同工场手工业相比使社会分工获得无比广阔的发展,因为它使它所占领的行业的生产力得到无比巨大的增加。③

机器对劳动过程的侵袭在这里表现为分解、分解、无休止的分解,因此,随着机器生产力的发展,社会分工成几何级数地发展,迅速成为整个社会的全面分工,前资本主义时代的所谓三大分工在它的面前简直形同儿戏。不仅如此,随着资本主义向全世界的进军,国内分工又发展成为国际分工。

那么,什么是分工呢?马克思说:

> 这里理解的分工是在流通的商品的多样性中所显示(表现)出的那种分工,即表现为社会劳动的总体或整体分成各种劳动方式,表现为各种特殊劳动方式的整体。④
>
> 我们这里所指的分工,是整个社会内部的自发的和自由的分工,是

---

① 《马克思恩格斯选集》第1卷,人民出版社,1972年版,第125页。
② 同上,第126页。
③ 《资本论》第1卷,人民出版社,1975年版,第487页。
④ 《马克思恩格斯全集》第32卷,人民出版社,1995年版,第60页。

表现为交换价值生产的分工，而不是工厂内部的分工（不是个别生产部门中劳动的分解和结合，而是社会的、似乎未经个人参与而产生的这些生产部门本身的分工）。社会内部的分工，在埃及的制度下也许比在现代制度下更符合工厂内部分工的原则。社会劳动互相分离而转变为自由的、彼此独立的、只由于内在必然性（……）而联结成一个总体和整体。①

各种使用价值或商品体的总和，表现了同样多种的、按照属、种、科、亚种、变种分类的有用劳动的总和，即表现了社会分工。这种分工是商品生产存在的条件，虽然不能反过来说商品生产是社会分工存在的条件。②

由此可见，从有用的具体劳动出发，社会分工表现为各个生产部门和生产主体按照属、种、科、亚种等等的顺序各就各位，它们彼此分离、各自独立又互相联结、互相依赖，结成了一张硕大无比的充满整个社会的网络，或者说它们汇集成一个整体，一个社会劳动的总体，一个社会生产的总过程。而从抽象形态的社会劳动出发，分工则表现为社会总劳动在各个生产部门和生产主体之间的分配。因此，分工表现为社会生产力的内部结构。由于正是机器的广泛应用才导致了社会分工的加剧，才导致了整个社会的全面分工，因此，分工就表现为机器生产力的内部结构，准确地说，表现为机器生产力的社会生产总过程的内部结构。不言而喻，这个内部结构是五光十色的，不再是"一窝蜜蜂"，蜜蜂被轰鸣的机器赶跑了。

劳动的片面性和二重性

机器是制造出来的生产力，科学赋予它灵魂和力量，使它替代了人的手工劳动，就是说，过去那些使劳动对象发生形状、性能、位置变化的倒霉事，现在全由机器包揽下来了。机器在承担起生产物质财富的大部分重任的同时，赋予活劳动以新的形式：看管、协助、服侍机器劳动。当然，新形式的活劳

---

① 《马克思恩格斯全集》第 31 卷，人民出版社，1995 年版，第 356 页。
② 《资本论》第 1 卷，人民出版社，1975 年版，第 55 页。

动决不是轻松的，因为机器并不是一个容易侍候的主，同时活劳动也不是千篇一律的，因为不同的主子有不同的要求。就是说，劳动者仍然置身于生产过程之内，服侍各种各样的局部机器，从事各种各样的有用的具体劳动，和机器一起生产各种各样的使用价值。

但是，他们有一点是共同的：都不是为了自己消费而生产，都不是直接生产消费，不再是"生产——消费"。因为，他们生产的可能不是生活资料而是生产资料；即使他们生产生活资料，也只能是某一种生活资料，并且也可能只是这种生活资料的一道工序、一个环节或者一个组成部分、一个部件，甚至是某一部件的一道工序；即使某一种生活资料经过他们的手之后可以直接供人消费，那么这只是意味着他们的劳动是最后一道工序，就像一本巨著的最后一个句号那样。而且，"由于机器体系所造成的规模巨大的生产，产品同生产者的直接需要的任何联系也都消失了"。因此，对于任何一个现实的生产过程来说，交换过程既是它的前提，又是它的结果；它依赖社会而生产，为了社会而生产，它依赖交换，为了交换，生产交换。质言之，它生产商品。

所有这一切，全拜机器生产力所赐。机器和机器体系对手工业生产过程的巨大的分解或者瓦解作用，一方面，从宏观上看，也就是从全社会来看，造成了全面的社会分工，生成了机器生产力内部的错综交叉的庞大结构，另一方面，从微观上看，也就是从具体的生产部门和生产主体来看，又造成了生产过程的片面性，造成了劳动及其产品的片面性。机器把旧的完整的生产过程分解开来，独立化为新的生产过程，这样的新的生产过程与过去相比焉得不片面？机器分解了旧的生产过程，也就是分割了人，分割了人的劳动。因此，这种片面的活劳动，一方面，在现实的生产过程之中，它与机器一起生产使用价值，从而它是有用的具体劳动，或者说是与众不同的特殊劳动；另一方面，从社会生产力的内部结构这个庞大的体系来看，这个片面的劳动又是社会总劳动分配下来的一部分，就是说，它同时又是社会劳动。这就是在机器条件下生产劳动的二重性。在手工生产力的条件下，生产劳动只是有用的具体劳动，只生产使用价值，只有一重性。现在，在机器生产力的条件下，它从一重性变成了二重性：作为有用的具体劳动，它生产使用价值；作为社会劳动的一部分，它生产价值。总之，它生产商品。

由此可见，机器生产力生产商品的动力来自于它的内部结构，来自于个别生产过程和社会生产总过程的分野，具体说，来自于社会生产总过程内部的发达的全面的社会分工，来自于个别生产过程内部的劳动的片面性和二重性。马克思说：

> 我们已经看到，只有在出现劳动的社会分工或者说社会劳动的分工的情况下，产品才能成为商品，商品交换才能成为生产的条件。……如果说他生产的是商品，那就意味着，他的劳动是片面的，他不是直接生产他的生活资料，而是只有通过把自己的劳动和其他劳动部门的产品相交换来获得这些生活资料。①
>
> 社会需要的体系越是成为多方面的，个人的生产越是成为单方面的，也就是说，社会分工越是发展，那么作为交换价值的产品的生产或作为交换价值的产品的性质就越有决定意义。②

至此，我们已经基本回答了这样的问题：为什么说机器生产力是生产商品的社会生产力？需要补充的是：活劳动的片面性和二重性不仅是由机器造成的，而且是与机器本身的片面性和二重性紧密相联的。机器的片面性是不言自明的，谁见过同时生产面包和自行车的机器呢？它从来只能生产十分片面的东西，正因为这样，马克思称它是"局部机器"。在个别生产过程中，机器同样是二重性地存在：作为使用价值，它与有用的具体劳动一起生产新的使用价值，作为价值，作为积累的劳动，它在过程中陆续转移自身的价值。

对于这一补充，也许有人反对。他们说："不对！不是这样！机器在劳动过程中作为价值存在，这是说的生产关系，是机器的生产关系存在。因此，不只是（机器）生产力生产商品，而是（机器）生产力和生产关系一起才生产商品。"

这是十分正常的责难，代表着许许多多的人的观点。相信读者在阅读本

---

① 《马克思恩格斯全集》第 32 卷，人民出版社，1995 年版，第 302—303 页。
② 《马克思恩格斯全集》第 31 卷，人民出版社，1995 年版，第 353 页。

节文字的时候，也会疑窦丛生：机器生产力直接生产商品，可能吗？与生产关系无关吗？怎么可以离开生产关系来谈商品和商品生产呢？如此等等。这一切表明，传统的、当然也是错误的观念对于人们的影响是多么之大、多么之深。因此，我们将在下一节专门讨论这一问题；只有在进行这一专门讨论之后，才能最后说明"机器生产力是生产商品的社会生产力"这一命题。而在此之前，先让我们简单回答一下上述责难。我们说："错了，你们错了！把生产关系扯进来，例如把资产阶级的生产关系扯进来，那么，劳动过程中的机器就不只是价值的存在，而是资本的存在，机器是固定资本，这是人所共知，同样，产品也不只是商品，而是商品资本，总之资本才是它们的生产关系存在。如果价值也是机器的生产关系存在，请问一台机器能有多少个生产关系呢？"

这就是我们的简单回答。未能释疑之处，正是我们就要讨论的。

第四节　分工、商品、货币及其他

摆在我们面前的，在实质上是这样一个问题：分工是什么？进而，商品、价值、货币是什么？还有，价值规律是什么？再说得清楚些：它们是属于生产力的范畴还是属于生产关系的范畴？它们是生产力还是生产关系？价值规律是生产力的规律还是生产关系规律？

归根结底，这是对机器生产力，对人类社会第二代生产力的质的再认识。

问题的复杂性和重要性

关于分工——这里不是指企业内部的分工，而是"劳动的社会分工或者说社会劳动的分工"，换句话说，是物质生产的社会分工或者社会物质生产的分工，——的性质，在我国学界，存在着三种不同的观点，一种认为是生产力，一种认为是生产关系，一种认为是生产力和生产关系的中介。三种观点都从马克思和恩格斯那里引经据典，证明自己的正确性。

关于商品、价值、货币，学界的认识似乎比较一致，即认为它们体现着社会生产关系，属于生产关系的范畴。例如赵玉林等主编的《经济学辞典》认为："不同社会制度下的商品体现着不同的生产关系"（《辞典》第 46 页。但是这个说法有同义反复之嫌：先给商品穿上生产关系的服装，然后说它体现着生产关系。）；"价值是商品的社会属性。它反映着商品生产者之间的社会生产关系"（第 49 页）；"货币体现着一定的社会生产关系。……在资本主义制度下，货币是资本的一种现象和形态，它体现着资本家剥削雇佣工人的关系"。（第 59 页。但是，这种说法有将货币和货币资本混为一谈之嫌。在货币这个"生产关系"的身上再披上资本这种生产关系，以彰显货币是"生产关系"，方法不当。）该《辞典》出版于 1990 年。《辞典》的观点，可以说是当时学界的共识。但是，学界的认识近些年似乎又发生了变化，不少著述把商品、价值、货币关系称为"一种社会关系"、"一种特殊的社会关系"，回避了它们的归属，不说它们是生产力还是生产关系。当然，认为它们是生产关系的观点仍然是主流。这突出表现在蓬勃兴起的生产力经济学上，在那里，最多提到社会分工，并且不是作为生产力提到的，至于商品、价值、货币，甚至是调节社会生产的价值规律，都未能进入它的神圣殿堂，显然被打入了生产关系的"另册"。这表明生产力经济学处在它的稚嫩期。

刚才说到，各种观点无一不向马克思、恩格斯找根据，而且也真的或多或少地找到了各自需要的根据。这表明，革命导师关于这些问题的论述存在着不明确、不确定的地方，或者说存在着令人难解之处。例如，他们多次讲到货币是生产关系，然而又说"货币作为发达的生产要素"，"起生产的作用"① 等等。生产关系怎么是生产的呢？令人费解。

由此可见，分工、商品、价值、货币等等的归属问题是一个十分复杂的问题。这种复杂性不仅在于学界的认识不一致，也不仅在于各种不同的观点都能从马克思和恩格斯的著作中找到多少不等的根据，而且在于学界似乎已经达成共识的东西仍然是不无问题的。例如货币。在历史上，"货币转化为资本"这是人所共知的。如果货币是生产关系，那么"货币转化为资本"就是一种生产关系转化为另一种生产关系。第一，这种说法在逻辑上能否讲得通？

---

① 参见《马克思恩格斯全集》第 30 卷，人民出版社，1995 年版，第 173 页。

第二，货币这种"生产关系"有没有阶级性呢？换句话说，在人类社会发展的历史上，有没有既不姓"公"又不姓"私"、既不姓"资"又不姓"社"的生产关系呢？

可见问题的复杂性。我国改革开放以后，全国人民达成了一个共识："商品经济是人类社会发展中不可逾越的阶段"。于是全国人民聚精会神地搞建设，聚精会神地发展商品经济。但是严格说来，这个共识不过是一个结论，事实上它也真的是一个结论，是全国人民从社会主义建设的正、反两个方面的经验教训中所得出的结论。这个结论是正确的，但是却带有感性的色彩，就是说，没有深层次的理论说明。而要进行这样的理论说明，分工、商品、货币等等的归属就是不可回避的。

这就涉及到问题的重要性方面。我们认为，这首先是一个重大的理论问题，基础理论的问题。这不仅因为分工、商品、价值、货币等等是马克思主义政治经济学的基本范畴，尤其是它们涉及马克思和恩格斯共同创立的历史唯物主义的核心理论问题。我们知道，生产力和生产关系、经济基础和上层建筑之间的辩证关系（运动），以及生产力在人类社会发展中的终极的决定作用的理论，是历史唯物主义的核心理论，因此，什么是生产力，什么是生产关系，这是必须首先弄清楚的。其次，这是一个重大的实践问题。历史唯物主义是无产阶级认识世界和改造世界的强大思想武器，具体说，是认识和推翻资本主义、认识和建设社会主义的强大思想武器。面对商品、货币等等这样普遍存在于资本主义社会和社会主义社会、普遍存在于人们周围并浸透于社会生活的方方面面的重要经济事实和经济现象，如果弄不清它们的归属，甚至搞错了它们的归属，无产阶级和社会主义就不能正确对待它们，就不能采取正确的行动。说大了，它涉及建设什么样的社会主义、怎样建设社会主义的根本性问题。而回顾历史，现实社会主义，无论是原苏联还是中国和其他社会主义国家，可以说在这个问题上走过了一条曲折的道路。认识上的正确与错误共存，实践中的成功和失败同在。问题的严重性在于，时至今日，我们还不能说在这个问题上已经有了正确的科学的认识，我国理论界在基本方面仍然满足于那个感性的结论，深层次的理论探讨如凤毛麟角。

那么，分工、商品、货币等等究竟是属于生产力还是生产关系呢？我们认为，尽管马克思和恩格斯的论述在个别地方存在着貌似矛盾之处，但是只要我们运用革命导师的科学方法，结合亿万人民进行社会主义建设的实践，对这些论述进行再学习、再认识，就一定能够发掘、疏理出马克思和恩格斯在这些问题上的真实的思想观点。

实践的启迪

曾经的和现存的社会主义国家开展社会主义革命和社会主义建设的实践，至少给了我们以下两点启迪：

第一，在物质生产中结成的人与人的关系并不都是生产关系。

生产作为人与自然之间的物质变换，从来就是社会的，从来就不是脱离社会孤立地进行的；同时，社会生产也从来不是单个人的活动，单个人从来不是任何社会的生产单位。迄今为止，在历史上先后作为生产单位的是氏族、个体家庭和工厂（公司）。在生产单位与自然界进行物质变换的过程中，许多人、甚至是成千上万的人（例如大型工厂），必然地要发生一定的联系和关系。人们在生产过程内部所结成的这些联系和关系并不是生产关系。

马克思本人早已证明，人们在物质生产中的相互关系并不都是生产关系，这就是马克思所揭示的资产阶级创造资本生产力的"三步曲"：简单协作、分工和机器。简单协作和分工无疑是劳动者在生产过程中的相互关系，但是它们和机器一样都是资本创造的特殊的生产力，就是说，这种劳动者之间在生产过程内部所结成的社会关系是生产力而不是生产关系。

这个认识，即：人们在物质生产中的相互关系并不都是生产关系，可以说已成为我国学界的共识，至少是主流认识。

第二，一个感性的判断标准：作为社会主义革命对象的是生产关系，不能作为社会主义革命对象的是生产力。

这个感性标准的另一种说法是：对于人们在物质生产中所结成的社会关系，哪些关系是可以人为地加以废除和消灭的，这些关系就属于生产关系的范畴；哪些关系是不可以人为地加以废除和消灭的，这些关系就属于生产力的范畴。社会主义国家当年所开展的剥夺资本的社会主义革命都是在直接碰到的、既定的、从旧社会承继下来的生产力的基础上，废除旧的生产关系，建立起新的生产关系，例如废除资本主义私有制，建立起社会主义公有制等等。生产力没有变，但是生产关系改朝换代了。这是革命的、前进的样板，还有复辟的、倒退的例子。上世纪90年代前后，苏东地区的社会主义国家一夜之间退回到资本主义，生产力没有变，资本主义生产关系取代了社会主义生产关系，私有制取代了公有制。

那么，分工关系、商品关系、货币关系呢？它们可以人为地加以废除或者消灭吗？实践已经做出回答。试图消灭它们的柬埔寨共产党，结果连同自己一起被消灭了。十月革命后，苏联共产党人实行了废除商品和货币的战时共产主义，但是一旦红色政权站住脚跟，伟大列宁立即恢复了它们。限制商品关系的斯大林模式及其后果，已是人人皆知，毋需赘言。历史已经做出结论：它们是不可以人为地加以废除和消灭的。

这一切说明了什么呢？这一切说明：对于分工、商品、价值、货币、价值规律的性质和归属，应当进行再认识；对于生产关系的性质和范围，应当进行再认识。

事实上，对生产关系的再认识在曾经的和现存的社会主义国家从来就没有停止过。这里只指出一点：对于生产关系的再认识，作为这一再认识的阶段性和权威性成果，当数斯大林的论断：生产关系

> 包括：（一）生产资料的所有制形式；（二）由此产生的各种不同社会集团在生产中的地位以及他们的相互关系，或马克思所说的，"互相交换其活动"；（三）完全以它们为转移的产品分配形式。①

不管后人对于斯大林的论断做出怎样褒贬不一的评价，我们认为，第一，斯大林为生产关系划定了范围，要比过去的笼统为好。第二，斯大林将生产资料的所有制形式列为生产关系的第一项，无疑是抓住了生产关系的实质和要害。生产资料归谁所有，进而，生产过程（包括活劳动在内）及其产品，也就归谁所有。因此，生产关系不是劳动者在生产过程内部的相互关系，而

---

① 斯大林：《苏联社会主义经济问题》，人民出版社，1971年版，单行本，第58页。

是所有者与劳动者在物质生产中的相互关系，这就是生产关系的实质。至于斯大林列举的第二项和第三项，那不过是生产资料所有制在生产、分配和交换环节的具体表现，也就是生产关系的具体表现。斯大林的表述方式也表明了这一点。但是，斯大林将马克思所说的"互相交换其活动"也列为生产关系或者生产关系的表现，则失之宽泛，是不正确的了。

让我们换一个角度。大家都知道，所谓生产关系，是指生产力的社会利用形式。相信这个提法不会有任何疑义。这个提法明白无误地告诉我们：所谓生产关系，是指生产力被某种社会力量所利用的关系，也就是被某种社会力量所拥有、所占有的关系。归根结底还是所有制问题。

由此可见，人们在物质生产中的相互关系，其中只有所有者与劳动者之间的关系才属于生产关系，而生产过程内部（包括社会生产总过程内部）劳动者之间所结成的社会关系则不属于生产关系，而是属于生产力的范畴。当然，这后一个问题还需要——

历史的和逻辑的证明

我们已经知道，生产，人与自然之间的物质变换，总是社会的，总是社会生产。因此，社会性质就是生产力的根本性质，用恩格斯的话说，这是生产力的"社会本性"。据说生产力的这个社会性质，在我国学界是经过一番争论才达成共识的，真是不容易啊！

也许，学界的争论是有原因的。因为生产力的社会性质并不是一开始就呈现在人们面前的，而且时至今日，就机器生产力这个人类社会的第二代生产力来说，尽管人们称之为社会化大生产，但是它的社会性质仍然未能直接地呈现在我们面前，而是间接地、通过商品生产和商品交换才表现出来的；只有第三代生产力，它的社会性质才是直接地呈现在人们面前的。

由此可见，生产力或者生产力的社会性质，就像一个有机体那样，有一个孕育和成长的过程。具体说，第一代生产力，这是生产力社会性质的孕育阶段，我们将之比喻为正在地下孕育之中的蝉蛹；第二代生产力，它就像刚刚从地下爬出来的带壳的蝉，蝉蛹，抽象形态的"蝉"；只有第三代生产力，这个"蝉"才终于展开美丽的双翼，飞翔并鸣唱于丛林之间。而在此之前，如果人们指着地下正在发育的或者指着刚刚破土而出的蝉蛹说：它是一只可爱而美丽的蝉！那么，有人表示怀疑并引发争论就是可以理解的了。

在日常的讨论中，人们把生产力及其社会性质的孕育、成长和发展过程，称作生产力的社会化，或者简称生产社会化。这是正确的。生产力的社会化是一个十分漫长的历史进程。从原始社会到封建社会，人类经历的是第一代生产力，手工生产力。手工生产力的社会本性正在孕育之中，一点也显示不出来，这就是第三章所讲过的生产过程的封闭性和保守性，生产劳动的完整性和一重性。生产单位，氏族或者个体家庭，全部生产同一种东西：自我消费。生产—消费，自给自足。生产单位之间，生产资料所有者之间，纯粹的无联系、无关系。在这个阶段上，还不存在个别生产过程与社会总生产过程的分离，二者是结合在一起的，并且是结合在生产单位的生产过程之中，就是说，生产单位的生产过程既是个别生产过程又是社会生产过程，因此它既不是个别生产过程又不是社会生产过程，它是一个生产过程。这里用得着马克思的一句名言："一窝蜜蜂实质上是一只蜜蜂。"

但是，手工生产力阶段作为生产社会化进程的一个阶段，特别是，在这个阶段上发生了三次社会大分工，一窝蜜蜂变成了三窝、四窝。在这个时候，个别生产过程与社会生产总过程的分野虽然还不明显，但毕竟已经处在萌芽状态，就是说，社会生产总过程已经处在萌芽状态，生产力的社会性质已经处在萌芽状态，表现为：剩余产品的交换和被动的小商品生产。虽然它们的规模和范围都是十分有限的，但毕竟是出现了。商品是间接的社会产品。剩余产品的交换，或者说剩余产品的商品化表明："生产的社会性，只是由于产品变成交换价值和这些交换价值的交换，才在事后成立。"① 就是说，就生产本身来说，看不出有什么社会性，它的社会本性是以剩余产品商品化的形式偶然地、间接地、并且是事后呈现出来的。由于小商品生产在实际上是剩余产品的生产，所以，我们把生产力社会化的这个阶段称之为剩余产品社会化阶段。

以上所述，完全与生产关系无关，我们并没有把生产关系扯进来。而如

---

① 《马克思恩格斯全集》第 30 卷，人民出版社，1995 年版，第 122 页。

果把生产关系扯进来,也就是把所有者与劳动者的关系扯进来,那么事情就是这样:第一,最初的商品交换"不是私人交换",因为它们是以原始公有制为基础的氏族或民族之间的交换。① 第二,小商品生产是以私有制为基础、为生产关系的,因此,商品不再只是商品,而变成了"私人产品";生产商品的个别劳动不再只是个别劳动,而变成了"私人劳动";商品交换不再只是商品交换,而变成了私人产品的交换,即"私人交换";商品本身所体现的个别劳动与社会劳动的矛盾,变成了私人劳动与社会劳动的矛盾。私人劳动是穿上生产关系服装的个别劳动,私人产品是穿上生产关系服装的商品,私人交换是穿上生产关系服装的商品交换,一句话,个别劳动、商品和商品交换被穿上了生产关系的服装。在这里有人可能会继续玩弄"生产关系的生产关系"的把戏,因此有必要做进一步的逻辑分析。既然商品和商品交换是生产力社会性质的(间接)表现,简言之,是生产力的表现,那么它们理所当然地应当归入生产力的范畴。生产力和生产力的表现只能是一回事,只能是一个范畴,而不能是两回事,不能分属两个范畴,例如不能变成生产力和生产关系的关系;生产力的表现不可能是生产关系,就像生产关系的表现不可能是生产力一样,这是显而易见的,也是合乎逻辑的。在交换过程中,一方面,私人劳动、私人产品、私人交换,这一系列"私人",就是私有制这种生产关系在交换过程中的表现;另一方面,个别劳动、商品、商品交换,则是生产力的社会性质在交换过程中的表现,也就是生产力的表现。这样一来,具体社会经济形态下的交换过程或者说流通领域,表现为生产力和生产关系的统一,这难道有什么不对吗?难道交换领域只有生产关系、并且有两种生产关系,唯独没有生产力吗?难道交换不是社会生产的一个环节吗?

让我们摆脱生产关系的幽灵,进入生产社会化的第二个阶段,机器生产力的阶段。我们已经知道,机器是制造出来的生产力,或者按照马克思的说法,机器本身就是生产力。因此,我们就来专门谈机器(生产力),谈机器的应用(生产力的发展),谈广泛应用机器的种种表现(生产力的表现形态)。一句话,只谈生产力,让生产关系的幽灵远远地离开我们!

---

① 《马克思恩格斯全集》第30卷,人民出版社,1995年版,第120页。

机器生产力是一种什么样的社会生产力呢？首先，就某一种机器来说，它是局部机器，是一种十分片面的生产力，只生产十分片面的东西。其次，机器只有与活劳动相结合才能生产，机器不是真正的自动机。因此，一方面，机器生产力不同于手工生产力，生产过程是片面的而不是完整的；另一方面，机器生产力也不同于第三代生产力，它还离不开活劳动。机器生产力的这两个特征，决定了它的本质和各种各样的经济现象。

机器产生的历史告诉我们，机器产生于手工业活动的分解和劳动工具的专门化；一旦某一环节被机器所代替，一个生产过程便分解为两个独立的生产过程，就是说，它导致社会分工。社会分工和机器的应用，如影随形，难解难分，说白了，它们是一回事情。我们已经指出，随着机器的日益广泛的应用，也就是随着机器生产力的发展，社会分工成几何级数地增长，迅速成为整个社会的全面分工，编织出一张硕大的社会分工网络。而这张网络中的每一个点，即个别生产力、个别生产过程或个别生产部门，无一不是片面的，因此它们既各自独立又互相依赖，它们之间的关系和联系日益广泛、多样和紧密。

分的反面是合，分工的反面是合成、汇集。于是我们看到：无数的、日益增多的个别生产过程通过分工的网络汇集成一个社会生产的总过程；无数的、日益增多的个别劳动通过分工的网络汇集成一个社会总劳动、总社会劳动；无数的日益增多的片面的局部机器通过分工的网络汇集成一个完整的、社会的机器系统。于是，个别生产过程和社会生产过程之间的分野出现了，个别劳动和社会劳动的分野出现了，个别生产力和社会生产力的分野出现了。这是机器生产力对于手工生产力的否定，第二代生产力对第一代生产力的否定。那么，社会生产总过程、社会总劳动、社会机器系统是什么呢？不言而喻，它们是一个东西，它们就是展现出社会性质的机器生产力，人类社会的第二代生产力。就是说，机器生产力是社会化生产力：机器是社会的劳动资料，劳动是社会的劳动，产品是社会的产品。当然，下面将会看到，这个"社会的"还是间接的而不是直接的，例如产品还不是直接的社会产品，而是间接的社会产品，它是商品，一只带壳的"蝉"。

而从社会生产的总过程出发，我们看到：社会上每一个个别的生产过程都是这个总过程的组成部分，每一种片面的局部机器都是完整的社会机器系统的组成部分，每一种个别劳动都是社会总劳动的组成部分，这些片面的个别生产力的并存状态就是所谓的社会分工。因此，社会分工就是社会生产总过程的内部结构，内部劳动组织形式，这一点前面已经予以指出了。

那么，这些个别的生产过程是怎样联系和交往的呢？回答这个问题，必须深入到这些过程的内部去考察。个别生产过程的性质决定着它们相互之间的交往方式和关联方式。例如，我们可以考察一个工厂，一个大型炼钢厂：

首先，它的生产规模巨大，年产几百万吨、甚至上千万吨钢。但是，对于工厂本身来说，它生产的是什么呢？是钢这种使用价值吗？不是。这个工厂每年连一吨钢也不需要，一点也不需要。因此，钢不是它的使用价值，而是别人的、社会的使用价值，就是说，作为使用价值，它是为别人、为社会生产的。

其次，再看这家工厂的工人劳动。与片面机器结合一起的活劳动，一方面，作为有用的具体劳动，它与机器一起生产使用价值，也就是生产钢；另一方面，作为总社会劳动的一部分，作为抽象形态的社会劳动的一部分，它生产价值。因此，这种二重性存在的活劳动的产物必定是二重性的存在：商品钢，它是使用价值和价值的统一体。

一个个别生产过程是这样，所有的个别生产过程都是这样。因此，所有的物质产品，全社会所有的劳动材料、劳动资料、生活资料等等，它们全都是二重性活劳动的产物，都是商品。除非进入个人消费，除非被暂时储存，它们始终穿着商品的服装，始终是商品，即使是在生产过程中也是这样。就是说，在个别的生产过程中，例如在炼钢中，炼钢的设备、器具、矿石、燃料等等，都是二重的存在，都是商品。作为使用价值，它们在与活劳动的交互作用中生产新的使用价值；作为价值，它们在这个交互作用的过程中全部地（劳动材料）或者部分地（劳动资料）向新产品转移自身的价值。

既然如此，既然全社会所有的个别生产过程、所有的生产者都生产商品，那么，他们彼此之间的交往方式就应当是、必然是商品交换。即使全社会所有的个别生产过程都属于一个唯一的所有者，也是如此，也必须如此，因为这个"唯一者"在个别生产过程之间进行劳动交换的标准、尺度面前，即在

"价值"面前是低能的、自在的,不是他支配"价值",而是他受价值和价值规律支配。因此,经济的必然性和强制性在于,或者说机器生产力的客观诉求是:商品交换既是每一个生产者进行生产的前提,又是他们生产的结果。这种商品交换"本身也是生产活动"①。

根据以上所述,我们将机器生产力的宏观结构和微观结构制成图表如下:

机器生产力内部结构示意图

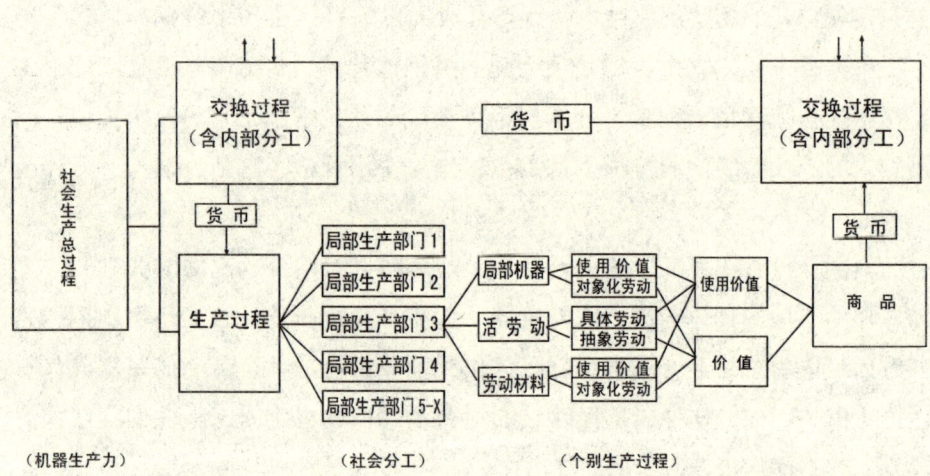

根据图表所示,我们看到,机器生产力既是个别生产过程与社会生产总过程的对立统一,又是生产过程与交换过程的对立统一;并存劳动即社会分工是其骨架,生产者、劳动者之间的交往关系或交换关系是其联结一起的脉络;而"货币本身表现为生产工具,因为流通已不再表现为流通的最初的简单性,即量的交换,而是表现为生产过程,即实在的物质交换。于是货币本身就被规定为这种生产过程的特殊要素,"② 因此,要准确认识分工、商品、货币等等的性质和归属,最关键之点在于:一定要深刻认识和牢牢把握"社会生产总过程"这个概念、这个范畴、这个经济现象和事实。谁都知道,或

---

① 《马克思恩格斯全集》第30卷,人民出版社,1995年版,第40页。
② 同上,第173页。

者说学界公认，人们在生产单位内部所结成的社会关系，属于生产力而不是生产关系，可是，在社会生产总过程面前，面对劳动者、生产者在社会生产总过程内部所结成的社会关系，亦即社会分工关系、物质变换关系、交往关系或者说劳动交换关系，人们却犹豫了、彷徨了、迷茫了，不认识或者不敢承认它们是生产力而不是生产关系，这是没有道理的。在机器生产力的条件下，人与自然之间的物质变换活动并不是由使用局部机器、生产片面产品的个别生产过程完成的，而是由社会生产总过程完成的，只有社会生产总过程才是完整的生产过程，因此，个别生产过程之间的劳动交换关系或者说商品交换过程就成为社会生产总过程的重要内容和有机组成部分。既然如此，它们怎么可能不属于机器生产力的范畴呢？谈到商品交换，大家都知道，商品交换默认双方是不同商品的所有者，于是从"所有者"到"所有制"，人们就自然地与生产关系联系起来，自然地把商品和商品交换与生产关系划了等号。其实，商品交换以商品生产为前提，而商品交换既默认双方是不同商品的所有者，而且默认双方是平等的商品所有者，彼此之间并不存在"所有"与"被所有"的关系，也就是不存在生产关系。商品交换的本质是不同劳动的交换，并不是生产关系的交换，例如我们出口商品并不是出口生产关系，从资本主义国家进口商品也不是进口生产关系。商品交换对于交换者来说，例如对于个别生产过程的生产者来说，是生产行为、生产活动，生产关系对于商品交换中的价值决定和价格形成不发生任何的影响，所能够影响的只是交换者对待交换的态度，例如影响交易的时间、地点、对象与方式等等，仅此而已。产品是一般生产过程的"静止的统一"；商品是机器生产力内部个别生产过程的"静止的统一"，体现着社会生产总过程内部的个别生产过程之间的交往关系或者说分工关系。质言之，产品或者商品，都是生产力；它们以及生产它们的生产过程为谁所有，这才是生产关系。不是生产关系决定机器生产力必然地生产商品，而是机器生产力要求生产关系适合于它的必然生产商品。中国在改革中建立现代企业制度就是为此。所以，研究生产力，不只是研究生产的工艺条件，而主要是研究生产过程内部的社会关系，将生产力排除在政治经济学的研究对象之外是错误的，将这些内部关系的必然表现的、作为政治经济学基本范畴的分工、商品、价值、货币等等排除在生产力范畴之外同样是错误的。我们需要得到这样的认识：凡是人们在生产过程或者说劳动过程内部所结成的社会关系，都属于生产力而不是生产关系，包括社会生产总过程。

应当承认，在马克思的著作中也存在着把社会生产总过程内部的交往关系同生产关系相混淆的情况，就是说，没有把生产关系与交往关系完全剥离开来。在《〈政治经济学批判〉序言》中，马克思在表述自己的历史唯物主义学说时，先后为生产关系下了两个定义。第一个定义："人们在自己社会生活的社会生产中发生一定的、必然的、不以他们的意志为转移的关系，即同他们的物质生产力的一定发展阶段相适合的生产关系"。在这里，生产关系似乎包括以下三种社会关系：（1）生产单位内部劳动者之间的关系；（2）社会生产总过程内部劳动者之间的交往关系；（3）所有者与劳动者之间的关系。第二个定义："……生产关系或财产关系（这只是生产关系的法律用语）……"。在这里，马克思把生产关系和财产关系划了等号。财产关系就是所有权、产权法律关系，与这一法律关系相对应的、为法律所调整的社会关系是所有制关系，也就是所有者与劳动者之间的关系。可见，第二个定义矫正了或者说明确了第一个定义，把生产关系与生产过程内部的社会关系剥离开了。但是，在马克思的有关著作中，我们看到，马克思只是把企业内部的关系与生产关系剥离开了，却没有把社会生产总过程内部的交往关系完全剥离开来，往往把交往关系说成是生产关系。但是，马克思在把交往关系表述为生产关系的同时，又往往指出交往关系的生产性质，说交往活动"本身也是生产活动"。这就是不同的观点都可以在他的著作中找到各自根据的原因。因此，指出这一点，了解这一点，对于认识生产关系的性质和范围，对于认识商品、价值、货币等等的性质和归属，会有帮助的。

最后需要说明的是，生产力社会化的历史进程是一个否定之否定的过程，我们经历了第一次否定，我们将要目睹第二次否定。第一次否定，就是机器生产力对手工生产力的否定，其所造成的社会变化之大，我们每一个人都感同身受。但是，我们往往将注意力集中于生产关系、政治制度和其他社会制度的变化，并给予了应有的认识和研究，但是我们却忽略了对生产力本身的认识和研究。在资本主义社会，资产阶级的生产关系、政治关系和其他社会关系,对于无产阶级来说,都是异己的、支配的和统治的力量,于是我们就习惯性地将任何这样的力量、这样的关系,都视为资本主义和资产阶级的东西,并且本能地加以排斥。的确,在资本主义社会,一切这样的力量和关系都为资产阶级所利用。但是,应当看到而没有看到的是,或者说应当想到而没有想到的是,有些力量和关系,也同样支配和统治着资产阶级,这就是生产力的力量,就是生产力中作为人与人的关系的商品、价值、货币等等,尤其是那个无情的价值规律,它迫使资产阶级疯狂地为生产而生产,并在不可避免的危机中破产、倒闭、被剥夺。机器生产力与手工生产力的根本区别在于:在手工生产力中,人统治工具;在机器生产力中,机器统治人。因此,机器生产力本身就变成了支配人、统治人的力量,这种生产力中人与人的关系也是这样。无产阶级仇视任何支配、统治他们的力量和关系,要推翻和消灭一切这样的力量和关系,这是正常的、可以理解的,这也正是无产阶级的伟大历史使命。可是,当着无产阶级要建设自己的新社会的时候,脚下的生产力并不是受人统治的第三代生产力,而是统治人、支配人的第二代生产力,必然地生产商品和价值的机器生产力。应该怎么办呢?跨越过去?或者消灭它、限制它?于是我们看到,可爱的阶级本能和朴素的阶级感情让我们吃尽了苦头,社会主义建设事业为此蒙受了巨大的损失。因此,既然不能跨越它或者消灭它,那么就应该回过头来冷静地认识它、研究它。——而以上所说,正是我们对于机器生产力的质的再认识,同时也是对马克思恩格斯生产力理论的再认识。

第五章　智能生产力：共产主义的物质技术基础

再没有什么事情像马克思、恩格斯对于未来共产主义社会的设想那样遭受到如此之多的质疑、责难、诽谤和攻击的了。当然，这一切发生在苏东剧变、中国转向市场经济的大背景之下。来自敌对阵营的杂音，西方资产阶级文人的叫嚣，本属意料之中；可是，在社会主义的中国，在无产阶级意识形态的阵地上，也发出阵阵噪音。这一切暂时不去管它。在这里，我们想提到一个人，他对马克思和恩格斯的批评是最委婉的、最善意的，在我们这个据说是信仰缺失的年代，他的批评表达了许许多多人的内心疑虑，所以值得提出。这个人是社会主义的"纵横者"，他在其主编的《世界社会主义纵横》中写道：

> 马克思和恩格斯的科学社会主义理论尽管从总体上讲是科学的，但从局部和细节看，难免夹杂有个别不科学、不切实际的因素，他们在继承空想社会主义的时候，由于缺少实践验证，有时往往是科学因素与非科学因素相混杂，难以清楚分辨。例如，1875年，马克思在《哥达纲领批判》一书中曾提出，将来的社会主义社会，是没有货币、没有商品、没有市场交换的社会，按劳分配将采取发给每人与其劳动时间等量的证书，即采取"劳动券"的形式来实现，劳动者可凭此"劳动券"从社会储存中领取同他提供的劳动量相当的一份消费资料。这里显然是受到了欧文空想社会主义思想的影响。后来的实践证明，社会主义阶段是不可

能取消货币、商品和市场的，如果人为地这样做，只能受到实践的惩罚！

看来，这位社会主义的纵横者虽然游刃自如地纵横于世界社会主义之间，但是却对马克思和恩格斯的科学社会主义不甚了了。不然的话，他是不会提出这样的批评的。

那么，马克思和恩格斯当年究竟犯下了怎样的罪，以至于在今天遭到如此的报应呢？其实，马克思拒绝对未来社会进行详尽的描绘，他在青年时代就宣称："我们的任务不是推断未来和宣布一些适合将来任何时候的一劳永逸的决定。"① 恩格斯也说过，谁"以为他从这本书里会知道共产主义的千年王国看来到底是什么样子，谁期望得到这种愉快，谁就大错特错了。"② "我们不打算把什么最终规律强加给人类。关于未来社会组织方面的详细情况的预定看法吗？您在我们这里连它们的影子也找不到。"③ 因此，马克思、恩格斯对于未来共产主义社会的设想，既不是（像敌人所说的那样）制造乌托邦，也不是（如我们的同志所说的）夹杂着空想的因素，而是完全如同列宁所说：

> 马克思的全部理论，就是运用最彻底、最完整、最周密、内容最丰富的发展论考察现代资本主义。自然，他也就要运用这个理论去考察资本主义即将崩溃的问题，去考察未来共产主义的未来发展问题。
>
> 究竟有什么根据可以提出未来共产主义的未来发展问题呢？
>
> 这里的根据就是，共产主义是从资本主义中产生的，它在历史上是从资本主义中发展起来的，它是资本主义产生的那种社会力量发生作用的结果。马克思丝毫不想制造乌托邦，不想凭空猜测无法知道的事情。马克思提出共产主义的问题，正像自然科学家提出某一新的生物变种的发展问题一样，因为我们已经知道，这一变种是怎样产生以及朝着哪个

---

① 《马克思恩格斯全集》第 1 卷，人民出版社，1956 年版，第 416 页。
② 《马克思恩格斯全集》第 16 卷，人民出版社，1964 年版，第 243 页。
③ 《马克思恩格斯全集》第 22 卷，人民出版社，1965 年版，第 628—629 页。

方向演变的。①

事实发生的正是这样。

第一节 资本的发展趋势

马克思写道:

在积累和伴随积累的积聚的进程中资本可变部分相对减少。②

如果资本所支配的全部劳动时间达到最大限度,比如说,达到无限大的量∞,结果必要劳动时间成了这个∞中的无限小的部分,而剩余劳动时间成了这个∞中的无限大的部分,那么这就是资本价值增值的最大限度,而这也就是资本努力追求的趋势。③

"提高劳动生产力和最大限度否定必要劳动,正如我们已经看到的,是资本的必然趋势。劳动资料转变为机器体系,就是这一趋势的实现"。对象化在机器体系中的价值表现为这样一个前提,同它相比,单个劳动能力创造价值的力量作为无限小的量而趋于消失。④

由此可见,资本的发展趋势就是不断地减少活劳动,甚至要消灭活劳动,这难道不是事实吗?在当今发达的资本主义国家,从事物质生产的工人的人数,也就是生产剩余价值的工人的人数,不仅相对地减少了,而且绝对地减少了,并且在继续地减少下去,这难道不是事实吗?

为什么会这样呢?难道资本主义生产的目的不就是尽可能多的占有剩余

---

① 《列宁选集》第3卷,人民出版社,1972年版,第243页。
② 《资本论》第1卷,人民出版社,1972年版,第682页。
③ 《马克思恩格斯全集》第30卷,人民出版社,1995年版,第537页。
④ 《马克思恩格斯全集》第31卷,人民出版社,1995年版,第92页。

价值吗？生产剩余价值的工人的人数的绝对减少不是与资本主义生产的目的相矛盾吗？是的，是矛盾，资本本身就是矛盾，又是马克思深刻地剖析了这个矛盾。马克思写道：

> 资本本身是处于过程中的矛盾，因为它竭力把劳动时间缩减到最低限度，另一方面又使劳动时间成为财富的唯一尺度和源泉。因此，资本缩减必要劳动时间形式的劳动时间，以便增加剩余劳动时间形式的劳动时间；因此，越来越使剩余劳动时间成为必要劳动时间的条件——生死攸关的问题。一方面，资本唤起科学和自然界的一切力量，同样也唤起社会结合和社会交往的一切力量，以便使财富的创造不取决于（相对地）耗费在这种创造上的劳动时间。另一方面，资本想用劳动时间去衡量这样造出来的巨大的社会力量，并把这些力量限制在为了把已经创造的价值作为价值来保存所需要的限度之内。①
>
> 资本本身就是矛盾，因为它总是力图取消必要劳动时间（而这同时就是要把工人降到最低限度，也就是说，使工人只是作为活劳动能力而存在），但是剩余劳动时间只是作为对立物，只是同必要劳动时间对立地存在着，因此，资本把必要劳动时间作为它的再生产和价值增殖的必要条件。物质生产力的发展——同时又是工人阶级力量的发展——到一定时候就会扬弃资本本身。②

资本就是矛盾。每一位资本家，为了保存和增殖自己的价值，为了在整个资产阶级所榨取来的剩余价值中得到一个较大的份额，总是力求率先采用新技术，以最大限度的减少和排挤活劳动，最大限度地降低自己产品的成本。这是资产阶级强加给它的每一个成员的严酷的成本纪律。而这样做的结果，一方面，单位商品的价值量绝对地降低了；另一方面，全部社会产品的价值量相对降低了。因此，资本主义生产方式是这样一种生产方

---

① 《马克思恩格斯全集》第 31 卷，人民出版社，1995 年版，第 101 页。
② 《马克思恩格斯全集》第 30 卷，人民出版社，1995 年版，第 542—543 页。

式，它的唯一的目的是尽可能多的占有剩余价值，也就是最大限度地吮吸活劳动，而它实现目的的手段却是最大限度地减少乃至消灭活劳动；它企求自身的万世长存，幻想成为绝对的存在，而它的养生之道却是拼命地挤掉自身的血液，消灭它生命的源泉。资产阶级是这样一个阶级："他狂热地追求价值的增殖，肆无忌惮地迫使人类去为生产而生产，从而去发展社会生产力，去创造生产的物质条件；而只有这样的条件，才能为一个更高级的、以每个人的全面而自由的发展为基本原则的社会形式创造现实基础。"①那么，资产阶级将要为新社会创造的"现实基础"是个什么样子的呢？换句话说，新社会的生产力是什么样的生产力呢？在回答这个问题之前，先让我们阅读下面一段文字：

  如果每一件工具都能按照命令，或者，甚至按照自己的预想去完成它所担负的工作，就像代达罗斯的工艺品那样自己会动作，或者像赫斐斯塔司的鼎那样会自动执行祭神的工作，如果织布的梭会自己织布，那么师傅就不需要助手，主人就不需要奴隶了。②

  这段话是古代最伟大的思想家亚里士多德说的，这里的"自动化生产"显然是他的天才的幻想。但是，在马克思时代，第一，正如我们刚刚看到的，马克思详尽地考察了资本主义生产方式的固有矛盾和发展趋势；第二，马克思还进一步考察了科学在资本主义生产过程中的应用及其趋势，指出：

  自然界没有造出任何机器，没有造出机车、铁路、电报、自动走锭精纺机等等。它们是人的产业劳动的产物，是转化为人的意志驾驭自然界的器官或者说在自然界实现人的意志的器官的自然物质。它们是人的手创造出来的人脑的器官；是对象化的知识力量。固定资本的发展表明，一般社会知识，已经在多么大的程度上变成了直接的生产力，从而社会

---

① 《资本论》第 1 卷，人民出版社，1975 年版，第 649 页。
② 转引自《资本论》第 1 卷，人民出版社，1975 年版，第 447 页。

生活过程的条件本身在多么大的程度上受到一般智力的控制并按照这种智力得到改造。它表明，社会生产力已经在多么大的程度上，不仅以知识的形式，而且作为社会实践的直接器官，作为实际生活过程的直接器官被生产出来。①

由于资本的无止境的致富欲望及其唯一能实现这种欲望的条件不断地驱使劳动生产力向前发展，而达到这样的程度，以致一方面整个社会只需用较少的劳动时间就能占有并保持普遍财富，另一方面劳动的社会将科学地对待自己的不断发展的再生产过程，对待自己越来越丰富的再生产过程，从而，人不再从事那种可以让物来替人从事的劳动，——一旦到了那样的时候，资本的历史使命就完成了。②

通过对资本发展趋势的考察，通过对科学在生产过程中的应用的趋势的考察，对于资本"驱使劳动生产力向前发展"的结果，马克思设想"人不再从事那种可以让物来替人从事的劳动"，设想将会是智能化、自动化的社会生产力，或者说设想人类社会将出现这样的科学生产力，你能说马克思是在制造乌托邦吗？你能说马克思的设想夹杂着空想的因素吗？

不要忘记，智能化、自动化的科学生产力已经出现在人世间，已经出现在我们每一个人的面前，就是说，实践正在验证着马克思的光辉预见！

不要忘记，马克思对未来共产主义社会的进一步的设想，都是以第一个设想、也就是新一代的生产力为基础、为前提的。而这也恰是他们创立的历史唯物主义的基本要求。

应当指出，当前人们对于第三代生产力的认识，包括那些专门研究生产力的经济学家的认识，还存在着一些片面的、不正确的地方。为了防止将片面的认识强加在马克思的身上，在我们具体讨论马克思对于新一代生产力的预见之前，还是先仔细地观察一下业已出现的新一代生产力的幼芽。

---

① 《马克思恩格斯全集》第 31 卷，人民出版社，1995 年版，第 102 页。
② 《马克思恩格斯全集》第 30 卷，人民出版社，1995 年版，第 286 页。

第二节　新一代生产力的幼芽

新的生产力革命的起点

今天我们看到的所谓的智能生产力，是在机器体系的基础上增加了一个智能控制机。谷书堂在其主编的《社会主义经济学通论——中国转型期经济问题研究》一书中写道：

> 40年代末50年代初，电子计算机在美国制成并进入实际运行。从此，以电子计算机为核心的自动控制装置不仅完善了，而且取得了独立的存在形式，三环节的机器体系变成了四环节的机器体系。与此同时，信息因素也从其他因素中分化出来，相对独立，成为生产力系统中的一个新的因素。如果说过去生产力的进步可以简单地归结为"用机器代替人力"（手工生产力转化为机器生产力）和"机器代替机器"（蒸汽时代低性能的机器转化为电力时代高性能的机器）这样两句话的话，那么，这里发生的事情就可以简单地归结为"用机器操纵机器"。而且，这种自动机器体系已经不是从前那种简单的、单参量调节的、自动化程度不太高的机器体系，而是电子计算机控制的、多参量、全自动的、取代了人的部分脑力劳动功能的机器体系——智能机器体系。这是机器发展的一个质的飞跃，也是人类生产力的一个质的飞跃。[①]

谷先生的意见具有普遍性，就是说，许多人认为：机器体系（发动机、传动机、工作机）+智能控制机 = 智能生产力；"人类生产力的一个质的飞跃"。

[①] 谷书堂主编《社会主义经济学通论——中国转型期经济问题研究》，高等教育出版社，2000年4月版，第32页。

然而，这是不正确的，至少是不完全正确的。

相信不少人看见过这样的事情：有人在自行车上安装一个小型发动机，一经发动，就"噼噼啪啪"地响着，自行车真的自动行驶起来。它是摩托车吗？它是汽车吗？

智能控制机，它是生产力发生第二次革命的起点，是智能生产力取代机器生产力的起点。但是，起点并不是全部，尤其不是智能控制机加上机器生产力的全部，不是仅仅使片面的机器体系"自动化"，不是这样的。任何一次真正意义上的生产力革命，都是全方位的变革。新一代的社会生产力，必然有着自己的、特殊的劳动资料形式和劳动材料形式，还有着与以往不同的、新型的劳动者。请比较一下第一代生产力和第二代生产力的情形吧。在这里，不仅劳动者、劳动资料和劳动材料存在着质的不同，就连劳动组织形式也发生了根本性的变化；个别生产过程和社会生产总过程的分离，以及生产者在社会生产总过程中的交往关系，都是第一代生产力不曾具有的；社会生产单位变化了，而且生产单位内部劳动者的关系，第二代生产力也不同于第一代生产力。如此等等。发达的机器体系是第二代生产力所特有的劳动资料形式，但它并不是工业革命的起点。工业革命的起点是工具机，例如最早发明的珍妮机。在珍妮机刚刚发明并应用的时候，即使有人认识到它是一场伟大的生产力革命的起点，但是他无论如何也不可能从珍妮机身上看到未来的发达的机器体系，也就是不可能预见到新一代生产力所特有的劳动资料形式，就像我们今天从"控制机+机器体系"身上不可能看到第三代生产力所特有的劳动资料形式那样。问题在于，我们不能一方面不了解生产力革命的意义，另一方面又忘记了生产力革命的历史。珍妮机以及同时期发明的"机器"，都是小机器，马克思认为，小机器及其生产，并不是真正的机器生产，"它还只是机器生产的简单要素。"① 因此，严格地说，小机器及其生产还不是真正意义上的机器生产力。正因为这样，小机器才为工场手工业所利用，甚至被家庭手工业所利用。同样的道理，今天我们所看到的智能化、自动化的机器体系，不论人们对它如何地赞赏备至，它仍然不是真正意义上的第三代社会生产力，

---

① 《资本论》第1卷，人民出版社，1975年版，第413页。

它还借用着旧生产力的躯体,它还没有自己的劳动资料形式。正因为这样,它才可能被资产阶级所利用,被强加于资本的性质。因此,将第三代生产力的幼芽与第三代生产力本身混同起来,也就是将幼芽与参天大树混同起来,是不正确的。

环保主义者的发难

同样不正确的是把第三代生产力仅仅理解为"自动化"。自动化是第三代生产力的基本特征之一,但同样不是它的全部。将第三代生产力片面地理解为"自动化",问题来了:环保主义者攻击马克思!——

> 一个确实支持在技术发展和生态问题之间建立一个必要联系的观点是由瓦尔·罗特莉(Val Routley)提出来的,这个观点代表了许多环保思想。她认为马克思提供给我们的"自动化天堂"的蓝图"必定是高度耗能的,因此展现了可预见的、现实的能源情景,即环境破坏"。科恩似乎也持有罗特莉对自动化和资源消耗之间关系的一个假设,他认为"资源危机"可能会使马克思的后资本主义方案看起来很天真,"因为如果自然资源被更节俭地使用,在一定程度上对它们的依赖肯定会被对人类劳动力的持续依赖所代替,那么这样看起来增加空闲时间的承诺将是难以得到满足的。"①

加给马克思的罪名当然是莫须有的。这些环保主义者既不了解第二代生产力,也不了解第三代生产力,或者说片面地理解了第三代生产力,进而误解了马克思。

在手工生产力的条件下,人与自然之间的物质变换活动在狭小的范围内和孤立的地点上进行着,人与自然之间保持着原始的和谐。而在机器生产力的条件下,情形就完全不同了。由第二代生产力的发展水平所决定,人们对

---

① [英]乔纳森·休斯:《生态与历史唯物主义》,张晓琼、侯晓滨译,江苏人民出版社,2011年3月版,第185—186页。

于自然资源的利用，不仅限于稀缺的、不可再生的资源，例如煤炭、石油、各种金属矿藏等，而且基本上限于物理学和化学的应用，其中物理学的应用很少细化到分子层面，更不要说原子层面了。这种对不可再生的自然资源的粗放式利用，一方面，人们以越来越大的规模从自然界获取自然资源；另一方面，人们也以同样的规模将污染物、废弃物回馈给自然，以致大大超过了自然本身的自我消解能力，于是资源枯竭、环境污染、生态失衡就是必然的结果。就是说，人与自然之间的原始和谐被机器生产力所否定，发展为人与自然的对立和对抗。而资产阶级对机器生产力的利用形式，即疯狂地为生产而生产，偏执地以剩余价值作为生产的唯一目的，则加剧了这种对立和对抗，并且在几百年的时间里积累了这种对立和对抗。但是，机器生产力给自然界所造成的负面作用，即使在它为无产阶级所利用的情况下也不可能被消除，无产阶级可以并且正在限制这种负面作用，但是不可能根本消除它。人类在多大程度上利用机器生产力，也就在多大程度上与自然相对立，在多大程度上破坏生态环境。而在环保主义者的眼里，马克思所主张的生产力的发展是这样一种发展，在这种发展了的生产力中，人与自然进行物质变换的方式和后果没有变，例如煤炭、石油作为基本能源没有变，但是生产"自动化"了，因而速度加快了，规模也相应地扩大了，进而与自然的对立加剧了。于是环保主义者批评马克思，攻击马克思。其实，环保主义者不了解，马克思关于新一代生产力的设想，从来也不是现有机器体系的自动化，不是"机器体系+智能控制机"。环保主义者也许更加不了解的是：当今全世界方兴未艾的环保主义运动，本身就是对机器生产力的抗议，尤其是对资产阶级利用形式的抗议，本身就预示着机器生产力的尽头，预示着环保的、绿色的新一代生产力的行将到来。

新一代生产力必然是环保的、绿色的吗？目前我们还不能用事实来回答这个问题，因为真正意义上的第三代生产力尚未出现，出现的只是它的幼芽。但是，既然我们知道，第三代生产力对于第二代生产力的关系，如同第二代生产力对于第一代生产力一样，是否定，是扬弃，那么，正像机器生产力否定了人与自然的原始和谐而代之以对立和对抗那样，第三代生产力也必将否定这种对立和对抗，代之以新的和谐，更高层次上的和谐，科学的和谐。即将到来的新的科技革命的曙光正在昭示着这一点。学界认为，新的科技革命将是生命科学、信息科学、纳米科学、仿生工程和机器人学等等全方位的革命，其中纳米工程将使人类能够在原子水平逐个原子地操纵物质，在纳米尺度上进行设计、加工和制造等。特别是，可控核聚变研究已经取得突破性进展，核聚变发电的梦想很可能变成现实，而广泛存在的普通物质也可能被"操纵"成优质的新型材料，从而当前破坏环境、制约生产力升级换代的能源和材料问题就可能获得彻底解决。当然，能源和材料的革命只不过是新的科技革命的一部分，据中国科学院中国现代化研究中心何传启介绍，新科技革命的每一个方面都将展现出诱人的、激动人心的前景，例如人类将控制生物体的生命，甚至实现人的永生等等。换句话说，新的科技革命很可能是生产力的第二次革命，真正意义上的生产力革命，生产力的真正的质的飞跃，也就是第三代生产力取代第二代生产力。

那么，如此美妙的前景什么时候才能实现呢？何传启根据历次科技革命的情况，经过细致计算，指出：这场科技革命将开始于 2020 年前后，结束于 2050 年前后。[①] 乖乖，近在眼前啊！然而冷静下来想一想，一点也不奇怪。回顾历史，从发明珍妮机到工业革命结束，历时一百多年。而从发明智能控制机到 2050 年，差不多也是一百多年了啊！

两点"空想"

我们很快就将看到，马克思对于新一代生产力的设想，完全是对其本质的把握，具体细节、具体面貌，一个字也没有。从那时到现在，160 年过去了。作为后人，我们目睹了第三代生产力的幼芽，看见了活灵活现的机器人，又听到了专家学者们的科学预期，在这个情况下，对于第三代生产力的具体面貌做出几点"空想"，不仅是可能的，而且是必要的。

在本书第四章，我们讨论了机器生产力的内部结构。如果换一个角度，那么，机器生产力的内部结构又可以划分为生产资料的生产和生活资料的生

[①] 何传启：《科技革命与世界现代化——第六次科技革命的方向和挑战》，2012 年第 7 期《新华文摘》，第 139—140 页。

产这样两大部类。马克思在分析机器生产力的生产和再生产时就是这样划分的。我们看到，生产资料的生产，既不生产直接的消费品，也不生产直接的交换价值，至少不生产可以直接实现的交换价值。而随着机器生产力的发展，社会将越来越大的一部分生产时间耗费在这种生产上。"这就要求社会能够等待"，马克思说，"能够把相当大一部分已经创造出来的财富从直接的享受中，也从以直接享受为目的的生产中抽出来，以便（在物质生产过程本身内部）把这一部分财富用到非直接生产的劳动上去。"① 然而，第一代生产力就不是这样，在那里，当然也有手工工具的生产，但是比重不大，而且没有劳动材料的生产，劳动对象是由自然界现成的提供的，生产力的基本的和主要的部分是直接生产生活资料，生产——消费。机器生产力否定了这一点，带领人类绕起了大弯子，花费大部分生产力，并且是越来越大的一部分生产力去生产不能直接消费的东西。这就是生产资料的生产。对于机器生产力来说，这是必然；对于人类社会的发展来说，这是一个不可逾越的阶段。但是，在这个阶段上，人类仿佛误入了歧途：一方面，人类不是直接生产物质财富，而是生产价值和交换价值的承担者；另一方面，人类被迫将大部分劳动时间耗费在不能供人类直接消费的生产上。那么新一代的生产力呢？我们设想，这种浪费人类生产力的现象将要被否定，将会消失。"生产——消费"将得到恢复。那时，生产资料的生产肯定会继续存在，但决不会是今天这样的规模。一切有赖于劳动资料形式和劳动材料形式的革命，这一革命将大大缩短从人类初次获取自然资源到生产生活资料的距离，并最终使二者融合起来。

与此相关的是生产过程的变化。我们已经看到，机器的作用是分解、分解、无休无止的分解，一个生产过程被分解为多个生产过程，从而每一个生产过程的产品越来越片面，越来越不能直接供人消费。这对于机器生产力来说，又是必然。那么，新一代生产力呢？我们设想，新一代生产力的劳动资料将会反其道而行之，将会是合并、合并、无休无止的合并（融合），直到出现这样的情况：一件或者说一部劳动资料，可以生产多种可供人直接消费的产品，甚至在现代人看来是风马牛不相及的产品。

---

① 《马克思恩格斯全集》第 31 卷，人民出版社，1995 年版，第 102 页。

这两个问题其实是紧密相联的。在手工生产力的条件下，人与自然进行物质变换活动的"软实力"，即劳动经验、劳动技能、技艺，蕴藏在劳动者身上，或者说存在于劳动者的头脑里；在机器生产力的条件下，这种"软实力"，即科学、技术，蕴藏在固定资本（劳动资料）里，固定资本就是对象化的科学，本身就是能工巧匠，但是并不存在于劳动者的头脑里；而在第三代生产力的条件下，情形会怎么样呢？马克思说，在这个时候，"固定资本就是人本身"。①——马克思的这一深邃的思想，足够我们思索一番的了。正是基于这种"软实力"向人身的回归，或者说基于这个"否定之否定"的历史过程，我们才做出了以上两点"空想"。而这样做的主要目的仍然在于提醒：莫把幼芽当大树；真神尚未现身，认识刚刚开始。

第三节　共产主义生产力

马克思的第一个设想，也就是对于共产主义社会的生产力的预见，究竟是怎样的呢？马克思写道：

> 劳动表现为不再像以前那样被包括在生产过程中，相反地，表现为人以生产过程的监督者和调节者的身份同生产过程本身发生关系。（关于机器体系所说的这些情况，同样适合于人们活动的结合和人们交往的发展。）这里已经不再是工人把改变了形态的自然物作为中间环节放在自己和对象之间；而是工人把由他改变为工业过程的自然过程作为中介放在自己和被他支配的无机自然界之间。工人不再是生产过程的主要作用者，而是站在生产过程的旁边。②

第一，生产过程是改变为工业过程的自然过程；第二，人站在生产过程

---

① 《马克思恩格斯全集》第31卷，人民出版社，1995年版，第108页。
② 同上，第100页。

的旁边。这就是马克思对于共产主义生产力的设想。在这里，马克思既没有设想劳动资料的具体形式，也没有设想劳动材料的具体形式，而完全是对新一代生产力的本质的把握。相关的思想观点，以及对共产主义社会的其他设想，都是从此出发的。

直接的社会劳动

人站在生产过程的旁边。这个"旁边"可能近在咫尺，也可能是千里之遥。即使在今天，远距离的精确控制也不是一件困难的事情了。人站在生产过程旁边干什么呢？监督、看管、调节生产过程。这就是那时人的工作，准确地说，这就是人的新形式的劳动。当着机器生产力取代手工生产力的时候，马克思说："从劳动作为支配生产过程的统一体而囊括生产过程这种意义来说，生产过程已不再是这种意义上的劳动过程了。相反，劳动现在仅仅表现为有意识的机件，它以单个的有生命的工人的形式分布在机械的许多点上，被包括在机器体系本身的总过程中"。① 就是说，在手工生产力的条件下，劳动者是生产过程的主宰者，劳动资料（手工工具）是劳动者的仆役；在机器生产力的条件下，劳动资料（机器体系）成为生产过程的主宰者，劳动者成了它的仆役；而在智能生产力的条件下呢？人站在生产过程的旁边，说得客气些，人被"请"出了生产过程，那时的生产过程中没有了人，因而既没有了人的地位，也没有了人的作用。人靠边站了。

马克思在《资本论》第二卷第13章对于生产时间和劳动时间进行了区分，指出：劳动时间始终是生产时间，但生产时间并不都是劳动时间；除了劳动者的劳动时间以外，生产时间还包括劳动对象经历的物理的化学的和生理的变化的时间，也就是受自然过程支配的时间。这显然是在机器生产力或者手工生产力的条件之下。而在智能生产力的条件下，整个生产过程除了刚才所说的劳动对象受自然过程支配的时间以外，其余的则是劳动对象受"改变为工业过程的自然过程"支配的时间，就是说，全部生产时间都是劳动对象接受自然过程支配的时间，只是这里的"自然过程"既有本来意义上的自

---

① 《马克思恩格斯全集》第31卷，人民出版社，1995年版，第91页。

然过程，又有"人造"的自然过程。因此，"靠边站"的人的劳动时间不再是生产时间的组成部分，不再是生产时间，从而不再是生产的。马克思说：

> 随着大工业的这种发展，直接劳动本身不再是生产的基础，一方面因为直接劳动变成主要是看管和调节的活动，其次也是因为，产品不再是单个直接劳动的产品，相反地，作为生产者出现的，是社会活动的结合。[①]

> 在大工业的生产过程中，一方面，发展为自动化过程的劳动资料的生产力要以自然力服从于社会智力为前提，另一方面，单个人的劳动在它的直接存在中已成为被扬弃的个别劳动，即成为社会劳动。[②]

由此可见，这个时候的人的劳动，是被扬弃的生产劳动，也就是被否定的生产劳动，因而不再是生产劳动，不再是千百年来人们所习惯的认为的那种劳动，而是由它"上升"成为直接的社会劳动。这种直接的社会劳动发生在生产过程之外而不是生产过程之内，因而这种劳动时间的多少、长短，与生产时间毫无关系，二者是"两股道上跑的车"。因此，这种直接的社会劳动不仅不再是生产的，而且完全不必与生产过程和生产时间同步，生产时间例如每天24小时不停，而劳动时间则可能是8小时、4小时、甚至更短，劳动时间的长短受生产过程中智能化、自动化程度的制约，与生产过程中"生产什么、怎样生产"毫无关系。在手工生产力的条件下，劳动只有一重性，只是有用的具体劳动，只生产使用价值，这样的劳动是生产劳动；在机器生产力的条件下，从前的劳动的一重性被否定了，变成了二重性，二重性的劳动生产商品，这样的劳动仍然是生产劳动，或者说是半生产劳动；而在智能生产力的条件下，从前的劳动的二重性再一次被否定了，变成了一重性，但这是上升为直接社会劳动的一重性，并且不再是生产劳动，生产劳动被扬弃了、消灭了。直接的社会劳动什么也不生产，既不生产产品，也不生产商品，因

[①] 《马克思恩格斯全集》第31卷，人民出版社，1995年版，第105页。
[②] 同上。

此这种劳动不再是财富的源泉,不再是"财富之父",同时也不再是财富的尺度。"以劳动时间作为财富的尺度,这表明财富本身是建立在贫困的基础上的,而可以自由支配的时间只是在同剩余劳动时间的对立中并且是由于这种对立而存在的,或者说,个人的全部时间都成为劳动时间,从而使个人降到仅仅是工人的地位,使他从属于劳动。"① 自人类社会诞生以来,开始是全体社会成员,后来是大多数社会成员,都"从属于劳动",被劳动所奴役,终于在第三代社会生产力的条件下,也就是在共产主义生产力的条件下,劳动者被解放了,从物质生产过程中被解放出来,成为自由的个人。那么,对于人类来说,对于自由的个人来说,这种劳动是什么呢?马克思写道:

> 直接的劳动时间本身不可能像从资产阶级经济学的观点出发所看到的那样永远同自由时间处于抽象对立中,这是不言而喻的。劳动不可能像傅立叶所希望的那样成为游戏——不过,他能宣布最终目的不是把分配,而是把生产方式本身提到更高的形式,这依然是他的一大功绩。自由时间——不论是闲暇时间还是从事较高级活动的时间——自然要把占有它的人变为另一主体,于是他作为这另一主体又加入直接生产过程。对于正在成长的人来说,这个直接生产过程同时就是训练,而对于头脑里具有积累起来的社会知识的成年人来说,这个过程就是〔知识的〕运用,实验科学,有物质创造力的和对象化中的科学。对于这两种人来说,只要劳动像在农业中那样要求实际动手和自由活动,这个过程同时就是身体锻炼。②

简言之,劳动是全面而自由发展的人的自主活动之一,是这种自由人的生活的第一需要。当着劳动仍然是生产劳动的时候,它永远不可能成为任何人的第一需要。"在奴隶劳动、徭役劳动、雇佣劳动这样一些劳动的历史形式下,劳动始终是令人厌恶的事情,始终表现为外在的强制劳动,而与此相反,

---

① 《马克思恩格斯全集》第 31 卷,人民出版社,1995 年版,第 104 页。
② 同上,第 108 页。

不劳动却是'自由和幸福'"。① 只有直接的社会劳动，只有被傅立叶称为"游戏"、被马克思称为"身体锻炼"的劳动，才可能成为人的生活的第一需要，也必然会成为第一需要。

我们曾经指出，生产社会化是一个漫长的历史进程，大体上划分为手工生产力阶段、机器生产力阶段、智能生产力阶段；在手工生产力阶段，生产社会化表现为剩余产品社会化（商品化）。我们已经看到，在机器生产力阶段，生产社会化表现为劳动资料社会化或者生产过程社会化（裂变）。现在我们又看到，在智能生产力阶段，生产社会化则表现为生产劳动社会化，也就是"消灭劳动"。

最后需要指出，在智能生产力的条件下，生产劳动被扬弃为直接的社会劳动，完全是生产力自身的事情，完全是生产力的更高阶段的发展，与生产力的社会利用形式无关，也就是与生产关系无关。在我国学界曾经有人认为，即使在机器生产力的条件下，只要实行单一的全民所有制，生产劳动就会变成直接的社会劳动，商品生产就将被消除。这种观点显然颠倒了生产力和生产关系的关系，就不必花费笔墨了。

一般生产力的占有

现在让我们把目光从生产过程的旁边转入生产过程的内部。自古以来，物质生产过程的内部存在着三大要素：活劳动、劳动资料和劳动对象。但是现在不是了。劳动者被排挤出生产过程，只剩下两大要素：劳动资料和劳动对象。生产过程内部不再有劳动者，不再有活劳动，因此，生产过程不再包括劳动过程，不再是劳动过程，生产力不再是劳动生产力，人们正确地称它是智能生产力或者科学生产力。

在手工生产力的条件下，工人把工具当作器官，通过自己的技能和活动赋予它以灵魂，因此手工工具是人与自然进行物质变换活动的中介。相反地，在机器生产力的条件下，"工人的活动表现为：它只是在机器的运转，机器作用于原材料方面起中介作用。"而在智能生产力的条件下，事情又翻转过来：

---

① 转引自《马克思恩格斯全集》第30卷，人民出版社，1995年版，第615页。

"工人把由他改变为工业过程的自然过程作为中介放在自己和被他支配的无机自然界之间。"至于这个重新充当中介的新的劳动资料的具体形态是怎样的,马克思"不想凭空猜测无法知道的事情,"就是说,他老人家一点也没有陷入空想,一点也没有夹杂不科学的因素。想从马克思这里知道第三代生产力的劳动资料的具体形式吗？门也没有！尽管谁也没有像马克思那样重视劳动资料的作用,谁也没有像马克思那样把劳动资料的具体形式称作"人类劳动力发展的测量器"和"劳动借以进行的社会关系的指示器"。[1]——生产过程是"改变为工业过程的自然过程",仅此而已。

"改变为工业过程的自然过程"是个什么意思呢？这是说,这个时候的产品生产,就像树上结果子、地上长青草一样,完全是自然力发挥作用的过程和结果。换句话说,产品仍然是生产的产品,但不是人生产的产品,不是劳动的产品。因此,这种自然地、自动地结出果实来的新型的劳动资料,就是人驾驭自然的器官或者说在自然界实现人的意志的器官,是对象化的知识的力量,反过来,"改变为工业过程的自然过程"则是对人的一般生产力的占有。马克思说：

> 在这个转变中,表现为生产和财富的宏大基石的,既不是人本身完成的直接劳动,也不是人从事劳动的时间,而是对人本身的一般生产力的占有,是人对自然界的了解和通过人作为社会体的存在来对自然界的统治,总之,是社会个人的发展。[2]

那么,什么是人本身的一般生产力呢？马克思说：

> 劳动时间——单纯的劳动量——在怎样的程度上被资本确立为唯一的决定要素,直接劳动及其数量作为生产即创造使用价值的决定要素就在怎样的程度上失去作用；而且,如果说直接劳动在量的方面降到微不

---

[1] 《资本论》第1卷,人民出版社,1975年版,第204页。
[2] 《马克思恩格斯全集》第31卷,人民出版社,1995年版,第100—101页。

足道的比例，那么它在质的方面，虽然也是不可缺少的，但一方面同一般科学劳动相比，同自然科学在工艺上的应用相比，另一方面同产生于总生产中的社会组织的、并表现为社会劳动的自然赐予（虽然是历史的产物）的一般生产力相比，却变成一种从属的要素。于是，资本也就促使自身这一统治生产的形式发生解体。①

应当把一般劳动和共同劳动区别开来。二者都在生产过程中起作用，并互相转化，但它们也有区别。一般劳动是一切科学工作，一切发现，一切发明。这种劳动部分地以今人的协作为条件，部分地又以对前人劳动的利用为条件。共同劳动以个人之间的直接协作为前提。②

由此可见，所谓一般生产力，简单地说就是一般劳动和共同劳动生产力。一般劳动包括科学研究、科学实验、科学普及和科学运用。人站在生产过程旁边的劳动既属于科学的运用，又属于共同劳动的一部分，因此，它是一般劳动，是直接的社会劳动。这种直接的社会劳动，作为单个劳动，相对于物质生产过程来说，它不是生产的；但是作为共同劳动的一部分，它属于一般生产力，因而是生产的。应当指出，一般生产力，其中科学的力量，知识的力量，不仅包括自然科学，还包括社会科学，它是有物质创造力的"一切科学工作"。

在生产过程中没有了活劳动，人站在生产过程的旁边从事直接的社会劳动，这意味着什么呢？这意味着：第一，这种直接的社会劳动同"可以自由支配的时间就不再是对立的存在物了"③，就是说，这种直接的社会劳动本身就是人的各种自主活动之一，这种社会劳动的时间同时就是自由时间，是人的自由支配的时间的一部分。第二，"群众的剩余劳动不再是一般财富发展的条件，同样，少数人的非劳动不再是人类头脑的一般能力发展的条件。"④ 千

---

① 《马克思恩格斯全集》第31卷，人民出版社，1995年版，第94—95页。
② 《资本论》第3卷，人民出版社，1975年版，第120页。
③ 《马克思恩格斯全集》第31卷，人民出版社，1995年版，第104页。
④ 同上，第101页。

百年来，政治家、军事家、科学家、文学家、艺术家等等等等，无一不是由群众的剩余劳动养成的；所有创造一般财富的非生产劳动者都是如此。被禁锢在物质生产过程之中的大多数社会成员饱受生产劳动的折磨，换来的是少数人的非劳动作为人类头脑的一般能力的发展的条件，也就是社会智力的发展的条件。现在，在第三代生产力的条件下，一方面，从前从事生产劳动的社会成员被从生产劳动中解放出来，这些似乎愚笨的、低人一等的生产劳动者与非生产劳动者"个人之间天赋才能的差异，远没有我们所设想的那么大"，"就天性来说，哲学家和搬运夫的差别——就才能和智慧来说——不像家犬和猎犬的差别那样大"，① 更何况从前的脑力劳动者未必都是"猎犬"，因此，当他们与原来的非生产劳动者一起成为一样的自由的社会个人的时候，人类头脑的一般能力、社会智力，必将迅猛地膨胀起来，必将极其迅速地向前发展；另一方面，生产过程，"改变为工业过程的自然过程"，是对人类一般生产力的占有，也就是对社会智力的占有，自然力服从于社会智力。这样的生产力的每一点小小的进步，或者每一次较大较快的发展，都完全依靠着人的一般生产力的注入，也就是科学的力量、知识的力量的注入，或者说完全依靠着社会智力的增长。这样一来，我们看到，人类智力的发展就成为生产力发展的唯一的动力源泉，人类智力的发展水平就决定着生产力发展的水平。在机器生产力的条件下，如果说"社会的生产力是用固定资本来衡量的"，那么，在智能生产力的条件下，社会的生产力则是用人的全面发展的程度来衡量的，在这里，"固定资本就是人本身"。换句话说，"真正的财富就是所有个人的发达的生产力。那时，财富的尺度决不再是劳动时间，而是可以自由支配的时间。"② 因此，劳动者，人，作为社会生产力的最活跃的因素，作为最强大的社会生产力，在智能生产力的条件下不仅没有丝毫的改变，相反地，更加突出了，更加名副其实了，质言之，这是人对自然的自为地统治。

---

① 转引自《马克思恩格斯全集》第 32 卷，人民出版社，1995 年版，第 311—312 页。
② 《马克思恩格斯全集》第 31 卷，人民出版社，1995 年版，第 104 页。

商品生产的消亡

既然机器生产力是必然生产商品的生产力,或者如马克思所说,"是价值关系和以价值为基础的生产的最后发展",① 那么商品生产的消亡也就是机器生产力的消亡,或者说是智能生产力全面取代机器生产力。马克思写道:

> 一旦直接形式的劳动不再是财富的巨大源泉,劳动时间就不再是,而且必然不再是财富的尺度,因而交换价值也不再是使用价值的尺度。群众的剩余劳动不再是一般财富发展的条件,同样,少数人的非劳动不再是人类头脑的一般能力发展的条件。于是,以交换价值为基础的生产便会崩溃,直接的物质生产过程本身也就摆脱了贫困和对立的形式。个性得到自由发展,因此,并不是为了获得剩余劳动而缩减必要劳动时间,而是直接把社会必要劳动缩减到最低限度,那时,与此相适应,由于给所有的人腾出了时间和创造了手段,个人会在艺术、科学等等方面得到发展。②

这就是新一代生产力即共产主义生产力取代机器生产力的过程和结果,这就是商品生产的消亡。今天的人们,我们,既然已经看到了共产主义生产力的幼芽,那么,社会生产力的第二次革命,也就是智能生产力完全取代机器生产力,还会遥远吗?

有人批评马克思,说马克思空想未来的社会主义社会将没有商品、价值、货币等等,而现实社会主义的实践却证明,情况完全相反,商品生产是不可逾越的阶段。其实,这种批评本身就是苍白无力的,牛头不对马尾的。因为彼社会主义不是此社会主义。马克思所设想的共产主义社会第一阶段是建立在智能生产力的基础之上的,也就是建立在自己的共产主义生产力的基础之上的;而现实社会主义,它们的脚下却是机器生产力和大量的分散的手工生

---

① 《马克思恩格斯全集》第 31 卷,人民出版社,1995 年版,第 100 页。
② 同上,第 101 页。

产力，一个主动地、必然地生产商品，一个偶然地、被动地生产商品。现实社会主义并不是马克思所设想的共产主义社会第一阶段，它是过渡时期社会主义。

还是让我们再看一眼共产主义生产力的幼芽吧，这有助于我们接着观察马克思、恩格斯对于未来共产主义社会的其他设想。《生产力经济学》一书写道：

> 人们已经看到，第三代生产力已经出现，智能机器人走上了历史的舞台，她到了哪里，哪里就出现了革命性的现象；工农之间、体脑之间、城乡之间的樊篱被她横扫；无人工厂、无人车间，展现了财富像泉水一样涌流出来的曙光。可以相信，随着智能机器生产力的普遍化和进一步发展，物质生产对于人类来说犹如游戏一样，更多的自由支配时间使人类得以全面发展自己的能力，成为全面发展的自由的人。①

第四节　马克思和恩格斯的设想

马克思和恩格斯对于未来共产主义社会的若干设想，实际上是共产主义生产力的社会诉求，就是说，智能生产力，人类社会第三代生产力，它要求怎样的生产关系和分配关系，要求怎样的经济管理体制，如此等等。那些诽谤马克思和恩格斯制造乌托邦的人们，那些怀疑马克思和恩格斯的设想夹杂着空想因素的人们，一定要牢牢记住：马克思和恩格斯的设想，都是以智能生产力为基础、为前提的。离开这个基础和前提，或者偷换这个基础和前提，例如将第三代生产力偷换成第二代、甚至第一代生产力，然后攻击马克思和恩格斯……空想，等等，就是一件很无聊的事情，也是一个很不正当的行径。

---

① 刘旨贤、张辉主编：《生产力经济学》，西安地图出版社，2001年7月版，第413页。

社会公有制

刚才在第三节提到，马克思认为，劳动资料"是劳动借以进行的社会关系的指示器"。这是说，从劳动资料身上可以看到与之相适应的生产关系。例如机器体系。在历史上，机器是资本创造的生产力，与这种生产力相适应的生产关系必然是资本关系。在生产自发发展的条件下，与机器生产力相适应的生产关系总是资本关系。马克思说："机器无论在哪一方面都不表现为单个工人的劳动资料。"① 这是说，以机器体系为劳动资料的生产，不可能再是封建社会那种以个体家庭为生产单位的生产，封建关系容纳不下这样的生产力。在机器体系面前，旧的家庭手工业的家长或者封建行会手工业的师傅，他们要么是资本家（假如他有足够的货币可以拥有这样的机器的话），要么是雇佣劳动者，二者必居其一。十分明显的是，他们不可能再是家长或者师傅。机器生产力发展到哪里，哪里的旧的封建的生产关系就被无情的消灭掉。"当行会解体时，或许有个别的行会师傅转化为工业资本家，但这样的情形按事物的本性来说是很少的。整个来说，哪里出现了资本家和工人，哪里的行会制度、师傅和帮工就消失了。"②

虽然我们现在还不知道共产主义生产力的劳动资料的具体形式是怎样的，但毫无疑问的是，它一定会出现，必然会出现。同样毫无疑问的是，在这样的劳动资料面前，任何人再想做资本家是万万不能的了，就像行会师傅在机器体系面前再也做不成师傅那样。道理很简单：生产过程中没有了人，没有了生产劳动者，人人都成为站在生产过程外边的自由人，如果有人硬要做资本家，那么谁给他做雇佣工人呢？有谁见过没有雇佣工人的资本家呢？反过来，如果自由人的头上站着一个资本家主人，那么他怎么能是自由人呢？共产主义生产力的劳动资料，无论在哪一方面都不表现为某一工厂或者某一公司的劳动资料，尤其是不能被任何人所私有的劳动资料。面对社会智力对象化的、自动地、大规模地生产物质财富的劳动资料，如果有人宣布这样的劳

---

① 《马克思恩格斯全集》第 31 卷，人民出版社，1995 年版，第 90 页。
② 《马克思恩格斯全集》第 30 卷，人民出版社，1995 年版，第 500 页。

动资料为他所有，那么就好像今天有人宣布地球的大气层，或者宣布宇宙中的某一星球为他所有一样，必定是发了疯，或者干脆就是一个精神病人。共产主义生产力排斥私有制，任何形式的私有制都是它不可能接受的桎梏，更何况，私有制伴随着生产劳动一起被它消灭了，永远地消灭了。

那么，与人类社会第三代生产力相适应的所有制形式是怎样的呢？或者说它要求什么样的所有制形式呢？马克思和恩格斯写道：

> 这样一来，现在情况就变成了这样：个人必须占有现有的生产力总和，这不仅是为了达到自主活动，而且一般说来是为了保证自己的生存。这种占有首先受到必须占有的对象所制约，受自己发展为一定总和并且只有在普遍交往的范围里才存在的生产力所制约。仅仅由于这一点，占有就必须带有适应生产力和交往的普遍性质。对这些力量的占有本身不外是同物质生产工具相适应的个人才能的发挥。仅仅因为这个缘故，对生产工具的一定总和的占有，也就是个人本身的才能的一定总和的发挥。其次，这种占有受到占有的个人的制约。只有完全失去了自主活动的现代无产者，才能获得自己的充分的、不再受限制的自主活动，这种自主活动就是对生产力总和的占有以及由此而来的才能总和的发挥。过去的一切革命的占有都是有局限性的；个人的自主活动受到有限的生产工具和有限的交往的束缚，他们所占有的是这种有限的生产工具，因而他们只达到了新的局限性。他们的生产工具成了他们的财产，但是他们本身始终屈从于分工和自己所有的生产工具。在过去的一切占有制下，许多个人屈从于某种唯一的生产工具；在无产阶级的占有制下，许多生产工具应当受每一个个人支配，而财产则受所有的个人支配。现代的普遍的交往除了受全部个人支配不可能通过任何其他的途径受一个个人支配。
>
> 其次，占有还受实现占有所必须采取的方式的制约。占有只有通过联合才能实现，由于无产阶级所固有的本性，这种联合只能是普遍性的，而且占有也只有通过革命才能实现，在革命中一方面旧生产方式和旧交往方式的权力以及旧社会结构的权力被打倒，另一方面无产阶级的普遍性质以及无产阶级为实现这种占有所必需的毅力得到发展，同时无产阶

级将抛弃它的旧的社会地位所遗留给它的一切东西。

只有在这个阶段上,自主活动才同物质生活一致起来,而这点又是同个人向完整的个人的发展以及一切自发性的消除相适应的。同样,劳动转化为自主活动,同过去的被迫交往转化为所有个人作为真正个人参加的交往,也是相互适应的。联合起来的个人对全部生产力总和的占有,消灭着私有制。①

在这里,马克思和恩格斯从三个方面论证了共产主义占有制:占有对象、占有主体和占有方式。首先是占有对象,即生产力。这个时候的生产力是"发展为一定总和并且只有在普遍交往的范围里才存在的生产力",这种生产力同时"也就是个人本身的才能的一定总和的发挥",就是说,是对人本身的一般生产力的占有,对社会智力的占有,这个时候"劳动转化为自主活动",从而自主活动"同物质生活一致起来",标志着"个人向完整的个人的发展",显然,这是智能生产力,第三代社会生产力,也就是共产主义社会的物质技术基础。其次是占有主体,即曾经的无产者。正因为无产者完全失去了自主活动,所以"才能够获得自己的充分的、不再受限制的自主活动,这种自主活动就是对生产力总和的占有以及由此而来的才能总和的发挥",而不致达到新的局限性。无产阶级是这样一个阶级,它只有消灭一切阶级和阶级差别,只有解放全人类,才能最后解放自己。而社会划分为阶级,是以生产的不足为基础的。在这样的阶级社会中,"各个个人的一切生存条件、一切制约性、一切片面性都融合为两种最简单的形式——私有制和劳动"。② 不仅劳动者受到生产劳动的奴役,而且有产者也被他们所有的生产资料所奴役,"这和个人屈从于分工是同类的现象,这种现象只有通过消灭私有制和消灭劳动本身才能消除"。③ 在第三代社会生产力的条件下,私有制和劳动被消灭了,无产阶级获得了解放,全人类都获得了解放,成为自由的社会个人。"在这个阶

---

① 《马克思恩格斯选集》第1卷,人民出版社,1972年版,第74—75页。
② 同上,第72页。
③ 同上,第60页。

段上，不仅某个特定的统治阶级而且任何统治阶级的存在，从而阶级差别本身的存在，都将成为时代的错误，成为过时的现象。"① 最后是占有方式，即自由人的联合占有。但首先是无产者的联合，无产阶级联合起来进行社会主义革命，消灭资本的权力和关系，然后"联合起来的个人对全部生产力总和的占有，消灭着私有制。""在这个阶段上，某一特殊的社会阶级对生产资料和产品的占有，从而对政治统治、教育垄断和精神领导的占有，不仅成为多余的，而且成为经济、政治和精神发展的障碍。"② 对于自由人联合体所有制，或者说社会公有制，马克思又称之为"个人所有制"。马克思写道：

> 从资本主义生产方式产生的资本主义占有方式，从而资本主义的私有制，是对个人的、以自己劳动为基础的私有制的第一个否定。但资本主义生产由于自然过程的必然性，造成了对自身的否定。这是否定的否定。这种否定不是重新建立私有制，而是在资本主义时代的成就的基础上，也就是说，在协作和对土地及靠劳动本身生产的生产资料的共同占有的基础上，重新建立个人所有制。
>
> 以个人自己劳动为基础的分散的私有制转化为资本主义私有制，同事实上已经以社会生产为基础的资本主义所有制转化为公有制比较起来，自然是一个长久得多、艰苦得多、困难得多的过程。前者是少数掠夺者剥夺人民群众，后者是人民群众剥夺少数掠夺者。③

计划经济

我们已经看到，智能生产力，共产主义生产力，是直接的社会生产力，必须并且只能由社会直接占有，劳动资料必须并且只能由每一个个人支配。这样一来，生产单位，生产过程，就将再次发生根本性的变化，就是说，机

---

① 《马克思恩格斯选集》第3卷，人民出版社，1975年版，第321页。
② 同上，第321—322页。
③ 《资本论》第1卷，人民出版社，1975年版，第832页。

器生产力条件下的个别生产过程和社会生产总过程的分离和对立将要被否定,被扬弃为一个生产过程,一个社会生产过程。个别生产过程不存在了,被否定了,整个社会成为一个生产过程。借用列宁的话说:"整个社会将成为一个管理处,成为一个劳动平等、报酬平等的工厂。"①

整个社会变成一个生产过程、一个生产单位、一座大工厂,那么,它的管理者是谁呢?恩格斯说:

> 国家真正作为整个社会的代表所采取的第一个行动,即以社会的名义占有生产资料,同时也是它作为国家所采取的最后一个独立行动。那时,国家政权对社会关系的干预将先后在各个领域中成为多余的事情而自行停止下来。那时,对人的统治将由对物的管理和对生产过程的领导所代替。②

消亡了的国家,社会的代表者,或者说社会管理中心,将怎样实施"对物的管理和对生产过程的领导"呢?马克思说:

> 如果共同生产已成为前提,时间的规定当然仍有重要意义。社会为生产小麦、牲畜等等所需要的时间越少,它所赢得的从事其他生产,物质的或精神的生产的时间就越多。正像在单个人的场合一样,社会发展、社会享用和社会活动的全面性,都取决于时间的节省。一切节约归根到底都归结为时间的节约。正像单个人必须正确地分配自己的时间,才能以适当的比例获得知识或满足对他的活动所提出的各种要求一样,社会必须合乎目的地分配自己的时间,才能实现符合社会全部需要的生产。因此,时间的节约,以及劳动时间在不同的生产部门之间有计划的分配,在共同生产的基础上仍然是首要的经济规律。这甚至在更加高得多的程度上成为规律。然而,这同用劳动时间计量交换价值(劳动或劳动产品)

---

① 《列宁选集》第 3 卷,人民出版社,1972 年版,第 258 页。
② 《马克思恩格斯选集》第 3 卷,人民出版社,1972 年版,第 320 页。

有本质区别。①

马克思和恩格斯关于未来共产主义社会的生产将是计划管理、计划控制、计划调节，总之是计划经济的论述是很多很多的，凡是关注这个问题的人们几乎耳熟能详，就不再更多地引证了。

今天，马克思和恩格斯关于计划经济的思想被妖魔化了。这除了妖魔者的反动的阶级本性和别有用心之外，还由于无产阶级和现实社会主义犯了错误。在本书第一章，我们引用了我国著名经济学者王琢同志的《初级社会主义新论》一书，他批评斯大林"把产品经济同社会主义划了等号，在实践中又把'统'字同社会主义划了等号。社会主义就是要统，什么劳动力的统包统配，生产资料的统调统拨，消费资料的统购统销，从中央财政到地方财政以及企业财务部的统收统支，等等。'统'字也成为附加在社会主义经济名下的一种本质特征"。他的批评是对的。斯大林"统"早了，特别是"统"错了对象，结果是"统"不好、"统"不了。但是，在我们现在所讨论的场合，在智能生产力的条件下，把产品经济同共产主义（包括第一阶段）划等号，在实践中把"统"字同共产主义划等号，共产主义就是要"统"，"统"字是共产主义经济的本质特征，却是完全正确的，百分之百正确的，这不仅是第三代社会生产力的客观诉求，而且是社会管理中心能够做到、能够做好、并且是必须这样做的。

可以这么说，第三代生产力，共产主义生产力，是听话的生产力，是守纪律的生产力。既然生产过程是"改变为工业过程的自然过程"，那么，如果不继续"改变"它，也就是不注入新的一般生产力，那么，它就必然地保持着老样子，既不可能发展也不可能萎缩，既不可能前进也不可能倒退。毫无疑问，人类决不会让生产力停步不前，"改变为工业过程的自然过程"将不断受到新的"改变"。但是，这种改变，既不是张三当家也不是李四做主，而是由自由人联合体当家作主，由唯一的社会管理中心当家作主。这样一来，社会生产力的发展，人与自然之间的物质变换活动，就完全地处在人的自为地

---

① 《马克思恩格斯全集》第 30 卷，人民出版社，1995 年版，第 123 页。

统治之下了。社会生产的自发性消失了，或者用马克思和恩格斯的话说，是"人向完整的个人的发展以及一切自发性的消除。"社会管理中心作为唯一的管理者，面对规模庞大的社会生产，它能够"统"起来吗？回答是肯定的：能！首先，某一社会产品的生产，在科技水平既定的条件下，单位产品所需要的生产时间、"生产过程旁边"的直接的社会劳动时间，都是精确无误的，例如 x 小时、y 小时等等。不要忘记，那个著名的"价值"作为第二代生产力的内容之一已经永远地消失了，生产时间和直接劳动时间都是由其自然尺度来衡量的，这样的时间计算就连一个小学生也足可胜任。其次，各种各样的社会产品，每种产品的生产时间和直接劳动时间，它们的产量以及社会对每一种产品的需要量等等，这些信息量固然十分庞大，但是在智能的、规模巨大的信息处理器面前，它又算得了什么呢？这一点即使在今天也不难想象得到。生产力的发展也是如此。社会将不断涌现新的发明创造，唯一的管理者将有计划地并且及时地将这些新的一般生产力注入"改变为工业过程的自然过程"，由此所引起的种种变化的信息，同样会迅速、及时和准确地反馈到管理中心，以便对整个生产计划进行变更和调整，如此等等。马克思说：

> 社会化的人，联合起来的生产者，将合理地调节他们和自然之间的物质变换，把它置于他们的共同控制之下，而不让它作为盲目的力量来统治自己；靠消耗最小的力量，在最无愧于和最适合于他们的人类本性的条件下来进行这种物质变换。①

刚才提到的王琢同志的《初级社会主义新论》一书指出，人类社会将依次出现三种经济形态，从劳动交换形式的角度，依次是自然经济——商品经济——产品经济；从资源配置方式的角度，依次是自给经济——市场经济——计划经济。② 这是正确的，是与人类社会依次出现的三代生产力相吻合、相一致的。

---

① 《资本论》第 3 卷，人民出版社，1975 年版，第 926—927 页。
② 王琢：《初级社会主义新论》，中国财政经济出版社，2001 年 12 月版，第 110—111 页。

按劳分配和按需分配

马克思和恩格斯设想在共产主义第一阶段实行消费品的按劳分配，是以下面两点为前提的：

第一，"权利永远不能超出社会的经济结构以及由经济结构所制约的社会的文化发展。"①

第二，"劳动……表现为人以生产过程的监督者和调节者的身份与生产过程本身发生关系。"②

第一个前提含有极为丰富的内容，但主要是指人的全面发展程度和社会生产力的发展水平，包括物质产品尚未丰富到可以实行按需分配的地步。第二个前提是说即使在第三代生产力的条件下，人也必须劳动，尽管这时的劳动是直接的社会劳动，尽管这种社会劳动同时就是身体锻炼，是人的生活的第一需要。如果没有第一个前提，就是说，智能生产力一旦取代机器生产力，产品就丰富得可以按需分配，那么，即使人需要劳动也不必按劳分配了；而如果没有第二个前提，就是说，智能生产力取代机器生产力以后，人不再需要劳动，那么即使产品尚未极大丰富也无法实行按劳分配了。在这两个前提之下，马克思写道：

> 每一个生产者，在作了各项扣除之后，从社会方面正好领回他所给予社会的一切。他所给予社会的，就是他个人的劳动量。例如，社会劳动日是由所有的个人劳动小时构成的；每一个生产者的个人劳动时间就是社会劳动日中他所提供的部分，就是他在社会劳动日里的一分。他从社会方面领得一张证书，证明他提供了多少劳动（扣除他为社会基金而进行的劳动），而他凭这张证书从社会储存中领得和他所提供的劳动量相

---

① 《马克思恩格斯选集》第 3 卷，人民出版社，1972 年版，第 12 页。
② 《马克思恩格斯全集》第 31 卷，人民出版社，1995 年版，第 100 页。

当的一份消费资料。他以一种形式给予社会的劳动量,又以另一种形式全部领回来。

显然,这里通行的就是调节商品交换(就它是等价的交换而言)的同一原则。内容和形式都改变了,因为在改变了的环境下,除了自己的劳动,谁都不能提供其他任何东西,另一方面,除了个人的消费资料,没有任何东西可以成为个人的财产。至于消费资料在各个生产者中间的分配,那末这里通行的是商品等价物的交换中也通行的同一原则,即一种形式的一定量的劳动可以和另一种形式的同量劳动相交换。①

由此可见,马克思关于按劳分配的说明是十分简单明了的。这是因为分配的尺度(劳动)本身是简单明了的,就是说,这时的劳动是直接的社会劳动,直接的社会劳动以其自然尺度——时间——来衡量。"例如,社会劳动日是由所有的个人劳动小时构成的;每一个生产者的个人劳动时间就是社会劳动日中他所提供的部分,就是他在社会劳动日里的一分。"如果两个人提供的劳动时间相同,那么他们分得的消费品也就相等。

但是,马克思的这一说明又恰恰是最容易引起误解的。今天的人们是这样理解按劳分配的:比如一个国有工厂的工人,他在比如一个月的时间内向社会(企业)提供了一定量的劳动,在作了各项扣除之后,企业发给他一个月的工资(货币),这些工资所代表的劳动量与他向社会提供的劳动量(在各项扣除之后)相等,"他以一种形式给予社会的劳动量,又以另一种形式全部领回来。"但是,这并不是马克思所说的按劳分配,这是对按劳分配的误解。因为在共产主义第一阶段,在智能生产力的条件下,人们分配得来的生活消费品中没有一个劳动的原子,不包含一点点的劳动量。一方面,个人向社会提供一定的(社会)劳动量;另一方面,社会向他分配一份相当的、不含任何劳动量的消费品,这就是按劳分配。为了说明这一点,让我们再引证马克思的一段论述:

---

① 《马克思恩格斯选集》第3卷,人民出版社,1972年版,第10—11页。

让我们换一个方面,设想有一个自由人联合体,他们用公共的生产资料进行劳动,并且自觉地把他们许多个人劳动力当作一个社会劳动力来使用。在那里,鲁滨逊的劳动的一切规定又重演了,不过不是在个人身上,而是在社会范围内重演。鲁滨逊的一切产品只是他个人的产品,因而直接是他的使用物品。这个联合体的总产品是社会的产品。这些产品的一部分重新用作生产资料。这一部分依旧是社会的。而另一部分则作为生活资料由联合体成员消费。因此,这一部分要在他们之间进行分配。这种分配的方式会随着社会生产机体本身的特殊方式和随着生产者的相应的历史发展程度而改变。仅仅为了同商品生产进行对比,我们假定,每个生产者在生活资料中得到的份额是由他的劳动时间决定的。这样,劳动时间就会起双重作用。劳动时间的社会的有计划的分配,调节着各种劳动职能同各种需要的适当的比例。另一方面,劳动时间又是计量生产者个人在共同劳动中所占份额的尺度,因而也是计量生产者个人在共同产品的个人消费部分中所占份额的尺度。在那里,人们同他们的劳动和劳动产品的社会关系,无论在生产上还是在分配上,都是简单明了的。①

由此可见,个人所提供的劳动时间量,"是计量生产者个人在共同劳动中所占份额的尺度,因而也是计量生产者个人在共同产品的个人消费部分中所占份额的尺度",简言之,是分配的尺度,是分配消费品的尺度,但不是消费品的尺度。的确,等量劳动领取等量产品,但并不是等量产品中包含着等量的劳动。"因此,不管他所创造的或协助创造的产品的特殊物质的形态如何,他用自己的劳动所购买的不是一定的特殊产品,而是共同生产中的一定份额。"② 马克思"仅仅为了同商品生产进行对比",才提到了调节商品交换的原则,即等价交换原则,但是千万不要忘记:"内容和形式都改变了"。

至于共产主义高级阶段的按需分配,马克思在《哥达纲领批判》中的那

---

① 《资本论》第1卷,人民出版社,1975年版,第95—96页。
② 《马克思恩格斯全集》第30卷,人民出版社,1995年版,第122页。

段精彩论述几乎是人人皆知的,就不予引证了。但是,为了回答那些对马克思和恩格斯的攻击者,有必要把列宁的评论摘录于此:

> 从资产阶级的观点看来,很容易把这样的社会制度说成是"纯粹的乌托邦",并冷嘲热讽地说社会主义者许下诺言,答应每个人都有权利向社会领取任何数量的香菌、汽车、钢琴等等,而对每个公民的劳动则可以不加任何监督。就是在今天,大多数资产阶级"学者"也还是用这种讽刺的话来搪塞,但他们这样做只是暴露他们愚昧无知和替资本主义进行自私的辩护。
>
> 说他们愚昧无知,是因为没有一个社会主义者想到过要"许诺"共产主义高级发展阶段的到来,而伟大的社会主义者在预见这个阶段将会到来时所设想的前提,既不是现在的劳动生产率,也不是现在的庸人,因为这种庸人正如波米亚洛夫斯基小说中的神学校学生一样,惯于"白白地"糟蹋社会财富的储存和提出不能实现的要求。①

可能的历史局限性

刚才提到,马克思和恩格斯设想在共产主义第一阶段实行按劳分配有两个前提条件,其中之一是在共产主义社会人们还必须劳动,即"站在生产过程的旁边"从事直接的社会劳动。这个极其合情合理的设想,却恰恰可能带有历史的局限性。

在本章第二节,我们提到了中国科学院中国现代化研究中心何传启对于新的科技革命的起始时间的估算,他指出,新的科技革命将开始于2020年,结束于2050年左右。那么,这场科技革命的结果将是怎样的呢?何传启写道:

> 生命科学、信息科学、纳米科学、仿生工程和机器人学的结合,信

---

① 《列宁选集》第3卷,人民出版社,1972年版,第254页。

息转换器、人格信息包、两性智能人、人体再生和互联网的结合,人类将获得三种新的"生存形式",即网络人、仿生人和再生人,实现某种意义的"人体永生"。届时,人将有"四条命"。

在某种意义上,"网络人"是自然人的"网络镜像",可以主动获取需要的知识和信息;"仿生人"是自然人的"物理替身",可以承担主要的体力和脑力劳动;"再生人"是自然人的新生命体,可以不断学习和成长。自然人的生活将主要是创新和休闲。特制的"仿生人",将能够适应宇宙环境,可以携带自然人的本体,进入太空,开辟宇航时代。[①]

这就是说,人站在生产过程旁边的社会劳动,完全可能被"仿生人",也就是人们的"物理替身"所取代,那时人们的生活主要是创新和休闲,大可不必去站在生产过程的旁边了,就是说,形同身体锻炼的社会劳动也没有了,按劳分配的根据、尺度不存在了。那么社会将以何种方式分配消费资料呢?这只有等待实践的回答。

如果说这就是马克思的历史局限性,我们相信,马克思一定会为自己的历史局限性而高兴!

---

① 《新华文摘》2012年第7期,第140页。

第六章　五大社会形态理论

以上我们用三章的篇幅讨论了马克思的三代社会生产力的理论。我们看到,一部生产力发展史,就是不断地升级换代的历史。所谓升级,是指生产力的部分质变;所谓换代,是指质的飞跃。与此相联系,或者说由生产力的升级换代所决定,则是人类社会的升级换代史,这就是马克思所揭示的五大社会形态依次演进的客观规律。认识生产力的升级换代史,认识第三代生产力的幼芽已经出现并且正在茁壮成长,特别是看到可能引发生产力第二次质变的新的科技革命已呈"山雨欲来风满楼"之势,这就为我们认识人类社会发展的规律树起了"标尺",为我们计算人类与共产主义社会的距离提供了"测量器"。十分明显的是,共产主义不再是遥远的未来,它已经扣响了人类社会的大门。

第一节　五大社会形态依次演进的规律

马克思说:

> 大体说来,亚细亚的、古代的、封建的和现代资产阶级的生产方式可以看作是经济的社会形态演进的几个时代。①

---

① 《马克思恩格斯全集》第 31 卷,人民出版社,1995 年版,第 413 页。

恩格斯在《家庭、私有制和国家的起源》中详尽地研究了原始社会以后写道：

> 奴隶制是古代世界所固有的第一个剥削形式；继之而来的是中世纪的农奴制和近代的雇佣劳动制。①

这里讲的就是我们通常所说的五大社会形态的理论。这一理论告诉我们，在马克思时代，人类社会已经经历了原始社会、奴隶社会、封建社会和资本主义社会，未来取代资本主义的将是共产主义社会。按照学界共识，五大社会形态是依据生产方式的不同来划分的，其主要标准是生产关系，也就是所有制关系。只有依据这个标准才能把历史发展阶段、大的时代区别开来。同时我们看到，五大社会形态的依次演进是与生产力的升级换代在大体上相吻合的、一致的。与手工生产力相联系的是原始社会、奴隶社会和封建社会，与机器生产力相联系的是资本主义社会，与智能生产力相联系的是共产主义社会。在手工生产力阶段，人类社会行进在历史的慢车道上，大约延续了260—300万年。在这漫长的历史进程中，生产力"在狭小的范围内和孤立的地点上发展着"，经历了石器时代、青铜时代和铁器时代，导致了三种不同的所有制形式的产生。大体说来，与石器时代相联系的是原始公有制和原始社会，与青铜时代相联系的是奴隶主私有制和奴隶社会，与铁器时代相联系的是封建主所有制和封建社会。从机器生产力开始，随着科学在生产过程中的应用，人类社会的发展进入了快车道，"资产阶级在它的不到一百年的阶级统治中所创造的生产力，比过去一切世代创造的全部生产力还要多，还要大。"在这个阶段上，电气革命使机器生产力发生了部分质变，导致资本主义生产方式发生明显变化，自由竞争的资本主义进入到垄断资本主义，但是资本主义私有制的本质没有变，因而仍然是同一个社会形态。在未来的共产主义社会，智能生产力的发展还必然会发生一系列部分质变，从而使共产主义社会呈现出不同的阶段性。至于生产力还会不会发生第三次、第四次质的飞跃，

---

① 《马克思恩格斯选集》第4卷，人民出版社，1972年版，第172页。

还会不会出现比我们现在所理解的共产主义更高级的社会形态，我们不知道，也不可能知道。

我们应当从五大社会形态的发展中获得更多的启迪：这种划分是以生产方式为标准的，就是说，包括生产关系和生产力两个方面、两个标准。只强调一个方面、一个标准，例如只强调生产关系，还不能准确判断一个社会所处在的历史发展阶段，只有结合其脚下的生产力性质和发展水平才能做出正确的判断。这是最大、最根本的"生产力标准"。应当说我们在这方面的教训是十分深刻而沉重的，只是这个问题我们在本书第三部分才能讲到。

马克思的五大社会形态理论具有普遍的意义。作为揭示这一规律的客观依据，马克思考察的是人类的全部历史，不仅包括西方，而且包括东方。但是，这是不是说，全世界每一个国家、每一个民族都将按照五大社会形态依次演进呢？当然不是的。任何科学真理，任何历史规律，都是普遍性与特殊性、共性与个性的统一。马克思的五大社会形态理论也不例外。规律的常规性、重复性，除了在少数甚至是个别国家中能够得到典型的表现外，几乎在每个国家中都未必是充分的。"人类历史总是遵循社会形态演进的一般规律，但在不同民族、不同国家又有着特殊的表现形式。欧洲不同于亚洲，东亚不同于西亚。不仅如此，有的国家和民族由于受特殊历史条件的影响，还会出现跳跃式的发展。比如德意志民族在历史上就越过奴隶制阶段而进到封建的国家。这种现象在历史上是屡见不鲜的。这表现了历史发展的多样性和生动性，而不会否定历史规律的普遍性。马克思的社会形态理论已经为世界历史发展所证明。不能因为不同民族、不同国家历史的特殊性而否定社会发展规律的普遍性"。①

第二节 "三大社会形态论"缺乏文本依据

对于几百万年的人类社会发展史，为了研究的需要，人们可以从不同的

---

① 靳辉明：《唯物主义历史观是认识和改造社会的强大思想武器（代绪论）》。载于有林、张启华：《论马克思揭示的社会发展一般规律》，中央民族大学出版社，2004年3月版，第9页。

角度,以不同的标准作出不同的划分。例如马克思以是否存在阶级剥削为标准,曾经将人类社会划分为"原生形态"(原始社会)、"次生形态"(包括奴隶社会、封建社会和资本主义社会)、"再生形态"(共产主义社会);也曾经以人类社会的发展是否消除了自发性为标准,将资本主义和资本主义以前的历史称为人类社会的"史前时期",之后为人类自觉创造历史的时期。如此等等。值得注意的是,中外学者在对马克思学说的研究中,提出了三大社会形态的理论,即前资本主义社会、资本主义社会和共产主义社会依次演进。他们把原始社会、奴隶社会和封建社会作为同一种社会形态,既否认它们之间的依次演进又据此否认五大社会形态的理论,于是引发了上百年的"三形态"与"五形态"的争论。这里我们只是表达一家之言:"三形态"理论缺乏文本依据。

马克思写道:

> 人的依赖关系(起初完全是自然发生的),是最初的社会形式,在这种形式下,人的生产能力只是在狭小的范围内和孤立的地点上发展着。以物的依赖性为基础的人的独立性,是第二大形式,在这种形式下,才形成普遍的社会物质变换、全面的关系、多方面的需要以及全面的能力的体系。建立在个人全面发展和他们共同的、社会的生产能力成为从属于他们的社会财富这一基础上的自由个性,是第三个阶段。第二个阶段为第三个阶段创造条件。因此,家长制的、古代的(以及封建的)状态随着商业、奢侈、货币、交换价值的发展而没落下去,现代社会则随着这些东西同步发展起来。①

据此,有学者认为:

> 这里讲的最初的社会形态,是指前资本主义形态;第二大形态,是指资本主义形态;第三大形态,是指共产主义形态。

---

① 《马克思恩格斯全集》第30卷,人民出版社,1995年版,第107—108页。

马克思不仅指出人类社会的发展表现为三大社会形态的依次更替，而且还进一步指出生产方式的不同是划分这三大社会形态的依据。他从现存的资本主义形态入手，指出资本主义生产方式的特点，就在于它是高度发达的商品经济。由此出发，他分别研究了前资本主义形态和未来共产主义形态生产方式的特点。他指出，在前资本主义形态，无论是在原始公社所有制阶段还是在奴隶制或农奴制阶段，"占优势的是使用价值，是以直接使用为目的的生产"，即自然经济占统治地位。在未来的共产主义形态，商品经济将逐步消亡，代之而起的将是产品经济。

在马克思看来，三大社会形态的发展是一个依次更替的过程。资本主义形态是前资本主义形态发展的必然结果，资本主义形态的高度发展，又为未来的共产主义形态创造了条件。这一发展过程是客观的，不以人的意志为转移。

总之，可以说，马克思的社会形态理论在这一时期已经成熟。三大社会形态理论是马克思成熟的社会形态理论。①

言下之意，五形态理论是马克思的不成熟的社会形态理论，因此应当否定和抛弃。对于我们刚刚引证的马克思的那段论述，"三形态"论者几乎无不将它视为自己立论的文本依据，无不视为"三形态"理论的经典表述。但是，这是一个误会，或者说是对马克思的误读。马克思在这段论述中既没有讲生产方式，更没有讲所有制（生产关系），马克思只讲了一件事：三代生产力与人的发展。一方面是人的发展的三大阶段，另一方面是三代社会生产力，仅此而已。"只是在狭小的范围内和孤立的地点上发展着"的"人的生产能力"，这是第一代社会生产力，手工生产力，与其相联系的人的发展的第一大阶段的特征是"人的依赖关系"；"普遍的社会物质变换、全面的关系、多方面的需要以及全面的能力的体系"，这是第二代社会生产力，机器生产力，与其相联系的人的发展的第二大阶段的特征是"以物的依赖性为基础的人的独立性"；"从属"于人的，也就是受人支配和控制的"共同的、社会的生产能

---

① 段忠桥：《重释历史唯物主义》，江苏人民出版社，2009年6月版，第48—49页。

力",是第三代社会生产力,智能生产力,与其相联系的人的发展的第三大阶段的特征是"自由个性"。马克思在《资本论》中,在经济学手稿中,多次讲到资本主义为共产主义"创造条件",都是从生产力(物质条件)和人的发展两个方面来谈的。"因此,家长制的,古代的(以及封建的)状态"随着机器生产力的发展"而没落下去",现代社会则随着机器生产力的发展"而同步发展起来"。于是我们看到,一方面:手工生产力——机器生产力——智能生产力;另一方面:人的依赖关系——物的依赖关系——自由个性。这种与三代生产力相联系的人的发展的三大阶段还有另类表述,即:身份——契约——自由。这是说,在手工生产力阶段,或者说在原始社会、奴隶社会和封建社会,人们之间没有联系或者很少联系,人的某种社会规定性,即身份,例如氏族成员,奴隶主共同体或者封建主共同体的成员,只有具备这样的"身份"才成其为人,否则就不成其为人,例如奴隶和奴农就被列入牲畜或者土地附属物之列。人对人的依赖,对共同体的依赖,这是人的发展的第一大阶段,在这个阶段上,人虽然因为"身份"而成其为人,但还不是独立的人,不是个人。在机器生产力阶段,或者说在资本主义社会,人与人之间形成了普遍的物质变换、全面的关系等等,但是,"这些关系是不以个人为转移而存在的,并且是由毫不相干的个人互相的利害冲突而产生的。活动和产品的普遍交换已成为每一单个人的生存条件,这种普遍交换,他们的相互关系,表现为对他们本身来说是异己的、独立的东西,表现为一种物。在交换价值上,人的社会关系转化为物的社会关系;人的能力转化为物的能力。"① 人对物的依赖,这是人的发展的第二大阶段,在这个阶段上,作为单个人生存条件的普遍的交换关系均以契约为形式,人不仅成为人,而且是平等的人,是独立的个人。在智能生产力阶段,也就是在未来共产主义社会,"人们周围的、至今统治着人们的生活条件,现在却受到人们的支配和控制,人们第一次成为自然界的自觉的和真正的主人,因为他们已经成为自己的社会结合的主人了"。② 在这个阶段上,人不仅是独立的个人,而且是自由的个人。——以上

---

① 《马克思恩格斯全集》第30卷,人民出版社,1995年版,第107页。
② 恩格斯:《社会主义从空想到科学的发展》,《马克思恩格斯选集》第3卷,1972年版,第441页。

表明，人的发展与生产力的发展，乃至与整个社会的发展是一致的、统一的，但是这绝不是说，马克思在这里是在进行社会形态的划分，不是这样的。必须把社会形态的划分与一般的历史分期区别开来。社会形态的划分固然也是一种历史分期，并且是最重要的历史分期，但是反过来，并不是任何一种历史分期都是划分社会形态，关键在于"分"的角度和标准。在这里，马克思揭示的是人的发展与生产力发展的一致性和统一性，生产力的发展分为三大阶段，相应地，人的发展也分为三大阶段。对此，人们可以作扩张式理解，可以理解为从人的发展出发，以人的发展程度为标准对人类社会进行历史分期，但绝不是划分社会形态。就是说，马克思的这段精彩论述并不是"三形态"理论的文体依据。

"三形态"论者十分明白，划分社会形态应当以生产方式为依据，包括以所有制为依据，于是就千方百计地在原始社会、奴隶社会和封建社会之间寻找共同的所有制形式，而且还真的找到了：

> 针对此种（三形态）说法，有学者从共同体视角出发，对此做出回应，指出："马克思恩格斯虽然把部落所有制、古代社会所有制和封建所有制称为所有制的第一、二、三种形式，但在他们的有关论述中，这三种所有制只是被当作与资本主义所有制相对的、前资本主义的，以共同体为基础那种所有制的三种具体形式。这也就是说，在他们看来，可与资本主义所有制相提并论的不是这三种具体的所有制形式，而是由这三种所有制形式构成的以共同体为基础的所有制"。这种理解是与马克思恩格斯《德意志意识形态》中的一段话是相吻合的，"这种所有制（封建所有制）像部落所有制和公社所有制一样，也是以一种共同体'Germeinwesen'为基础的"。①

于是，以共同体为基础的所有制，或者说共同体所有制，就成为他们发

---

① 马俊峰：《马克思社会共同体理论研究》，中国社会科学出版社，2011年11月版，第142—143页。引文出自《马克思恩格斯选集》第1卷，人民出版社，1995年版，第70页。

现出来的、可与资本主义所有制"相提并论"的、三个社会（原始社会、奴隶社会和封建社会）共同的所有制形式。至于马克思恩格斯在什么时候、什么地方"看来"，可与资本主义所有制相提并论的不是这三种具体的所有制形式，再至于，这三种具体的所有制形式能不能"构成"一种"以共同体为基础的所有制"，学者们均未作说明。但是不管怎么说，他们认为，"马克思恩格斯《德意志意识形态》中的一段话"可作为"三形态"理论的文体依据，因为这里正是以所有制为基础、为标准的。

果真如此吗？我们记得，马克思在《1857—1858 年经济学手稿》的"资本主义生产以前的各种形式"中再次谈到这个问题。马克思写道：

> 这种所有制所表现出来的一切形式，都是以这样一种共同体为前提的，这种共同体的成员彼此间虽然可能有形式上的差异，但作为共同体的成员，他们都是所有者。所以，这种所有制的原始形式本身就是直接的共同所有制（东方形式，这种形式在斯拉夫人那里有所变形；在古代的和日耳曼的所有制中它发展成为对立物，但仍然是隐蔽的——尽管是对立的——基础）。①

从形式上说，从表面上看，三种具体的所有制形式"都是以这样一种共同体为前提的"，但是具体地看，从性质上说，古代的和日耳曼的所有制已经发展成为原始所有制形式的"对立物"，就是说，发展成为与原始公有制相对立的私有制，尽管共同体仍然是隐蔽的基础。在手稿中，马克思不仅分析了这三种具体的所有制形式的共同点，而且指出了它们的本质区别：第一，原始社会"是自然形成的共同体"，"所以，部落共同体，即天然的共同体，并不是共同占有（暂时的）和利用土地的结果，而是其前提"，这种"共同体是实体"；② 而古代共同体，"作为国家"，"在这里它已经是历史的产物，不仅在事实上，而且在人们的意识里也是如此，因而是一个产生出来的东西"，

---

① 《马克思恩格斯全集》第 30 卷，人民出版社，1995 年版，第 490—491 页。
② 同上，第 466、468 页。

这种共同体"表现为消极的统一体";①日耳曼共同体则"表现为一种联合而不是联合体,表现为以土地所有者为独立主体的一种统一,而不是表现为统一体"。②第二,在原始社会,以共同体为基础的土地所有制是公有制;而在古代共同体中,"作为国有财产——即公有地,在这里是和私有财产分开的","单个人变成归他和他的家庭单独耕作的那小块土地——单独的小块土地——的私有者";③"相反,在日耳曼人那里,公有地只是个人财产的补充,……实质上,每一单个家庭就是一个经济整体,它本身单独地构成一个独立的生产中心(手工业只是妇女的家庭副业等等)"。④而古代的和日耳曼的所谓公有地,在本质上也是私有制,共同体私有制。第三,在原始社会,每一个人都是共同体的平等的一员;而在古代的和日耳曼的共同体中,简单地说,只有奴隶主、封建主才是共同体的成员。真正的劳动者,奴隶和奴农,正如马克思所说:"而劳动本身,无论是奴隶形式的,还是奴农形式的,都被作为生产的无机条件与其他自然物列为一类,即与牲畜并列,或者是土地的附属物"。⑤由此可见,以共同体为基础的三种具体的所有制,不仅主体(共同体)不同,一个是没有阶级差别的真正的共同体,另外两个是阶级共同体,剥削阶级的共同体,而且所有制的性质根本不同,一个是原始公有制,另外两个是私有制,两种私有制的形式和内容又有不同。这三种以共同体为基础的具体的所有制形式能够"构成"一个、一种共同体所有制吗?如果能够的话,那么只能构成一个抽象的、干瘪的、无内容的共同体所有制,并且这种抽象的共同体所有制只可能存在于人们的头脑里,而不可能存在于现实中,不可能存在于尘世上,不可能被拿来与现实的、具体的、活生生的资本主义所有制"相提并论"。既然如此,那么可以得出结论:"马克思恩格斯《德意志意识形态》中的一段话"不能成为"三形态"理论的文本依据。

最后,一些"三形态"论者不仅否认原始社会、奴隶社会、封建社会是

---

① 《马克思恩格斯全集》第30卷,人民出版社,1995年版,第470、469页。
② 同上,第474页。
③ 同上,第469页。
④ 同上,第474—475页。
⑤ 同上,第481页。

不同的社会形态，而且否认它们之间的依次演进关系。他们是这样论证并寻找文本依据的：

> 马克思在给维·伊·查苏利奇的复信中，以地质学层系构造术语表达了自己的看法。马克思说："地球的原始成层或第一次成层是由一系列不同年代叠复起来的单层组成。同样，社会的原始构成也是这样，它表现为一系列不同的、标志着累积时代的阶段。"从马克思的语言表达中，我们可以觉察到，当我们追溯人类原初形态时，是通过考察亚细亚的共同体、古典古代共同体、日耳曼的共同体的不同产生年代，利用"叠复"方式来构造了这样一个人类的原像，作为考察的对象之间并不存在什么继起的或演进的。这一观点，马克思在《〈政治经济学批判〉序言》（原文如此）中做了同样的表达，"我们可以将经济观点来看的社会视为所谓的成层'成层群'，如果描绘一下它的大致轮廓，就是在这些成层'成层群'中，亚细亚、古代世界、封建社会、近代市民社会等不同时代的各种生产方式构成了按时间顺序累积形成的各个地层的'世'，这些'世'重叠着"。①

细读其中引证的马克思的两段论述，我们看到，马克思是借用地质学系构造术语来表达自己对于人类社会发展规律的看法，也就是揭示人类社会的发展规律，据说马克思开始使用"社会形态"这一概念就是由此而来的。在这里，马克思掷地有声地说："亚细亚、古代世界、封建社会、近代市民社会等不同时代的各种生产方式构成了按时间顺序累积形成的……"。如果不是具备第六感官，怎么能够从这样的论述中"可以觉察到，……作为考察的对象之间并不存在什么继起的或演进的（关系）"？不！马克思的论述是五社会形态理论的又一文本依据，但仍然不是"三形态"理论的文本依据。

---

① 马俊峰：《马克思社会共同体理论研究》，中国社会科学出版社，2011年11月版，第163页。引文出自《马克思恩格斯选集》第3卷，人民出版社，1995年版，第472页，第33页。

第七章　过渡时期理论

我们将马克思恩格斯关于过渡时期的论述称为过渡时期的理论，并且将这一理论与五大社会形态的理论一样，作为历史唯物主义理论体系的重要组成部分，这在我国理论界尚属少见。在有关著述中，我们看到学者们自觉或不自觉地将过渡时期社会主义社会视为马克思恩格斯所设想的共产主义社会形态的组成部分（第一阶段），完全忽略了它们之间的重大差别；更有甚者，许多学者将中国特色社会主义称为"一种新社会主义"、"社会主义新形态"、"新的社会形态"。[①] 这样一来，人类社会的发展规律就不是五大社会形态依次更替的规律，而变成六大社会形态了。真是开玩笑！

可以这么说，在一个较长的历史时期内，人们完全忽略了马克思恩格斯关于过渡时期的理论，既没有把它摆在应有的理论高度，又没有进行认真地和系统地研究。而这样做的危险性在于：我们恰恰正处在过渡时期当中。处在过渡时期而不研究过渡时期，这种"不作为"使我们陷入了"不识庐山真面目"的困境，于是我们在自身所处的历史阶段的问题上曾经犯下了一次又一次的错误。诸如"小过渡"时期、"大过渡"时期，还有已经"建成社会主义社会"、"发达的社会主义社会"、"正在建设共产主义（第二阶段）"，如此等等，有一点是清楚的：即搞不清自身的位置，受损害的是社会主义建设事业，遭殃的是人民群众。

---

① 武东生、赵铁锁主编：《马克思主义与中国特色社会主义》，南开大学出版社，2009年7月版，第99页。

我们已经知道，五大社会形态是依次演进、依次更替的。但是，这并不是说，前后相继的两个社会形态是齐刷刷地、直接地对接在一起的。不是这样的。相反，都有一个承前继后的"过渡时期"。这个"过渡时期"，长则成千上万年，例如原始社会向奴隶社会的过渡；短则几百年，例如封建社会向资本主义社会的过渡。我们这个时代，人们称之为从资本主义向共产主义过渡的时代。第五大社会形态，即共产主义社会，有人认为十分遥远，有人认为已经不太遥远，但毕竟尚未出现，我们毕竟处在"过渡时期"当中。如果我们不注重研究"过渡时期"，那么我们就不可能顺利完成过渡，就不可能在当前的过渡时期自觉地创造历史，就不可能建设好过渡时期社会主义。

第一节　过渡时期

马克思说：

> 在资本主义社会和共产主义社会之间，有一个从前者变为后者的革命转变时期。同这个时期相适应的也有一个政治上的过渡时期，这个时期的国家只能是无产阶级的革命专政。①

我们引证马克思的这段论述，不是要谈论过渡时期的政治。而是说，马克思在这里明确指出：在资本主义社会和共产主义社会之间，也就是第四大社会形态和第五大社会形态之间，有一个"过渡时期"。这个过渡时期有多长？马克思没有指出。但是，联系马克思对共产主义社会的描述，特别是联系马克思的三代生产力的理论，不难看到，"过渡时期"就是第二代生产力向第三代生产力过渡的时期。当着第三代生产力取代了第二代生产力，也就是支配了整个社会生产，过渡时期就结束了，共产主义社会（第一阶段）也就到来了。反过来说，只要第三代生产力没有取代第二代生产力，只要生产力

---

① 《马克思恩格斯选集》第3卷，人民出版社，1972年版，第21页。

没有发生第二次质的飞跃，这个过渡时期就不会结束，共产主义就不会到来。可见，这个过渡时期同样是一个长期的历史过程，其时间长短要看开始过渡的起点如何，如果起点更低一些，例如像中国这样不发达的机器生产力和大量存在的手工生产力，那么这个过渡时期就会更长一些。有一点是确定的，那就是过渡时期结束的生产力标准。

在封建社会和资本主义社会之间，同样有一个过渡时期，同样存在着从封建社会向资本主义社会过渡的问题。马克思说：

"从封建生产方式开始的过渡有两条途径：生产者变成商人和资本家，而与农业的自然经济和中世纪城市工业的受行会束缚的手工业相对立。这是真正革命化的道路。或者是商人直接支配生产。虽然后一条途径在历史上起过巨大的过渡作用，……但就它本身来说，它并没有引起旧生产方式的变革。""可见，这里发生了三重过渡：第一，是商人直接成为资本家；在各种以商业为基础的行业，特别是奢侈品工业中的情形就是这样；这种工业连同原料和工人一起都是由商人从外国输入的，例如在15世纪，从君士坦丁堡向意大利输入。第二，商人把小老板变成自己的中间人，或者也直接向独立生产者购买；他在名义上使这种生产者独立，并且使他的生产方式保持不变。第三，产业家成为商人，并直接为商业进行大规模生产。"①

"我们应当把资产阶级的历史分为两个阶段：第一是资产阶级在封建主义和君主专制的统治下形成为阶级；第二是形成阶级之后，推翻封建主义和君主制度，把旧社会改造成资产阶级社会。第一个阶段历时较长，花的力量也最多。资产阶级也是从组织反对封建主的局部性同盟开始进行斗争的。"②

大体说来，马克思在这里所讲的资产阶级的两个历史阶段，即从形成阶

---

① 《资本论》第3卷，人民出版社，2004年2月版，第373—374页。
② 《马克思恩格斯选集》第1卷，人民出版社，1972年版，第159页。

级，到夺取政权，再到把旧社会改造成资本主义社会，就可以视为从封建社会到资本主义社会的整个过渡时期。从出现资本主义幼芽开始，到工业革命结束，资本主义制度稳固地建立在机器生产力的基础上，使合格的、典型的和成熟的资本主义社会出现在人世间，在西方经历了三百多年的时间。

往上追溯，从原始社会到奴隶社会，从奴隶社会到封建社会，其间都有一个或长或短的过渡时期。恩格斯在《家庭、私有制和国家的起源》中详细研究了从原始社会向奴隶社会过渡的漫长的历史进程。

前后相继的五大社会形态之间存在着四个"过渡时期"，这是一目了然、人所共知的历史事实，就不必细述了。以这四个"过渡时期"为对象，研究"过渡时期"的特点和规律[①]，是一件十分有意义的工作，在当前对于过渡时期社会主义来说尤其如此。但是这不是本书的任务。当今中国，仍然处在马克思恩格斯所说的从资本主义向共产主义的过渡时期，这应当是没有疑义的。固然，我国是从半封建半殖民地社会开始过渡的，但是正如有学者指出的，半封建的另一"半"就是资本主义，我国的资本主义毕竟产生了并且有所发展。我国的过渡时期与马克思恩格斯所设想的过渡时期是个性与共性、特别和一般、规律的表现与规律的关系。虽然我国一些学者在自己的研究中忽略了过渡时期的继续存在与客观存在，提前跑到共产主义社会中去了，从而对初级阶段的社会主义给予了不正确的历史定位，提出了一些不恰当的概念，但是我们相信，这个问题一经指出，他们的认识会很快统一到马克思恩格斯的过渡时期理论上来。马克思恩格斯关于从资本主义向共产主义过渡的理论，是需要我们着力进行研究的，是摆在马克思主义理论工作者面前的重大的时代课题。只有紧紧抓住并围绕这个时代课题，才不至于流入空谈，才有可能谈得上坚持和发展马克思主义。事实上，中国人民在中国共产党领导下所进行的改革开放的伟大实践，正是在实践着和丰富着马克思恩格斯的过渡时期理论，其他社会主义国家的改革实践也是如此。在这个伟大实践中所诞生的

[①] 这可以说是马克思恩格斯的广义的过渡时期理论，"暴力是每一个孕育着新社会的旧社会的助产婆"就是广义过渡时期的基本规律之一。而马克思恩格斯关于从资本主义社会向共产主义社会过渡的理论，可以称之为狭义的过渡时期理论，这正是本书研究的内容之一。

邓小平理论，在本质上是对马克思恩格斯过渡时期理论的继承、丰富和发展，是中国人民向共产主义社会过渡的历史时期的活的马克思主义。

第二节 过渡时期的经济

从资本主义向共产主义的过渡，与以往三个过渡时期相比，既有共同点，但更多更大的是不同点。从资本主义开始向共产主义过渡之日，便是人类社会"史前时期"的终结和人类自觉创造历史的开始。因此，这一过渡是从无产阶级通过暴力革命夺取政权开始的。历史已经证明，无产阶级凭借政权的力量去建立一个崭新的世界并不是随心所欲的，而是在从旧社会承继下来的既得的生产力的基础上去建立的，因此它首先受到这种生产力的性质和发展水平的制约；同时还必须遵循生产关系要适合生产力、上层建筑要适合经济基础的规律去建立，也就是受这一客观规律的制约。因此，无产阶级建立的新世界应当是这样一个新的世界，一方面，与它脱胎出来的那个旧社会相比，是"非此即彼和亦此亦彼"的，就是说，不同而相似的；另一方面，与它将要奔向的共产主义社会相比，同样是"非此即彼和亦此亦彼"的，就是说，也是不同而相似的。这种状况是过渡时期和过渡形态的题中应有之义，或者说是过渡时期和过渡形态的辩证法。毫无疑问，这是一项巨大的、复杂的、不可能一蹴而就的伟大社会工程。在我国，这项伟大工程的总设计师开始是毛泽东、后来是邓小平。值得注意的是，中国人民在中国共产党的领导下，在改革开放取得了举世瞩目的成就的时候，有人下山摘桃子来了。西方资产阶级的御用文人鼓吹这是新自由主义在中国的胜利，民主社会主义者鼓吹这是他们的"主义"在中国的成功实践，二者一致否认中国特色社会主义和科学社会主义的血缘传承，否认邓小平理论和马克思主义的血缘传承。这种既莫名其妙又岂有此理的胡说，引发了我国理论界的一场大讨论、大反击。应当说，成绩是明显的和主要的。但是在同时，其中一些观点总给人以这样的感觉：言辞动听，不着边际，没有说到点子上。例如有同志认为"马克思、恩格斯奠定了科学社会主义的理论基石，毛泽东验证并完善了科学社会主义的理论基石,邓小平增添了中国特色社会主义的理论基石,江泽民、胡锦涛完善和发展了中国特色社会主义理论基石";作为教育部 2004 年重大攻关项目"马克思主义学科体系建设研究"的一部分研究成果是:"简而言之,中国特色社会主义与科学社会主义,可以说是一脉相承又与时俱进的关系,或者说是继承和发展的关系。但若从严谨和完整的意义上说,二者之间应是坚持和继承、融合和转化、完善和发展的关系"。[①]——很难搞明白他们究竟说了些什么。其实,从马克思恩格斯的过渡时期理论出发,事情本来就是简单明了的:中国特色的社会主义,从制度层面来说,就是过渡时期社会主义,就是过渡形态的、不成熟的、不够格的共产主义制度。如果说共产主义社会第一阶段是"经过长久的阵痛刚刚从资本主义社会里产生出来的"婴儿,那么,中国特色社会主义就是正在孕育成长之中的胎儿。这样的血脉传承关系难道不是清清楚楚、明明白白的吗?难道共产主义社会(包括第一阶段)不正是中国特色社会主义的未来和发展方向吗?合格的共产主义尚未成为人类的现实和实践,因此谁也不可能去"坚持和继承、融合和转化、完善和发展"它。由此可见,要了解和说明中国特色社会主义与科学社会主义的关系,要了解和说明邓小平理论与马克思主义的关系,就不应当到马克思恩格斯关于未来共产主义社会的设想中去寻找,而应当到马克思恩格斯关于过渡时期的设想中去寻找,舍此别无他途。

应当承认,马克思恩格斯关于从资本主义到共产主义的过渡时期的理论是零散的而不是系统的,正因为这样,它才容易被人们所遗忘、所忽视,才需要我们去发掘、去梳理。我们在下面所谈的,仅仅是为了本书研究的需要,不可能是全面的,这对于系统研究马克思恩格斯过渡时期理论来说,不过是抛砖引玉罢了。

恩格斯在《共产主义原理》中写道:

"第十七个问题:能不能一下子就把私有制废除呢?答:不,不能,

[①] 武东生、赵铁锁主编:《马克思主义与中国特色社会主义》,南开大学出版社,2009 年 7 月版,第 100—101 页。

正像不能一下子就把现有的生产力扩大到为建立公有经济所必要的程度一样。因此，征象显著即将来临的无产阶级革命，只能逐步改造现社会，并且只有在废除私有制所必需的大量生产资料创造出来之后才能废除私有制。""这些由现有条件中必然产生出来的最主要的措施如下：（1）用累进税、高额遗产税、取消旁系亲属（兄弟、侄甥等）继承权、强制公债等来限制私有制。（2）一部分用国营工业竞争的办法，一部分直接用纸币赎买的办法，逐步剥夺土地私有者、厂主以及铁路和海船所有者的财产。（3）没收一切流亡分子和举行暴动反对大多数人民的叛乱分子的财产。（4）组织劳动或者让无产者在国家的田庄、工厂、作坊中工作，这样就会消除工人之间的相互竞争，并迫使残存的厂主付出的工资跟国家所付的一样高。（5）直到私有制完全废除为止，对社会的一切成员实行劳动义务制。成立产业军，特别是农业方面的产业军。（6）通过拥有国家资本的国家银行，把信贷系统和银钱业集中在国家手里。封闭一切私人银行和钱庄。（7）随着国家所拥有的资本和工人数目的增加而增加国营工厂、作坊、铁路、海船的数目，开垦一切荒地，改良已垦地的土质。（8）所有的儿童，从能够离开母亲照顾的时候起，由国家机关公费教育。把教育和工厂劳动结合起来。（9）在国有土地上建筑大厦，作为公民公社的公共住宅。公民公社将从事工业生产和农业生产，将结合城市和乡村生活方式的优点而避免二者的偏颇和缺点。（10）拆毁一切不合卫生条件的、建筑得很坏的住宅和市街。（11）婚生子女和非婚生子女享有同等的遗产继承权。（12）把全部运输业集中在人民手里。自然，所有这一切措施不能一下子都实行起来，但是它们将一个跟着一个实行。……最后，当全部资本、全部生产和全部交换都集中在人民手里的时候，私有制将自行灭亡，金钱将变成无用之物，生产增加了，人也改变了，那时，旧社会的各种关系的最后形式才会消失。"①

马克思恩格斯在《共产党宣言》中写道：

---

① 《马克思恩格斯选集》第 1 卷，人民出版社，1972 年版，第 219—221 页。

无产阶级将利用自己的政治统治，一步一步地夺取资产阶级的全部资本，把一切生产工具集中在国家即组织成为统治阶级的无产阶级手里，并且尽可能快地增加生产力的总量。要做到这一点，当然首先必须对所有权和资产阶级生产关系实行强制性的干涉，采取这样一些措施，这些措施在经济上似乎是不够充分的和没有力量的，但是在运动进程中它们会超出本身，而且作为变革全部生产方式的手段是必不可少的。这些措施在不同的国家里当然会是不同的。但是，最先进的国家几乎都可以采取下面的措施：1. 剥夺地产，把地租用于国家支出。2. 征收高额累进税。3. 废除继承权。4. 没收一切流亡分子和叛乱分子的财产。5. 通过拥有国家资本和独享垄断权的国家银行，把信贷集中在国家手里。6. 把全部运输业集中在国家手里。7. 增加国营工厂和生产工具，按照总的计划开垦荒地和改良土壤。8. 实行普遍劳动义务制，成立产业军，特别是在农业方面。9. 把农业和工业结合起来，促使城乡之间的对立逐步消灭。10. 对一切儿童实行公共的和免费的教育。取消现在这种形式的儿童的工厂劳动。把教育同物质生产结合起来，等等。在发展进程中，当阶级差别已经消失而全部生产集中在联合起来的个人的手里的时候，公众的权力就失去政治性质。……代替那存在着阶级和阶级对立的资产阶级旧社会的，将是这样一个联合体，在那里，每个人的自由发展是一切人的自由发展的条件。①

关于国有企业的经营，马克思说：

如果合作制生产不是一个幌子或一个骗局，如果它要去取代资本主义制度，如果联合起来的合作社按照共同的计划调节全国生产，从而控制全国生产，结束无时不在的无政府状态和周期性的动荡这样一些资本主义生产难以逃脱的劫难，那么，请问诸位先生，这不是共产主义、"可能的"共产主义，又是什么呢？②

---

① 《马克思恩格斯选集》第1卷，人民出版社，1972年版，第272—273页。
② 《马克思恩格斯选集》第3卷，人民出版社，1995年版，第59—60页。

恩格斯说：

> 正像巴黎公社要求工人按合作方式经营被工厂主关闭的工厂那样，应该将土地交给合作社，否则土地会按照资本主义方式去经营。这是一个巨大的差别。至于在向完全的共产主义经济过渡时，我们必须大规模地采用合作生产作为中间环节，这一点马克思和我从来没有怀疑过。但事情必须这样来处理，使社会（即首先是国家）保持对生产资料的所有权，这样合作社的特殊利益就不可能压过全社会的整个利益。①

对于小农，马克思说：

> 凡是农民作为私有者大批存在的地方……一开始就应当促进土地的私有制向集体所有制过渡，让农民自己通过经济的道路来实现这种过渡。②

恩格斯说：

> 当我们掌握了国家权力的时候，我们决不会考虑用暴力去剥夺小农（不论有无报偿，都是一样），像我们将不得不如此对待大土地占有者那样。我们对于小农的任务，首先是把他们的私人生产和私人占有变为合作社的生产和占有，不是采用暴力，而是通过示范和为此提供社会帮助。③

以上是马克思恩格斯关于过渡时期经济制度的部分设想。我们看到，这些设想并不像对共产主义社会的设想那样是以生产力的高度发达（第三代生

---

① 《马克思恩格斯选集》第4卷，人民出版社，1995年版，第675页。
② 《马克思恩格斯选集》第3卷，人民出版社，1995年版，第286—287页。
③ 《马克思恩格斯选集》第4卷，人民出版社，1972年版，第498—499页。

产力）为前提的，相反，在过渡时期，除了机器生产力（资本）以外，还有小农，也就是手工生产力。他们所提出的那些革命措施，虽然他们认为"并没有什么特殊的意义"，甚至在1872年就认为"在许多方面都应该有不同的写法了，"① 但我们应当从精神实质上去把握。粗略地研究这些设想，至少可以得出以下结论：第一，就所有制结构来说，由于对资本的剥夺或赎买是"一步一步地"进行的，对小农的集体化改造也不会一蹴而就，因而必然在一定时间内多种经济成分并存；而整个过渡时期的总趋势，或者说最后结果，是国家以社会的名义占有全部生产资料。而所有这一切，完全以生产力的发展水平为转移。第二，国家公有经济的经营"必须大规模地采用合作生产作为中间环节"，这就是我们今天所说的所有权与经营权的分离。第三，既然通过国家银行"把信贷集中在国家手里"，既然只有在共产主义社会第一阶段"金钱将变成无用之物"，那么十分明显，在整个过渡时期将继续存在商品、货币等等。第四，既然多种经济成分并存，既然存在着商品生产，既然存在着合作社的特殊利益和社会利益的差别，那么就必然存在"竞争"，必然需要"计划调节"等等。——根据这样粗浅的研究，如果再联系马克思晚年关于跨越卡夫丁峡谷的设想，那么，邓小平理论与马克思主义、中国特色社会主义与科学社会主义的血缘传承和与时俱进，就会更加清楚地展现在我们面前。

第三节　过渡时期的政治

本书的任务是从经济学的角度考察过渡时期社会主义，因此，对于过渡时期的政治只作简单提及。

毫无疑问，马克思恩格斯关于过渡时期的政治的思想是非常丰富的，其中最清楚、最正确、最经得起历史检验的指示是：从资本主义社会向共产主义社会过渡的整个历史时期，必须始终坚持无产阶级的革命专政。这一点可以说是衡量我们所处历史阶段的政治标准，只要我们还需要坚持无产阶级专

---

① 《马克思恩格斯选集》第1卷，人民出版社，1972年版，第228—229页。

政,那么过渡时期就没有结束,我们就仍然处在从资本主义向共产主义(第一阶段)的过渡时期。马克思还总结巴黎公社的经验,强调:公社"在实质上是工人阶级的政府","是终于发现的、可以使劳动在经济上获得解放的政治形式",它的公职人员都是"社会公仆",并防止他们变成"社会的主人"。如此等等。

无产阶级专政的历史经验同样是极其丰富的。20世纪无产阶级专政在一批国家相继建立后,无产阶级凭借政权的力量,一方面对资本主义工商业进行社会主义改造,一方面引导小农走上集体化的道路,或早或晚地达到一个拐点,在这个拐点上,资产阶级作为一个阶级被消灭了。此后,无产阶级专政的实践出现了两个倾向。一个以苏联为代表,他们否认党和国家的无产阶级性质,鼓吹"全民国家"、"全民党",也就是否定和取消无产阶级专政,从思想上解除了无产阶级和共产党的武装。苏联的解体和苏东地区的资本主义复辟,根本原因在经济,直接原因在政治。另一个倾向是"左",以中国为代表。上世纪六、七十年代,无产阶级与资产阶级的阶级斗争、社会主义道路与资本主义道路的斗争,被要求"年年讲,月月讲,天天讲",直到爆发了长达十年之久的所谓"无产阶级文化大革命",致使国民经济濒临崩溃的边缘。

我们关注的是,饱受"左"的危害的中国在步入新的世纪后,"阶级斗争"和"两条道路的斗争"也随之销声匿迹了。如果真的从此不再有这样的"斗争",那可真是太好了。中国人民被这样的"斗争"折腾得够苦了、苦够了!但是,阶级斗争在一定范围内的存在毕竟是一个客观事实。君不见,当我们在国内重新培植资本主义,从国外引进资本主义,也就是"利用资本主义发展社会主义"的时候,资本主义又何尝不在"利用社会主义"发展自己呢?本土的新生的资本主义,他们的"第一桶金"有几个是光明正大的呢?外来的老牌的资本主义,例如跨国公司巨头,他们是来扶贫的吗?他们不是一方面贪婪地榨取剩余价值,另一方面又企图控制我们的国计民生,甚至制造出一个又一个的"血汗工厂"吗?当资本再一次光临中华大地的时候,它的每一个毛孔里同样滴着血和肮脏的东西。这些肮脏的东西及其散发出来的臭气,既污染着我们的社会,又扩散到我们的上层建筑,人们称之为"腐败"。因此，阶级斗争，两条道路的斗争，说与不说，讲与不讲，既可能是盲目，也可能是智慧，但关键是要清醒，尤其是理论界要发声。如果理论界也装聋作哑，"万马齐喑"，那就要"究可哀"了。对于理论界的"发声"，我们一时寻觅不着，只有"引进"了。越南学者写道：

> 在越南走向社会主义的过渡时期中，仍然存在着两条道路的客观矛盾，那就是国家有可能走向社会主义道路，也有可能转向资本主义道路。两条道路的运行就是一场阶级斗争。否认两条道路之间的斗争和阶级斗争，就是否认走上社会主义的过渡时期。①

大家都记得，毛泽东晚年说过一句话：在中国，"搞资本主义制度很容易"。他的话没有在中国应验，但是却在其他许多社会主义国家应验了。如果不是"搞资本主义制度很容易"，苏东地区怎么说变就变了呢？简直是一夜之间复辟了资本主义！之所以如此，是因为过渡时期社会主义的根基不稳，我们脚下的生产力仍然是第二代生产力，仍然是资本主义所能容纳的生产力。不仅如此，由于社会主义革命首先在经济相对落后的国家取得了胜利，因此，虽然胜利了的无产阶级在经济上做出了百倍的努力，但是我们至今也不能说赶超资本主义的任务已经完成。我们仍然落在后边。这样的生产力状况，搞资本主义就更容易。所以，在奔向共产主义（第一阶段）的大道上，在过渡时期，有些社会主义国家倒下了，红旗落地了，这并不奇怪。失败和挫折告诉我们，马克思恩格斯的过渡时期理论是忽视、轻视不得的，务必要高度重视和认真研究这一理论，务必要高度重视和认真研究过渡时期的经济和政治，尤其要坚持好和利用好无产阶级的革命专政，尤其不要轻言、妄言已经进入共产主义。

西方资产阶级的御用文人借口苏东剧变而指认"社会主义已经破产"、"马克思主义已经死亡"，是十分可笑的。他们忘记了自己的历史，忘记了从

---

① ［越南］陈春长：《越南走上社会主义的过渡时期》，载于李慎明主编《社会主义：理论与实践》，社会科学文献出版社，2001年4月版，第321页。

封建社会向资本主义社会的过渡时期的曲折和反复。我国学者写道：

> 资本主义制度的发展也是经历艰难曲折的路，英国资产阶级革命后，斯图亚特王朝曾两度复辟，直到 1688 年才确立了君主立宪的国家体制。法国资产阶级革命更是经历了两个帝国，两个王朝，三个共和国，四次革命，折腾了 86 年，资产阶级政权才大体巩固。一个剥削制度代替另一个剥削制度尚且需要经过如此长期的曲折反复，同一切剥削制度实行彻底决裂的社会主义制度在其巩固和发展过程中出现些曲折，就更不足为怪了。①

---

① 李保东主编：《社会主义——理论、历史与现实》，国防工业出版社，2004 年 1 月版，第 88 页。

第八章 世界历史理论

人类社会的发展,从纵的方向看,是一个由低级到高级的过程,也就是五大社会形态的依次演进;从横的方向看,则是世界各民族、各国家从分散、孤立状态到联系、靠拢直至融合为一个有机整体的过程。后者就是马克思恩格斯共同创立的世界历史的理论。

这里所说的世界历史,显然不是中学课本里的世界历史。虽然,自人类社会诞生以来,每一个民族都有一部属于自己的历史,但是,这里的世界历史并不是这些民族史的综合、总称,而是说,世界各民族、各国家融合为一个有机整体的过程史和这个整体的发展史。

因此,世界历史首先是一个新的历史事实,一部新的历史。但在同时,世界历史又是一个理论,是历史唯物主义学说的重要组成部分。就是说,马克思恩格斯运用唯物史观揭示了世界历史的形成与发展,同时又丰富了唯物史观,为无产阶级认识世界和改造世界提供了新的视野,提供了新的世界观和方法论。从此以后,一国一民族的事情,都不仅要接受该国该民族内部情势的考量,而且要接受国际情势、世界历史的考量;一国一民族的自身发展,除了该国该民族内部矛盾的推动外,还受到世界历史矛盾的制约和影响,这种制约和影响往往改变着一国一民族内部矛盾的性质、表现形态和解决方式(发展道路)。一国一民族与世界历史是部分与整体的关系。

应当说,与过渡时期的理论一样,马克思恩格斯的世界历史理论也不同程度地遭到忽视,许多糊涂观念和错误认识都与此有关。我国一位学者写道:

过去我们对资本主义灭亡的趋势和落后国家开创社会主义的事实，都只是在民族国家范围内考察，而不是在世界历史时代的高度进行考察，结果被"资本主义垂而不死"所困惑，有人提出俄国十月革命搞早了，马克思的社会形态理论不灵了等观点，其实质都犯了方法论上的错误，即站在民族国家范围角度进行考察，而不是站在世界历史高度的考察，对马克思的社会形态理论只作教条主义的理解，忽视了客观的、具体的、历史主义的方法是马克思主义历史辩证法的真谛。①

这表明，发掘、疏理马克思恩格斯的世界历史理论，把这一理论摆在应有的地位，即作为历史唯物主义的重要组成部分，是必要的。

第一节 资产阶级首创世界历史

马克思恩格斯认为，资本主义和资产阶级，"它首次开创了世界历史，因为它使每个文明国家以及这些国家中的每一个人的需要的满足都依赖于整个世界，因为它消灭了以往自然形成的各国的孤立状态。"② 他们在《共产党宣言》中讲述了这一历史过程：

> 不断扩大产品销路的需要，驱使资产阶级奔走于全球各地。它必须到处落户，到处创业，到处建立联系。
>
> 资产阶级，由于开拓了世界市场，使一切国家的生产和消费都成为世界性的了。不管反动派怎样惋惜，资产阶级还是挖掉了工业脚下的民族基础。古老的民族工业被消灭了，并且每天都还在被消灭。它们被新的工业排挤掉了，新的工业的建立已经成为一切文明民族的生命攸关的问题；这些工业所加工的，已经不是本地的原料，而是来自极其遥远的

---

① 吕世荣：《马克思社会发展理论研究》，中国社会科学出版社，2001年9月版，第252页。
② 《马克思恩格斯选集》第1卷，人民出版社，1972年版，第67页。

地区的原料；它们的产品不仅供本国消费，而且同时供世界各地消费。旧的、靠国产品来满足的需要，被新的、要靠极其遥远的国家和地带的产品来满足的需要所代替了。过去那种地方的和民族的自给自足和闭关自守状态，被各民族的各方面的互相往来和各方面的互相依赖所代替了。物质的生产是如此，精神的生产也是如此。各民族的精神产品成了公共的财产。民族的片面性和局限性日益成为不可能，于是由许多种民族和地方的文学形成了一种世界的文学。

资产阶级，由于一切生产工具的迅速改进，由于交通的极其便利，把一切民族甚至最野蛮的民族都卷到文明中来了。它的商品的低廉价格，是它用来摧毁一切万里长城、征服野蛮人最顽强的仇外心理的重炮。它迫使一切民族——如果它们不想灭亡的话——采用资产阶级的生产方式；它迫使它们在自己那里推行所谓文明制度，即变成资产者。一句话，它按照自己的面貌为自己创造出一个世界。

……正像它使乡村从属于城市一样，它使未开化和半开化的国家从属于文明的国家，使农民的民族从属于资产阶级的民族，使东方从属于西方。①

由此可见，世界历史的形成，是新的工业、也就是大工业的产物，是机器生产力发展的必然结果。机器生产力不仅大规模地生产商品，而且因为这种规模的巨大而必然是廉价的商品，大规模的商品生产迫使资产阶级奔走于全球各地以寻找销路和原材料，商品的廉价则成为它们摧毁一切万里长城的重炮。当然，这并不是说世界历史的形成是从机器生产力开始的，不是的。早在机器生产力诞生以前，就开始了世界历史的形成过程。世界历史的形成是与世界市场的形成同步的，但是最初的世界市场即海外市场并不是商品贸易的结果，相反，是它的前提。美洲的发现，绕过非洲的航行，给新兴的资产阶级开辟了新的活动场所，也就是开辟了海外市场，导致国内只生产使用价值的手工生产力纷纷转向商品生产。以前那种封建的或行会的工业经营方

---

① 《马克思恩格斯选集》第 1 卷，人民出版社，1972 年版，第 254—255 页。

式已经不能满足随着新市场的出现而增加的需求了。工场手工业代替了这种经营方式。"但是,市场总是在扩大,需求总是在增加。甚至工场手工业也不再能满足需要了。于是,蒸汽和机器引起了工业生产的革命。"① 因此,世界市场的起点虽然早于大工业,但世界市场的形成却有赖于大工业。没有大工业就不可能形成世界市场,不可能形成各民族互相联结的世界历史。恩格斯在《共产主义原理》中强调了这一点:

> 由于机器劳动不断降低工业品的价格,以前世界各国的手工工场制度或以手工劳动为基础的工业制度,完全被摧毁。那些一向或多或少和历史发展不相称、工业尚停留在手工工场阶段的半野蛮国家,现在已经被迫脱离了它们的闭关自守状态。这些国家开始购买比较便宜的英国商品,把本国的手工工场工人置于死地。因此,那些几千年来没有进步的国家,例如印度,都已经进行了完全的改革,甚至中国现在也正走向改革。事情已经发展到这样的地步:今天英国发明的新机器,一年以后就会夺去中国成百万工人的饭碗。这样,大工业便把世界各国人民互相联系起来,把所有地方性的小市场联合成为一个世界市场,到处为文明和进步准备好地盘,使各文明国家里发生的一切必然影响到其余各国。②

随着世界市场的形成,世界各国家、各民族在经济上普遍交往的基础上,政治的和文化的交往也随之增强,世界历史日渐形成。我国学者将资本主义世界历史的形成阶段进行了如下的划分:

> 资本主义历史时代的形成经历了三个阶段:第一阶段是15、16世纪地理大发现和资本原始积累时期,东西方贸易和工场手工业的迅速发展,以及资本主义最初的殖民地活动,揭开了世界历史转变的序幕;第二阶段是产业革命和随之而来的自由贸易"黄金时代",不仅为人类的世界性

---

① 《马克思恩格斯选集》第1卷,人民出版社,1972年版,第252页。
② 同上,第214页。

联系创造出铁路、轮船等交通工具,而且初步造成了"宗主国工业——殖民地农业"的国际分工格局,大大推进了世界历史形成的进程;第三阶段是19世纪后半期第二次技术革命和垄断资本主义的形成,进一步创造出电报、电话等通讯工具,并把世界上所有国家都卷入了资本主义的世界体系,标志着资本主义历史时代的形成。[①]

第二节　世界历史的基本矛盾和发展趋势

资产阶级首次开创了世界历史,但是它并不是自觉地开创的,完全相反,它是在国内基本矛盾的推动下开创的,是在资本追逐利润的贪婪本性的驱使下开创的,一句话,是本能的和自在的行为。尽管如此,世界历史的形成毕竟使全世界发生了革命性的变化。

首先,它传播了工业文明。资产阶级奔走于全球各地,它每到一地,那里的前资本主义的社会经济形态就迅速瓦解,并萌生出采用资产阶级生产方式的民族资本主义。它把一切未开化和半开化的民族纳入资本的体系,就连古老的中国也被轰开紧闭的国门,迅速地变成了半封建、半殖民地的国家,这就大大促进了世界生产力的发展。马克思恩格斯说:

> 各个相互影响的活动范围在这个发展进程中愈来愈扩大,各民族的原始闭关自守状态则由于日益完善的生产方式、交往以及因此自发地发展起来的各民族之间的分工而消灭得愈来愈彻底,历史也就在愈来愈大程度上成为全世界的历史。[②]

其次,它造就了作为世界性阶级的无产阶级:

[①] 吕世荣:《马克思社会发展理论研究》,中国社会科学出版社,2001年9月版,第229页。
[②]《马克思恩格斯选集》第1卷,人民出版社,1972年版,第51页。

大工业到处造成了社会各阶级间大致相同的关系，从而消灭了各民族的特殊性。最后，当每一民族的资产阶级还保持着它的特殊的民族利益的时候，大工业却创造了这样一个阶级，这个阶级在所有的民族中都具有同样的利益，在它那里民族独特性已经消灭，这是一个真正同整个旧世界脱离并与之对立的阶级。①

最后，它造就了真正普遍的个人。

　　只有随着生产力的这种普遍发展，人们之间的普遍交往才能建立起来；由于普遍的交往，……狭隘地域性的个人为世界历史性的、真正普遍的个人所取代。②

　　每一个单独的个人的解放的程度是与历史完全转变为世界历史的程度一致的。……仅仅因为这个缘故，各个单独的个人才能摆脱各种不同的民族局限和地域局限，而同整个世界的生产（也包括精神的生产）发生实际联系，并且可能有力量来利用全球的这种全面生产（人们所创造的一切）。③

　　但是，真正普遍的个人，随着他们的活动扩大为世界历史性的活动，却愈来愈受到异己力量的支配，受到日益扩大的、归根到底表现为世界市场的力量的支配。这些力量本来是由人们的相互作用所产生的，但是对他们来说却一直是一种异己的、统治着他们的力量。（这个问题我们将在本书第三部分作进一步的研究）。马克思恩格斯指出，这种作为异己力量的支配，将"由于共产主义革命而转化为对那些异己力量的控制和自觉的驾驭。"④

　　可见，这就是资产阶级的"双重使命"：第一，它按照自己的面貌为自己

---

① 《马克思恩格斯选集》第1卷，人民出版社，1972年版，第67页。
② 同上，第39—40页。
③ 同上，第42页。
④ 同上。

创造出一个世界；第二，它为共产主义的世界历史准备了物质条件，从而充当了不自觉的历史工具。就是说，虽然世界历史是资产阶级开创的，从而是由资本为主导的，但是世界历史的发展趋势，它的发展方向，却是共产主义，是共产主义的世界历史。马克思恩格斯说：

> 共产主义对我们说来不是应当确立的状况，不是现实应当与之相适应的理想。我们所称为共产主义的是那种消灭现存状况的现实的运动。这个运动的条件是由现有的前提产生的。……所以无产阶级只有在世界历史意义上才能存在，就像它的事业——共产主义一般只有作为"世界历史性的"存在才有可能实现一样。而各个个人的世界历史性的存在就意味着他们的存在是与世界历史直接联系的。①

资本主义的世界历史之所以必然转化为共产主义的世界历史，这是由资本主义世界历史的基本矛盾所决定的。既然资本主义的世界历史是由西方列强开创和主导的，那么，世界历史的基本矛盾就必然是列强国内基本矛盾的国际化、全球化。吕世荣博士将这一基本矛盾表述为"生产的社会化与资本的全球霸权的矛盾"，② 基本上是可取的。

资本主义世界历史的形成过程，也就是资本主义生产方式全球化的过程。所谓传播工业文明，也就是传播资产阶级生产方式。在这个过程中，未开化或半开化国家的民族资本主义获得了程度不同的发展，机器生产力程度不同地取代了手工生产力，从而造就了一支或大或小的无产阶级队伍。由于普遍的交往，"可以发现在一切民族中同时都存在着'没有财产的'群众这一事实（普遍竞争），而其中每一民族同其他民族的变革都有依存关系"。③ 进一步的交往使各国无产者发现，他们不仅受到本国资产阶级的剥削，尤其受到西方列强的大资产阶级的剥削。所谓"资本的全球霸权"，当然是，必然是西方列

---

① 《马克思恩格斯选集》第1卷，人民出版社，1972年版，第40—41页。
② 吕世荣：《马克思社会发展理论研究》，中国社会科学出版社，2001年9月版，第228页。
③ 《马克思恩格斯选集》第1卷，人民出版社，1972年版，第40页。

强的霸权，大资产阶级的霸权。这就迫使全世界无产者联合起来，反对他们共同的敌人。因此，生产的社会化与资本的全球霸权的矛盾表现为全世界无产阶级和西方列强大资产阶级的矛盾。

开创世界历史的资产阶级，当它们奔走于全球各地的时候，开始并不是携带着廉价商品的重炮，相反，它们开始携带的是真枪实弹、坚船利炮。它们武装占领一个又一个弱小民族，把那里变成自己的殖民地。旧中国的大门就是被西方列强用枪炮"打"开的。它们肆无忌惮地掠夺殖民地的资源和财富。"在欧洲以外直接靠掠夺、奴役和杀人越货而夺得的财宝，源源流入宗主国，在这里转化为资本"。[①] 它们在殖民地按照自己的面貌创造出一个世界，也就是采用资产阶级生产方式，其中主要是培植买办资本主义，因此，它们这样做并不是为了殖民地的国家和人民，而是为自己，"为自己创造出一个世界"，就是说，它们决不允许殖民地的民族资本主义与自己平起平坐、平等发展，而是必须依附于它们、听命于它们、接受它们的盘剥，也就是把殖民地变成原材料供应地和商品销售市场，迫使殖民地接受不合理的国际分工。西方列强的自私自利的恣意妄为必将激起殖民地包括民族资产阶级在内的广大劳动人民的强烈反抗。因此，资本主义世界历史的基本矛盾又表现为宗主国与殖民地的矛盾。

由此可见，资本主义世界历史的形成过程并不是一幅和谐的画图，而是充满了血雨腥风。

马克思恩格斯相继逝世后的19世纪末20世纪初，西方列强将世界领土瓜分完毕，标志着资本主义世界历史的最后形成，此后就开始了世界历史的整体发展的历史进程。

世界历史的整体发展可以划分为两大阶段：从19世纪末到20世纪50年代为第一阶段；从20世纪50年代至今为第二阶段。如果说资本主义世界历史的形成阶段的主题是"殖民与掠夺"，那么世界历史整体发展的第一阶段的主题就是"战争与革命"，即帝国主义战争和无产阶级革命；第二阶段的主题则是"和平与发展"。可见，世界历史一进入整体发展时期，就立即验证了马

---

① 《马克思恩格斯全集》第23卷，人民出版社，1972年版，第822页。

克思恩格斯的光辉预见：世界历史开创于资本主义，完成于共产主义。在整体发展的第一阶段，世界历史发生了部分质变：第一次世界大战诞生了第一个社会主义国家，第二次世界大战诞生了一个社会主义阵营。在和平与发展的第二阶段，历史出现曲折，社会主义阵营解体了，不复存在了，但是应当看到，世界历史已经发生了部分质变的基本态势没有变，"至于哪一个国家的无产者，在什么时候，在什么期间把这一事业进行到底，这个问题并不重要。重要的是，坚冰已经打破，航路已经开通，道路已经指明。"① 社会主义制度的红旗仍在世界的东方高高飘扬；尤其应当看到，与第一阶段相比，西方列强（帝国主义）的力量不是相对增长了，而是相对削弱了，不是更加强大了，而是更加外强中干了。因为在第一阶段上，帝国主义强大到这样的地步，以致它们可以无视全世界无产阶级的存在，可以无视被压迫民族的存在，公然进行相互厮杀，把殖民地的国家和人民当作猎物来争夺。今天它们还敢这么干吗？在第二阶段上，全世界民族解放和民族独立运动风起云涌，帝国主义的旧殖民体系土崩瓦解。面对旧殖民地国家，帝国主义变军事占领为军事威胁，变政治、经济和文化的全面统治为控制和渗透，一句话，变旧殖民主义为新殖民主义，这是帝国主义更加强大的表现吗？当然不是。面对社会主义国家和全世界的无产阶级，帝国主义不再相互厮杀，而是互相抱团、结成神圣同盟（当然内斗不断），这是它们更加强大的表现吗？当然也不是。和平？发展？帝国主义何尝愿意给人民以和平，又何尝愿意看到世界各族人民的发展！这都是社会主义国家、全世界无产阶级和各族人民"斗"来的、"争"来的！在第二阶段上，世界历史的基本矛盾没有变，但是表现形态发生了变化：宗主国与殖民地的矛盾演变为发达国家与发展中国家的矛盾；全世界无产阶级与西方列强大资产阶级的矛盾演变为全世界无产阶级与发达国家垄断资产阶级（国际垄断资产阶级）的矛盾，同时还表现为社会主义制度与资本主义制度的矛盾。当然还存在着帝国主义列强之间的矛盾。概括起来就是东西矛盾和南北矛盾。"和平"就是这些矛盾的一种平衡状态，"发展"则是和平带来的机遇。还应当看到，在世界历史整体发展的第二阶段上，智能生产

---

① 《列宁选集》第4卷，人民出版社，1995年版，第570页。

力,也就是共产主义生产力,经历了孕育和破土而出的过程,目前正在茁壮成长。科学界公认,生产力的第二次革命,或者说智能生产力取代机器生产力的革命已经为期不远了。那将是世界历史发生全面质变的崭新阶段,将是社会主义大革命的伟大时代。"和平与发展"中孕育着革命,孕育着未来。正因为这样,中国共产党人才一再告诫自己的人民:和平与发展的阶段是社会主义祖国抓紧发展自己的难得的战略机遇期!

第三节 社会主义革命的生产力前提

我们在第三章曾经谈到资本主义生产关系产生的生产力前提,但是,对于无产阶级和社会主义来说,却不能谈论完全相同的问题。这是因为,社会主义生产关系不可能在旧社会内部自发地产生,相反,它是在无产阶级取得社会主义革命的胜利后自觉地建立起来的。因此,类似的问题只能是:社会主义革命的生产力前提是怎样的?由于这个问题与世界历史相联系,所以就放在本章来谈。

马克思恩格斯说:

> 各代所面临的生活条件还决定着这样一些情况:历史上周期性地重演着的革命震荡是否强大到足以摧毁现存一切的基础;如果还没有具备这些实行全面变革的物质因素,就是说,一方面还没有一定的生产力,另一方面还没有形成不仅反抗旧社会的某种个别方面,而且反抗旧的"生活生产"本身、反抗旧社会所依据的"总和活动"的革命群众,那末,正如共产主义的历史所证明的,尽管这种变革的思想已经表述过千百次,但这一点对于实际发展没有任何意义。①

由此可见,现实的社会主义革命需要两个条件:一是一定发展高度的社

---

① 《马克思恩格斯选集》第 1 卷,人民出版社,1972 年版,第 44 页。

会生产力，这里当然是指机器生产力；二是革命形势，主观的和客观的革命形势。生产力条件是社会主义革命的前提条件，不具备这个条件，社会主义革命就不会发生，发生了也不可能取得胜利。1848年，欧洲爆发革命，马克思恩格斯根据当时的情况，曾经认为可能存在着社会主义革命的前景，但是正如恩格斯后来所说：“历史表明，我们以及所有和我们有同样想法的人，都是不对的。历史清楚地表明，当时欧洲大陆经济发展的状况还远没有成熟到可以铲除资本主义生产的程度”，资本主义生产"这个基础在1848年还具有很大的扩张能力"。① 这是一方面。另一方面，在具备了生产力这个前提条件的情况下，现实的社会主义革命还有赖于革命形势的出现，没有革命形势就不可能有革命，并且也不是任何革命形势都会引起革命，还要看主观条件，看无产阶级的革命准备。

那么，社会主义革命的生产力前提是怎样的呢？

应当承认，马克思恩格斯对于这个问题没有清晰、明确的指示。例如马克思说：“资本本身在其历史发展中所造成的生产力的发展，在达到一定点以后，就会不是造成而是消除资本的自行增殖。”"超过一定点，生产力的发展就变成对资本的一种限制；因此，超过一定点，资本关系就变成对劳动生产力发展的一种限制。一旦达到这一点，资本即雇佣劳动同社会财富和生产力的发展就会发生像行会制度、农奴制、奴隶制同这种发展所发生的同样的关系，就必然会作为桎梏被打碎。"② 但是这个"一定点"在哪里、是什么，马克思仍然未予说明。这当然是可以理解的。社会主义革命的生产力前提，毫无疑问是一个带有极大的相对性的问题，要求达到自然科学的精确，本身就是荒谬的。当然这也不是说马克思恩格斯没有给予我们任何的指示或启迪，不是的。例如：

（一）关于合作工厂和股份制

马克思在谈到资本主义社会中出现的工人合作工厂和股份制企业时写道：

---

① 《马克思恩格斯选集》第4卷，人民出版社，1995年版，第512页。
② 《马克思恩格斯全集》第46卷下册，人民出版社，1980年第1版，第268页。

没有从资本主义生产方式中产生的工厂制度，合作工厂就不可能发展起来；同样，没有从资本主义生产方式中产生的信用制度，合作工厂也不可能发展起来。信用制度是资本主义的私人企业逐渐转化为资本主义的股份公司的主要基础，同样，它又是按或大或小的国家规模逐渐扩大合作企业的手段。资本主义的股份企业，也和合作工厂一样，应当被看作是由资本主义生产方式转化为联合的生产方式的过渡形式，只不过在前者那里，对立是消极地扬弃的，而在后者那里，对立是积极地扬弃的。①

我们知道，作为资本主义生产关系产生的生产力前提，是这样一种手工生产力，一方面，它瓦解旧的生产关系，另一方面，它催生资本主义生产关系。合作工厂的出现，特别是资本主义股份制企业的出现，是对资本主义私人所有制的扬弃，也就是对这种资本主义私有制的瓦解，或者说，是资本主义私人所有制的解体形态。工厂或者公司不再是某一个资本家的了。而"自马克思写了上面这些话以来，大家知道，一些新的工业企业的形式发展起来了。这些形式代表着股份公司的二次方和三次方"。② 随着股份制企业的发展，或者说随着资本社会化的发展，一个职业的经理阶层出现了，从此，资本家的存在就成为多余的了。资本家成为社会的过剩人口，只有等待被剥夺了。马克思指出：

实际执行职能的资本家转化为单纯的经理，即别人的资本的管理人，而资本所有者则转化为单纯的所有者，即单纯的货币资本家。……资本主义生产极度发展的这个结果，是资本再转化为生产者的财产所必需的过渡点，不过这种财产不再是各个互相分离的生产者的私有财产，而是

---

① 《资本论》第 3 卷，人民出版社，1975 年版，第 498 页。
② 同上，第 494—495 页。

联起来的生产者的财产,即直接的社会财产。①

(二) 关于垄断

马克思写道:

> 只要资本的力量还薄弱,它本身就还要在以往的或随着资本的出现而正在消失的生产方式中寻求拐杖。而一旦资本感到自己强大起来,它就抛开这种拐杖,按它自己的规律运动。当资本开始感到并且意识到自身成为发展的限制时,它就在这样一些形式中寻找避难所,这些形式看起来使资本的统治完成,但由于束缚自由竞争同时却预告了资本的解体和以资本为基础的生产方式的解体。包含在资本本性里面的东西,只有通过竞争才作为外在的必然性现实地表现出来,而竞争无非是许多资本把资本的内在规定互相强加给对方并强加给自己。②

显然,马克思所说的这个既束缚竞争,又预告资本解体和资本主义生产方式解体的"避难所",就是垄断。自由竞争是资本主义和一般商品生产的基本特性,而垄断是它的直接对立物。当垄断刚刚处于萌芽状态时,马克思就敏锐地捕捉到了它。到了恩格斯的晚年,正如他自己所说:

> 总之,历来受人称赞的自由竞争已经日暮途穷,必然要自行宣告明显的可耻破产。这种破产表现在:在每个国家里,一定部门的大工业家会联合成一个卡特尔,以便调节生产。一个委员会确定每个企业的产量,并最后分配接到的订货。在个别场合,甚至有时会成立国际卡特尔,例如英国和德国在铁的生产方面成立的卡特尔。但是生产社会化的这个形式还嫌不足。各个公司的利益的对立,过于频繁地破坏了它,并恢复了

---

① 《资本论》第 3 卷,人民出版社,1975 年版,第 493—494 页。
② 《马克思恩格斯全集》第 31 卷,人民出版社,1995 年版,第 43 页。

竞争。因此，在有些部门，只要生产的发展程度允许的话，就把该工业部门的全部生产，集中成为一个大股份公司，实行统一领导。在美国，这个办法已经多次实行；在欧洲，到现在为止，最大的一个实例是联合制碱托拉斯。这个托拉斯把英国的全部碱的生产集中到唯一的一家公司手里。单个工厂——超过三十家——原来的所有者，以股票的形式取得他们的全部投资的估定价值，共约500万英镑，代表该公司的固定资本。技术方面的管理，仍然留在原来的人手中，但是营业方面的领导则已集中在总管理处手中。约100万镑的流动资本是向公众筹集的。所以，总资本共有600万镑。因此，在英国，在这个构成整个化学工业的基础的部门，竞争已经为垄断所代替，并且已经最令人鼓舞地为将来由整个社会即全民族来实行剥夺做好了准备。① （重点号是本书作者加的）

（三）关于调节生产

恩格斯写道：

由于一切文明国家，特别是美国和德国的工业的迅速发展，世界市场上的竞争大大加剧了。迅速而巨大地膨胀起来的现代生产力，一天比一天厉害地超出了它们应当在其中运动的资本主义商品交换规律的范畴——这个事实，资本家本人今天也越来越强烈地意识到了。这一点特别表现在下述两种征兆中。第一，普遍实行保护关税的新狂热。……第二，整个大生产部门的工厂主组成卡特尔（托拉斯），其目的是调节生产，从而调节价格和利润。不言而喻，这种试验只有在经济气候比较有利的时候才能进行。风暴一到来，它们就会被抛弃，并且会证明，虽然生产需要调节，但是负有这个使命的，肯定不是资本家阶级。② （重点号是本书作者加的）

---

① 《资本论》第3卷，人民出版社，1975年版，第495页。
② 同上，第137—138页（注16）。

我们已经知道，机器生产力的生产过程是个别生产过程和社会生产总过程的对立统一，或者说个别生产过程和社会生产总过程是矛盾的两个方面。在机器生产力的初期阶段，个别生产过程占据矛盾的主要方面，处于支配的地位，这就是资本主义自由竞争的黄金时代。在那个时候，社会生产由"看不见的手"来调节，资产阶级国家当好"守夜人"就行了。但是，随着电气革命的到来，机器生产力的社会化程度加深，个别生产过程和社会生产总过程的地位与作用发生变化，出现了此消彼长的过程。换句话说，社会生产总过程的地位和作用相对提高了。虽然，个别生产过程仍然是矛盾的主要方面，市场调节仍然是决定性的。但是，社会化程度加深的机器生产力在客观上要求社会生产总过程的"主体"到位、上岗，也就是对整个社会生产进行适度的计划调节。大家知道，上世纪二、三十年代，资本主义世界爆发了历时最久、损失最惨烈的经济危机，危机过后不久即产生了凯恩斯主义。凯恩斯《就业、利息和货币通论》（1936）的核心思想，是主张实行国家干预主义，即对整个国家的经济生活实行"宏观调控"，由国家和政府对社会需求进行管理。毫无疑问，机器生产力对国家干预的客观需求，早在凯恩斯主义产生以前就出现了。但是不要忘记，"虽然生产需要调节，但是负有这个使命的，肯定不是资本家阶级"，决不可把资产阶级的国家计划与共产主义的计划调节混为一谈，甚至也不能与过渡时期社会主义国家的宏观调控混为一谈，它们具有本质的区别。对这种区别的最好、最有力的验证是：凯恩斯主义不仅不能使资本主义免于经济危机，甚至在资本主义世界也没能保住自己的"主流"地位。

（四）结论

根据以上的叙述，我们可以得出结论：导致资本社会化、垄断成为社会经济生活的基础、客观上需要国家调节的机器生产力，就是无产阶级开始社会主义革命的生产力前提。用列宁的话说就是：

> 帝国主义是无产阶级社会革命的前夜。从 1917 年起，这已经在全世

界范围内得到了证实。①

自上世纪八、九十年代以来，随着机器生产力自身社会化程度的加深，随着智能生产力的幼芽的茁壮成长，生产力越来越社会化了；由其所决定，发达国家的资本也越来越社会化了。在美国，生产力社会化所导致的资本主义私人所有制的解体已经达到这样的地步，以致几乎每一个家庭都持有股票、都是股东，为职工控股、全部持股的企业越来越多。根据资本社会化的种种表现，我国一些学者将发达国家的资本主义称之为"社会资本主义"。就经济事实来说，这是正确的。但是，只承认资本的社会化还不是真正的马克思主义者，只有既承认资本的社会化又承认社会主义政治革命和生产关系革命的生产力前提已经具备，才是真正的马克思主义者。至于那些美化资本的社会化，美化资本主义制度，鼓吹资本社会化表明资本主义还有强大生命力，或者鼓吹和长入社会主义，鼓吹资本社会化的"实质是使当代资本主义正在走向'科学'意义上的社会主义"，② 则是赤裸裸的机会主义。

自从自由资本主义进入垄断资本主义，无产阶级进行社会主义革命的生产力前提就已经具备了。这是不是说，只有发达国家的无产阶级才具备了这样的条件，其他国家，特别是发展中国家的无产阶级还不具备这个条件呢？不是的。全世界各民族、各国家的无产阶级都具备了这个条件。这一点是由世界历史的基本矛盾决定的。在世界历史的条件下，各民族、各国家与世界历史的关系是部分与整体的关系，列强的、发达国家的垄断资产阶级是世界性的、国际垄断资产阶级，是全世界无产阶级的共同的敌人，它不仅压迫和剥削本国的无产阶级，而且压迫和剥削全世界的无产阶级。既然这个反动阶级应该被社会主义革命所推翻、所打倒，那么，这个革命的任务就不是一国一民族的无产阶级的事情，就不仅仅是发达国家无产阶级的事情，而是全世界无产阶级的共同任务。马克思恩格斯用明白无误的语言告诉我们：

---

① 《列宁选集》第 2 卷，人民出版社，1975 年版，第 737 页。
② 苏东斌、刘荣荣：《"制度人"假设·从计划经济到市场经济》，社会科学文献出版社，2007 年 7 月版，第 37 页。

对于某一国家内冲突的发生来说，完全没有必要等这种矛盾在这个国家本身中发展到极端的地步。由于同工业比较发达的国家进行广泛的国际交往所引起的竞争，就足以使工业比较不发达的国家内发生类似的矛盾。①

因此，从19世纪末20世纪初开始，世界就进入了帝国主义和无产阶级革命的时代，进入了世界历史从资本主义向共产主义转化的时代。虽然，在这个转化过程的第二阶段上，如前所述，和平与发展成为主题，暂时不具备革命的形势，而没有革命的形势就不会有社会主义革命，但是，时代没有变，世界历史向共产主义转化的大趋势没有变。在和平发展时期滋生起来的机会主义竭力否认这一点，资产阶级全球化的鼓吹者幻想资本主义全球一体化并以此终结人类的历史，毕竟是徒劳的，历史前进的车轮是任何力量也抗拒不了的。

顺便指出，在和平发展时期滋生起来的机会主义，他们在否定社会主义革命的同时无情地嘲笑马克思关于无产阶级贫困化的理论；他们以发达国家无产阶级生活水平提高的客观事实，嘲笑马克思的理论不合时宜、脱离实际；他们洋洋得意、理直气壮地宣称：马克思关于无产阶级贫困化的理论过时了、陈旧了，"这是毋庸置疑和无可争辩的事实"。这帮蠢货只把眼睛盯住发达的资本主义国家（——也许那里生活着他们的主子？），闭眼不看一看全世界。在世界历史的条件下，既然列强国家的内部矛盾国际化、全球化了，那么资本积累的一般规律也就必然地国际化、全球化了，就是说，资本积累的一般规律在全世界范围内展开：一极是极少数富国，另一极是大多数穷国；在一极积累着过剩：产能过剩、货币资本过剩、货币资本家作为社会人口的过剩，在另一极积累着贫困、劳动折磨、受奴役等等。全球两极分化日益严重，南北差距不断扩大，这难道不是铁一样的事实吗？至于发达国家的无产阶级，他们从本国剥削全世界的垄断资本的利润中分得一点油水，过着比较安定

---

① 《马克思恩格斯选集》第1卷，人民出版社，1972年版，第81页。

和文明的生活,不是越来越贫困化而是越来越"资产阶级化",这本来不值得大惊小怪,本来不值得机会主义者们大做文章,马克思恩格斯在世时早就指出了这一点。因此,如果说脱离世界历史,美化资本的社会化而看不到社会主义革命的生产力前提已经具备是可悲的,那么,脱离世界历史,赞美发达国家无产阶级的"幸福生活"而看不到发展中国家广大劳动人民的痛苦和悲惨命运则是可耻的。可悲和可耻都属于在和平发展时期滋生起来的机会主义!

第九章　自为阶级理论

　　大家都知道，人民群众创造历史的理论是历史唯物主义的重要组成部分。但是，仅仅承认人民群众创造历史已经远远不够了。自从马克思恩格斯创立的科学社会主义发生了从理论到实践的飞跃，或者说实现了科学社会主义理论与工人运动的相结合，人民群众自发地创造历史的时期就结束了，无产阶级自觉地创造历史的时期就开启了。在这个时期，人民群众自发创造历史的实践上升为、表现为无产阶级自觉创造历史的实践，人民群众创造历史的理论上升为、表现为自为阶级自觉创造历史的理论。因此，所谓自为阶级理论，就是无产阶级从自在阶级上升为自为阶级并自觉地创造历史的理论。

　　由此可见，自为阶级论理在本质上是这样一个理论：以经济决定论为基础的主体能动论。这一理论的实质可由以下两句名言作诠释：

　　　　理论一经掌握群众，也会变成物质力量。① （马克思）
　　　　没有革命的理论，就不会有革命的运动。② （列宁）

　　当然，以后我们将会看到，特别是历史经验告诉我们，理论与实践的结合，科学社会主义理论与工人运动的结合，是需要中介的。这个中介就是无产阶级政党的纲领、路线、方针和政策。它具有双重品格：一方面是理论品

---

① 《马克思恩格斯选集》第1卷，人民出版社，1995年版，第9页。
② 《列宁选集》第1卷，人民出版社，1975年版，第241页。

格，它是马克思主义和科学社会主义基本原理的具体化、特色化，是当时当地的活的马克思主义和科学社会主义；另一方面是实践的品格，它是无产阶级改造世界的行动纲领和蓝图，是要付诸实践的，是要通过实践转化为现实的。因此，这个中介应当而且必须体现着经济决定论与主体能动论的高度统一。这种统一性的程度，或者说无产阶级政党的纲领、路线、方针和政策的科学性程度，是无产阶级自为程度的标尺和测量器，决定着实践（运动和制度）的成败得失。历史已经表明，这不是一件容易的事情，更不是一劳永逸的事情，而是一个艰辛探索、不断地"摸着石头过河"的过程，中国革命和建设的实践，世界社会主义运动的实践，都证明了这一点，也给我们提供了足够多的成功经验和失败的教训。

应当说，马克思恩格斯的自为阶级理论，是又一个长期被忽视的理论，这就容易导致两个极端：或者片面强调经济决定论，在革命形势面前畏缩不前，无所作为；或者片面强调主体能动论，在革命时期"左倾"盲动，在建设时期"人有多大胆，地有多大产"。因此，发掘、疏理马克思恩格斯的自为阶级理论，是有意义的。

第一节 人类社会发展的史前期

从原始社会到资本主义社会，生产力是自发地发展的；由其所决定，整个人类社会也是自发地发展的。对于这个自发发展的历史时期，马克思称为"人类社会的史前时期"。①

我国有学者认为，"社会规律的实现同自然规律不同，自然规律是自发地起作用，而社会规律则必须通过人的主观能动性的发挥才能实现。"② 这种似是而非的认识，就是忽略自为阶级理论的表现。自然规律是否总是自发地起作用姑且不论，单就社会规律的实现来说，人的主观能动性的发挥并不妨碍

---

① 《马克思恩格斯选集》第2卷，人民出版社，1972年版，第83页。
② 童星：《科学社会主义的理论与实践》，南京大学出版社，2011年5月版，第62页。

社会规律自发地起作用，人类社会的史前时期就是这样，在这个时期，人的主观能动性在发挥着，而社会规律同时在自发地起作用，二者并行不悖。人总是具有主观能动性的，总是具有主观意志的，这是人与动物的区别所在，但是这并不妨碍人类社会的自发发展。就是说，在人类社会的史前时期，社会规律的实现与自然规律并没有什么"不同"，相反地，大体相同，基本相同。恩格斯写道：

> 人们自己创造着自己的历史，但是到现在为止，他们并不是按照共同的意志，根据一个共同的计划，甚至不是在某个特定的局限的社会内来创造这个历史。他们的意向是相互交错着的，因此在所有这样的社会里，都是那种以偶然性为其补充和表现形式的必然性占统治地位。在这里透过各种偶然性来为自己开辟道路的必然性，归根到底仍然是经济的必然性。①

> 在社会历史领域内进行活动的，全是具有意识的、经过思虑或凭激情行动的、追求某种目的的人；任何事情的发生都不是没有自觉的意图，没有预期的目的的。但是，不管这个差别对历史研究，尤其是对个别时代和个别事变的历史研究如何重要，它丝毫不能改变这样一个事实：历史进程是受内在的一般规律支配的。即使在这一领域内，尽管各个人都有自觉期望的目的，在表现上，总的说来好像也是偶然性在支配着。人们所期望的东西很少如愿以偿，许多预期的目的在大多数场合都彼此冲突，互相矛盾，或者这些目的本身一开始就是实现不了的，或者是缺乏实现的手段的。这样，无数的个别愿望和个别行动的冲突，在历史领域内造成了一种同没有意识的自然界中占统治地位的状况完全相似的状况。行动的目的是预期的，但是行动实际产生的结果并不是预期的，或者这种结果起初似乎还和预期的目的相符合，而到了最后却完全不是预期的结果。这样，历史事件似乎总的说来同样是由偶然性支配着的。但是，在表现上是偶然性在起作用的地方，这种偶然性始终是受内部的隐蔽着

---

① 《马克思恩格斯选集》第 4 卷，人民出版社，1972 年版，第 506 页。

的规律支配的,而问题只是在于发现这些规律。①

人类社会自发发展的原因何在呢?马克思恩格斯写道:

> 受分工制约的不同个人的共同活动产生了一种社会力量,即扩大了的生产力。由于共同活动本身不是自愿地而是自发地形成的,因此这种社会力量在这些个人看来就不是他们自身的联合力量,而是某种异己的、在他们之外的权力。关于这种权力的起源和发展趋向,他们一点也不了解;因而他们就不再能驾驭这种力量,相反地,这种力量现在却经历着一系列独特的、不仅不以人们的意志和行为为转移,反而支配着人们的意志和行为的发展阶段。②

可见,在人类社会的史前期,社会自发地发展,人被自己的社会结合所支配。那么,这是不是说,史前期的人类是毫无建树、无所作为的呢?当然不是。完全相反,人类自从诞生之日起,就发挥着自己的主观能动性,发挥着自己的聪明才智,顽强地探索、认识、改造着周围的世界。这种改造既有不自觉的,也有自觉的。人类对自然界的认识和自觉改造,创造出灿烂的农业文明和工业文明,造就了一大批科学巨匠。人类对社会生活的方方面面的认识和改造,推动着原始社会、奴隶社会、封建社会和资本主义社会的依次更替,造就了许许多多的政治家、思想家、军事家和文学家等等。虽然,人类对于社会历史的认识一直处于黑暗之中,但是到了19世纪中叶,随着资本主义生产方式固有矛盾的展开,叩开真理大门的时刻也就到来了。正如恩格斯所说:

> 如果说马克思发现了唯物史观,那末梯叶里、米涅、基佐以及1850年以前英国所有的历史学家就证明,已经有人力求做到这一点,而摩尔

---

① 《马克思恩格斯选集》第4卷,人民出版社,1972年版,第243页。
② 《马克思恩格斯选集》第1卷,人民出版社,1972年版,第39页。

根对于同一观点的发现表明,做到这点的时机已经成熟了,这一观点必将被发现。①

历史唯物主义的创立是人类认识史上的空前大革命。它把唯心主义从最后的避难所即社会历史领域中驱逐出去,为社会生活各方面的研究奠定了科学基础,并使关于社会、关于社会规律的学说,变成同其他科学一样能够提供精确的知识和预见的科学。②

第二节 无产阶级上升为自为阶级

有人无视科学社会主义从理论到运动、从运动到制度的伟大飞跃,硬要在社会主义中国宣布马克思主义仅仅是一种学说,反对中国共产党人将马克思主义作为自己的指导思想,这是反历史趋势而动、开历史的倒车:要马克思主义和科学社会主义从制度退回到运动、再从运动退回到理论,然后作为一种学说与他们的形形色色的资产阶级学说陈列在一起,"开展百家争鸣"。他们的妄想当然是马克思主义永远只作为一种学说,永远不要再逃出他们的"牢笼"。那么"运动"和"制度"呢?当然要由他们的"学说"来取代,例如新自由主义学说、民主社会主义学说等等。

的确,马克思主义刚刚诞生的时候只是一种学说,是一种被资产阶级开始冷落、接着惧怕、至今仇视的学说。这是为什么呢?历史已经做出回答:马克思主义是无产阶级的学说,是为无产阶级谋解放的学说,是指引无产阶级完成解放全人类的伟大历史使命的学说,一句话,是无产阶级的意识形态。

哲学把无产阶级当做自己的物质武器,同样地,无产阶级也把哲学

---

① 《马克思恩格斯选集》第4卷,人民出版社,1972年版,第507页。
② 童星:《科学社会主义的理论与实践》,南京大学出版社,2011年5月版,第57页。

当做自己的精神武器。①

马克思恩格斯之所以把无产阶级当做自己理论的实践者，或者说物质武器，是因为无产阶级是这样一个阶级：首先，无产阶级与机器生产力相联系，"在当前同资产阶级对立的一切阶级中，只有无产阶级是真正革命的阶级。其余的阶级都随着大工业的发展而日趋没落和灭亡，无产阶级却是大工业本身的产物。"② 资产阶级的残酷剥削和压迫必然激起无产阶级的反抗和进行革命的愿望；大生产中以机器为中心的分工协作养成了无产阶级的严格的组织性和纪律性；机器生产力所造成的世界历史使无产者成为普遍联系的世界历史性的个人，这一切都是与共产主义这个世界历史性的伟大事业相适合的。第二，无产阶级是人类社会中最后一个劳动阶级，只有消灭劳动才能最终解放自己。十分显然的是，未来共产主义社会的建设者不再是劳动阶级，因为那个时候既不存在生产劳动也不存在任何阶级。无产阶级作为最后一个劳动阶级即使在当今的发达资本主义国家也可以看得出来，在那里，一方面，"工人阶级中越来越大的部分……被用于非生产劳动"③，另一方面，"脑力劳动无产阶级"（恩格斯语）的人数日益增多，反过来说就是从事生产劳动的产业工人的人数越来越少。发达国家无产阶级内部成分、比重的这种变化虽然不是缘于一国一民族之力，而是由世界历史的力量造成的，换句话说，发达国家的无产阶级中越来越大的一部分不再从事生产劳动是以不发达国家的无产阶级的过度劳动为补充的，但是，撇开政治上的负面作用即垄断资产阶级对于无产阶级的分化不谈，发达国家无产阶级面貌的变化毕竟预示着世界各国各民族的未来景象。资本主义把人类的越来越大的一部分变为无产者的规律没有变，变化的是无产阶级的整体面貌。无产阶级面貌的变化只是表明它是人类社会的最后一个劳动阶级，此外不再表示什么。无产阶级不仅随着机器生产力社会化程度的加深和第三代生产力的成长而不断地改变着自己的面貌，

---

① 《马克思恩格斯选集》第1卷，人民出版社，1972年版，第15页。
② 同上，第261页。
③ 《资本论》第1卷，人民出版社，1975年版，第488页。

而且还将在革命中"抛掉自己身上的一切陈旧的肮脏东西,才能成为社会的新基础"。① 借口无产阶级整体面貌的改变而诬称无产阶级在式微、在灭亡,妄言一个有别于无产阶级的中产阶级在兴起,这不过是资产阶级御用文人的别有用心的胡说八道。最后,无产阶级是第三代生产力的代表者,肩负着消灭劳动、消灭私有制、解放全人类的伟大历史使命。第三代生产力是消灭生产劳动,进而消灭商品、价值和资本,并且拒绝任何私人占有的先进社会生产力。它的代表者只能是无产阶级。

虽然无产阶级具有如此美好的素质和品格,但它并非天生就是一个自为的阶级。

> 经济条件首先把大批的居民变成工人。资本的统治为这批人创造了同等的地位和共同的利害关系。所以,这批人对资本说来已经形成一个阶级,但还不是自为的阶级。在斗争(我们仅仅谈到它的某些阶段)中,这批人逐渐团结起来,形成一个自为的阶级。他们所维护的利益变成阶级的利益。而阶级同阶级的斗争就是政治斗争。②

无产阶级要从自在的阶级上升为自为的阶级,首先要用科学社会主义的理论武装起来,也就是把马克思主义作为自己的精神武器,因为

> 完成这一解放世界的事业,是现代无产阶级的历史使命。考察这一事业的历史条件以及这一事业的性质本身,从而使负有使命完成这一事业的今天受压迫的阶级认识到自己行动的条件和性质,这就是无产阶级运动的理论表现即科学社会主义的任务。③

两个伟大发现——剩余价值学说和唯物史观——使社会主义从空想发展

---

① 《马克思恩格斯选集》第1卷,人民出版社,1972年版,第77页。
② 同上,第159页。
③ 《马克思恩格斯选集》第3卷,人民出版社,1972年版,第443页。

成为科学,它告诉全世界的无产者:"资产阶级的灭亡和无产阶级的胜利是同样不可避免的";"工人革命的第一步就是使无产阶级上升为统治阶级,争得民主",也就是运用阶级斗争和暴力手段进行革命,夺取政权,"每个国家的无产阶级当然首先应该打倒本国的资产阶级";第二步,"无产阶级将利用自己的政治统治,一步一步地夺取资产阶级的全部资本,把一切生产工具集中在国家即组织成为统治阶级的无产阶级手里,并且尽可能快地增加生产力的总量。"这是社会主义改造和社会主义建设阶段,也就是无产阶级专政的过渡时期;接下来将是共产主义社会的第一阶段和高级阶段,"在那里,每个人的自由发展是一切人的自由发展的条件。"而要取得革命和建设的胜利,无产阶级必须建立自己的政党,作为整个阶级的组织核心和领导核心,共产党人"没有任何同整个无产阶级的利益不同的利益","他们了解无产阶级运动的条件、进程和一般结果","始终代表整个运动的利益"。①

科学社会主义如此鲜明、如此强烈的无产阶级性质,使它迅速在工人运动中传播,许多国家的无产阶级政党相继建立,在无产阶级政党的教育、组织和领导下,世界社会主义运动蓬勃发展,不久实现了从运动到制度的飞跃,社会主义取得了从一国胜利到多国胜利。

马克思主义与工人运动相结合,特别是无产阶级政党的建立,标志着无产阶级从自在的阶级上升为自为的阶级。

第三节　自为阶级的旷世杰作

在政治上打倒本国的资产阶级,夺取政权,这是自为阶级自觉创造历史的"第一步",当然也是气壮山河的第一步。

俄国十月社会主义革命

从19世纪70年代开始,资本主义进入平衡的和平发展时期,并逐步向

---

① 本自然段的引文均出自《共产党宣言》。

垄断资本主义即帝国主义过渡。在经历了巴黎公社失败的痛苦，经历了资本主义和平发展时期的沉默之后，资本主义国家的社会主义革命还会卷土重来吗？怎样才能把社会主义的科学理论转变为现实制度，实现几十年来无产阶级和广大劳动群众梦寐以求的理想？第二国际的考茨基和俄国的普列汉诺夫等人，他们抓住马克思、恩格斯关于社会主义革命"同时胜利"的结论不放，不顾历史条件的变化，断言社会主义革命不可能在一个国家内首先取得胜利。在他们看来，社会主义之所以不能由科学理论转变为社会现实，是由于条件尚未成熟，革命力量及其国际联合还有待于继续积累，普列汉诺夫甚至在十月革命前夕还认为，这时要组织社会主义革命会陷于"极其有害的空想"。而第二国际以伯恩施坦为代表的修正主义者，他们一方面鼓吹资本主义国家还没有成长到实现社会主义的地步，即还没有实现社会主义的客观经济前提，另一方面，从根本上否定无产阶级革命，认为几十年来社会主义之所以不能实现，原因就在于选择了不得人心的阶级斗争和暴力革命的道路和手段。他们提出通过普选制进入议会并逐步取得议会的多数席位，从而和平长入社会主义的"议会道路"，这就公开放弃和背叛了无产阶级的社会主义革命。因此，在新的历史条件下创造性地运用和发展马克思主义的重任就历史地落在了列宁的肩上。早在第一次世界大战爆发前，列宁就运用马克思主义的基本原理，研究了关于资本主义发展新阶段的几乎所有文献资料。据统计，仅在他《关于帝国主义的笔记》中，就对148部著作和刊登在49种刊物上的232篇论文作了摘要与评论。列宁正是在批判地吸收这些研究成果的基础上，创立了完整的帝国主义理论。[①]

列宁站在世界历史的高度，首先指出：随着自由资本主义发展为垄断资本主义，已经具备了社会主义革命的客观经济前提或者说生产力前提：

"帝国主义战争是社会主义革命的前夜。这不仅因为战争带来的灾难促成了无产阶级的起义（如果社会主义在经济上尚未成熟，任何起义也创造不出社会主义来），而且因为国家垄断资本主义是社会主义的最充分

[①] 参见童星：《科学社会主义的理论与实践》，南京大学出版社，2011年5月版，第86页。

的物质准备,是社会主义的前阶,是历史阶梯上的一级,在这一级和叫作社会主义的那一级之间,没有任何中间级。""社会主义现在已经在现代资本主义的一切窗口中出现,在这个最新资本主义的基础上前进一步的每一项重大措施中,社会主义已经直接地、实际地显现出来了。"①

"垄断是从资本主义向更高级的制度的过渡"。②

接着,列宁揭示了帝国主义时代资本主义政治、经济发展不平衡的规律,指出帝国主义的内在矛盾与经济特征必然造成帝国主义全球统治链条上出现薄弱环节,帝国主义战争使国际资本同盟不复存在,个别国家(例如俄国)由于客观矛盾和无产阶级的主观努力,可能形成革命形势,并由此得出结论:

> 资本主义的发展在各个国家是极不平衡的。而且在商品生产的条件下也只能是这样。由此可以得出一个确定不移的结论:社会主义不能在所有国家内同时获得胜利。它将首先在一个或者几个国家中获得胜利,而其余的国家在一段时期内将仍然是资产阶级的或者资产阶级以前时期的国家。③

列宁关于社会主义革命"一国胜利"的理论,极大地鼓舞了全世界的无产者。在帝国主义时代,社会主义革命的客观经济前提已经具备,哪个国家的革命形势成熟、主观条件具备,哪个国家的无产阶级就应当及时发动社会主义革命并争取胜利,而不能左顾右盼、贻误革命时机。如果坐等各国无产阶级联合采取共同革命行动,或者幻想资本主义"和平长入"社会主义,那就是把社会主义束之高阁,使它永无实现之日。

革命的理论指引着革命的运动。20世纪初,沙皇俄国也挤进了帝国主义的行列,但是同老牌帝国主义国家相比,俄国仍然是一个落后、贫穷和半野

---

① 《列宁全集》第32卷,人民出版社,1985年第2版,第218—219页。
② 《列宁选集》第2卷,人民出版社,1972年版,第808页。
③ 同上,第873页。

蛮的国家。因为其落后，就成了20世纪初世界各种矛盾的交汇点。而帝国主义战争则催生了革命形势。第一次世界大战期间，俄国经济遭到严重破坏，约有百分之四十的工人和农民被拉去当炮灰，几百万人丧命，许多工厂倒闭，大片农田荒芜，交通运输瘫痪，物资供应奇缺，物价飞涨，前线士兵厌战，节节败退，等等，所有这一切都激起了工人、农民、士兵和知识分子对沙皇政府的不满。工人罢工，农民夺地，士兵反战，中亚细亚和哈萨克斯坦因反对征兵而爆发民族起义，这一切都说明俄国人民越来越强烈地要求推翻沙皇政府，俄国社会民主党布尔什维克派在列宁关于"变现时的帝国主义战争为国内战争"的策略思想指导下，于1917年2月领导无产阶级和劳动人民，发动了具有资产阶级民主革命性质的"二月革命"，推翻了沙皇政府。由于孟什维克和社会革命党人的退让，"二月革命"后出现了两个政权并存的局面：一个是工农民主专政的工兵代表苏维埃，另一个是资产阶级专政的临时政府，而实权掌握在资产阶级临时政府手中。当列宁在国外得知二月革命胜利的消息后，连续给党中央写了五封《远方来信》，分析了当时的革命形势，提出党的任务是：把革命推向前进，保持党的独立性，彻底揭露临时政府，进一步武装工农，为社会主义革命作准备。1917年4月3日，列宁冲破帝国主义的重重阻挠，从瑞士回到了俄国，当日就发表演说，号召群众为争取社会主义革命的胜利而斗争，高呼"社会主义革命万岁！"的口号。第二天，列宁在布尔什维克的领导工作人员会议上做了《论无产阶级在这次革命中的任务》的报告（后称《四月提纲》）。《提纲》提出了揭露临时政府的资产阶级本质，"全部政权归苏维埃"，建立无产阶级专政的任务。列宁认为，革命和平发展的可能性在历史上是罕见的，因此，在争取革命和平发展的同时，要作暴力革命的准备。后来的事实证明列宁的分析是正确的。资产阶级临时政府为了欺骗群众，成立有克伦斯基等6个孟什维克和社会革命党人参加的"联合政府"，就是这个"联合政府"于1917年7月3日出动军队血腥镇压彼得格勒10万工人和士兵的游行示威，接着又强行解除工人武装，查封布尔什维克的报刊、解散革命组织，大肆逮捕布尔什维克和革命党人。7月14日又成立以克伦斯基为首的新的联合政府，孟什维克和社会革命党人把持的全俄中央委员会通过决议，自愿把政权交给克伦斯基。从此，两个政权并存的局面结束。

面对反革命的猖狂进攻，布尔什维克于7月26日至8月3日在彼得格勒秘密召开了第六次党代表大会，大会通过了武装起义夺取政权的社会主义革命的行动方针。在布尔什维克领导下，重新武装了工人，许多地方的苏维埃转向布尔什维克。列宁认为武装起义的时机已经到来，于1917年10月20日（公历）从芬兰秘密回到彼得格勒，布尔什维克迅速成立了以列宁为首的中央政治局负责起义的政治领导，并于1917年10月24日（公历11月7日）取得了彼得格勒武装起义的胜利，当晚宣告世界上第一个无产阶级专政的苏维埃政府成立。随后彼得格勒、莫斯科等中心城市都派出了成千上万的优秀工人到农村，在苏维埃政权派出的大批宣传员、特派员协助下不到几个星期的时间，就在二十几个省城建立了苏维埃政权，到1918年春，苏维埃政权已"到了最偏僻的农村"。[①]

十月革命开创了由中心城市武装起义，夺取中央政权，然后向农村进军的道路。十月社会主义革命的胜利改变了世界历史："现在地球上有两个世界：一个是资本主义旧世界，它陷入了困境，却永远不会退让；一个是正在成长的新世界，它还很弱，但一定会壮大起来，因为它是不可战胜的。"[②] 质言之，十月革命终止了俄国资本主义发展的"自然历史过程"，开启了向共产主义过渡的新的历史时期，它是自为阶级自觉创造历史的第一个旷世杰作。

中国新民主主义革命

如果说列宁主义造就了世界上第一个社会主义国家苏联，那么，毛泽东思想则造就了一个以社会主义为归宿的新中国。

闭关自守的古老中国被卷进世界历史的大潮以后，先后受到两个巨大冲击。第一个是西方列强（还有日本）的枪炮和廉价商品的物质力量的冲击，这个冲击使中国沦为半封建半殖民地社会，中华民族陷入水深火热之中；第二个是十月革命一声炮响，给中国送来了马克思列宁主义的精神力量的冲击，

---

① 以上参见李保东主编：《社会主义理论、历史与现实》，国防工业出版社，2004年1月版，第37—38页。
② 《列宁全集》第42卷，人民出版社，1985年第2版，第327页。

这个冲击使年轻的中国无产阶级觉醒过来，奋起对半封建半殖民地的旧中国进行革命的改造。

自从1840年鸦片战争失败那时起，中国的仁人志士，经过千辛万苦，向西方国家寻求救国的真理，几乎尝试了所有西方的经验和主义，对自己的"国体"进行了无数次的争论和改造，但最后总归于失败，辛亥革命不过是赶跑了一个皇帝。在西方列强的铁蹄之下，中华民族的危亡日益深重。俄国十月革命为中国送来了马克思列宁主义，但是，究竟怎样正确理解马克思列宁主义和十月革命的经验，并正确地运用它们来指导中国的革命？对于这个问题，年轻的中国共产党人是不清楚的。开始，陈独秀等人认为：中国不能进行无产阶级社会主义革命，只能搞资产阶级民族民主革命；这个革命不能由共产党领导，只能由资产阶级领导；革命以后建立的不是社会主义共和国，只能是资产阶级共和国。他们异想天开地计划等中国的资产阶级民主革命成功后，在资本主义充分发展、无产阶级日益壮大的基础上，再进行"二次革命"建立社会主义制度。这种主张完全脱离中国实际，尽管它也旁征博引了不少马克思、恩格斯的论述，其实质却是抄袭西方国家发展的历史，也就是放任中国社会的自发发展，背弃了自为阶级自觉地、能动地创造历史的理论，结果使革命吃了大亏。尔后，瞿秋白、李立三特别是王明等人，照搬十月革命的现成经验，主张不仅打倒地主、官僚买办资产阶级，而且打倒富农和民族资产阶级；革命的道路只能是首先攻打中心城市，再以城市为基础去解放农村。这种主张同样脱离了中国实际，不理解马克思列宁主义的精神实质，也就是违背客观规律，陷入了唯意志论的空想，结果也使革命吃了大亏。半封建半殖民地的中国争取民族独立的时代主题，呼唤着立足于中国大地之上的革命理论，而它也就应运而生了，这就是作为中国共产党人集体智慧结晶的毛泽东思想。

毛泽东在对中国社会的历史和现实加以分析的基础上，科学地揭示了中国社会的性质和基本矛盾。他指出，自1840年鸦片战争爆发以来，中国社会发展的自身逻辑被外来帝国主义所打断，逐步演变为半殖民地半封建社会，中国社会的基本矛盾是帝国主义和中华民族的矛盾、封建主义和人民大众的矛盾。基于这一基本矛盾，毛泽东科学地阐明了中国革命的性质：

既然中国社会还是一个殖民地、半殖民地、半封建的社会，既然中国革命的敌人主要的还是帝国主义和封建势力，既然中国革命的任务是为了推翻这两个主要敌人的民族革命和民主革命；而推翻这两个敌人的革命，有时还有资产阶级参加，即使大资产阶级背叛革命而成了革命的敌人，革命的锋芒也不是向着一般的资本主义和资本主义的私有财产，而是向着帝国主义和封建主义。既然如此，所以，现阶段中国革命的性质，不是无产阶级社会主义的，而是资产阶级民主主义的。①

毛泽东站在世界历史的高度，认为中国革命虽然属于资产阶级民主革命的范畴，但从国内来看，民族资产阶级天生软弱，买办资产阶级作为帝国主义的走狗，都不可能充当这场革命的领导；从国际上看，俄国十月社会主义革命开辟了无产阶级革命的新纪元以后，资产阶级已经走向反动，它们也不可能支持中国的民主革命。于是，中国民主革命的领导权责无旁贷地落在了无产阶级及其先锋队——中国共产党身上，成了有别于欧美历史上旧民主主义革命的新民主主义革命，具有不同的前途命运。毛泽东指出：中国的新民主主义革命

不再是旧的资产阶级和资本主义的世界革命的一部分，而是新的世界革命的一部分，即无产阶级社会主义世界革命的一部分了。②

中国共产党领导的整个中国革命运动，是包括民主主义革命和社会主义革命两个阶段在内的全部革命运动；这是性质不同的两个革命过程，只有完成了前一个革命过程才有可能去完成后一个革命过程。③

毛泽东在对中国社会各阶级进行调查研究、深刻了解的基础上，正确地解决了敌我友的问题。他指出：

---

① 《毛泽东选集》（一卷本），人民出版社，1966 年版，第 609—610 页。
② 同上，第 628—629 页。
③ 同上，第 614 页。

一切勾结帝国主义的军阀、官僚、买办阶级、大地主阶级以及附属于他们的一部分反动知识界，是我们的敌人。工业无产阶级是我们革命的领导力量。一切半无产阶级、小资产阶级，是我们最接近的朋友。那动摇不定的中产阶级，其右翼可能是我们的敌人，其左翼可能是我们的朋友——但我们要时常提防他们，不要让他们扰乱了我们的阵线。①

毛泽东从实际出发，对中国的资产阶级作了一系列一分为二的科学分析。一是把中国的资产阶级分为两大部分，一部分是依附于帝国主义的官僚买办资产阶级，是革命的对象，另一部分是民族资产阶级，是革命的朋友；二是在抗日战争期间随着中国和日本帝国主义的矛盾地位的上升，中国和其他帝国主义的矛盾以及国内阶级矛盾地位的下降，又把官僚买办资产阶级（甚至包括地主阶级）分为两大部分，一部分是亲日派，是革命的敌人，另一部分是英美派，是革命的朋友；三是对作为革命朋友的民族资产阶级（以及抗日战争期间的英美派官僚买办资产阶级）进行一分为二的科学分析，揭示其既革命、又动摇的两面性，从而制定了利用其革命性一面、防止其动摇性一面的方针政策，采取了"有理、有利、有节"的斗争策略，建成了包括民族资产阶级（以及抗日战争期间的英美派官僚买办资产阶级）在内的广泛的革命统一战线。

毛泽东还分析了帝国主义、官僚买办资产阶级和封建地主阶级这些反动势力在中国城市和农村分布不均衡性，从这些反动势力主要集中在城市、而迫切要求挣断封建锁链的革命主力军——农民绝大多数又在农村这一客观实际出发，找到了通过武装斗争，在农村建立革命根据地，以农村包围城市，然后夺取城市、解放全中国的革命道路。这一革命道路的基本内容就是土地革命、武装斗争和革命根据地三位一体的"工农武装割据"。

在毛泽东思想的指引下，中国人民依靠共产党的领导、武装斗争和统一战线这三件法宝，走农村包围城市的道路，历经土地革命战争、抗日战争和解放战争的浴血奋战，于1949年推翻了帝国主义、封建主义、官僚资本主义

---

① 《毛泽东选集》（一卷本），人民出版社，1966年版，第8—9页。

"三座大山"的压迫,实现了民族独立和人民民主。① 在中华人民共和国成立之际,毛泽东向全世界豪迈宣布:

> 占人类总数四分之一的中国人从此站立起来了。②

中国新民主主义革命的艰辛历程,堪称一部英勇的史诗。它每前进一步,它的每一个胜利,都是在中国化、时代化和大众化的马克思列宁主义——毛泽东思想的指引下取得的。这一革命的胜利,终结了中国社会的自发发展,使这个古老的东方大国焕发了青春,朝着社会主义的方向阔步前进。中国的新民主主义革命,是自为阶级自觉创造历史的理论的又一旷世杰作,并且是最精美、最完美的杰作!

第四节 自为阶级理论的哲学视域

历史是不能假设的,因为偶然性中总是隐含着必然性。马克思和马克思主义的诞生,列宁和列宁主义的诞生,毛泽东和毛泽东思想的诞生,邓小平和邓小平理论的诞生,都是如此。

但是,我们还是想"假设"一下:假如没有列宁和列宁主义,俄罗斯人民和俄罗斯社会的前途命运将会是怎样的呢?假如没有毛泽东和毛泽东思想,中国人民和中国社会的前途命运将会是怎样的呢?如此等等。

作出这样的假设,意在提出以下的问题:人类社会的"史前时期"与"史后时期"的区别是什么?自在阶级与自为阶级的区别是什么?自在阶级自发创造历史与自为阶级自觉创造历史的区别是什么?

毫无疑问,提出这样的问题,对于正确认识"三大规律",即人类社会发

---

① "中国新民主主义革命"这一部分主要参照并节录了童星主编《科学社会主义的理论与实践》,南京大学出版社,2011年5月版,第224—227页。
② 《毛泽东选集》第5卷,人民出版社,1995年版,第5页。

展规律、过渡时期社会主义建设规律、共产党执政规律，是至关重要的，甚至是第一位的、前提性的重大理论问题。改革开放以来，我国哲学界日渐活跃，迸发着创新性的思想火花，丰富和发展着马克思主义的哲学思想，一些学者已经不太自觉地触摸到了这个问题，但是还没有直接地、鲜明地、正面地提出它。也正因此，对于马克思的以下论断，尽管几乎每一个人都已经背得滚瓜烂熟，然而却很少有人理解它的真谛：

哲学家们只是用不同的方式解释世界，而问题在于改变世界。①

马克思的这段话出自他的《关于费尔巴哈的提纲》，是《提纲》的第十一条，也就是最后一条。恩格斯称赞《提纲》是"包含着新世界观的天才萌芽的第一个文件"。② 这段话作为《提纲》的最后一条并不表示它的不重要，恰恰相反，它是马克思创立新世界观的目的所在，是历史唯物主义的出发点和归宿，即帮助无产阶级"改变世界"。

谈到"改变世界"，人们首先想到的是自然界，是人对自然界的认识与改造。人们也谈到对人类社会的改变，但是却从来也没有揭示自发改变与自觉改变的区别，没有对人类社会的"史前时期"和"史后时期"作出区分。如果说人们在自然界面前树立了历史唯物主义的科学自然观，那么，人们在人类社会面前却还没有真正树立起历史唯物主义的科学社会观。于是在谈到人类社会的发展变化的时候，就不可避免地陷入了这样的泛泛议论：人的行为都是有目的的；社会规律的实现要依靠人的主观能动性的发挥，等等。

人的面前有两个客观世界，一个是自然界，一个是人类社会。马克思说："社会生活在本质上是**实践的**"，而实践"**是客观的活动**"。③ 因此人类社会是人的又一客观世界。认识和改变世界，在历史唯物主义看来，基本的和主要的是认识和改变人类社会这个客观世界，或者说在改变自然界（发展社会生

---

① 《马克思恩格斯选集》第 1 卷，人民出版社，1972 年版，第 19 页。
② 《马克思恩格斯选集》第 4 卷，人民出版社，1972 年版，第 208—209 页。
③ 《马克思恩格斯选集》第 1 卷，人民出版社，1972 年版，第 16、18 页。

产力）的基础上改变人类社会，同时又在改变自然界和改变人类社会的过程中改变人自身。马克思批评费尔巴哈"不了解'革命的'、'实践批判的'活动的意义"，指出"环境的改变和人的活动的一致，只能被看作是并合理地理解为**革命的实践**"，就是为此。①

自在阶级和自为阶级在人类社会这个客观世界面前的区别，完全类似于动物和人在自然界这个客观世界面前的区别。因此，要了解"革命的"、"实践批判的"活动的意义，要了解自觉创造历史与自发创造历史的区别，应当首先从人与动物的区别开始。恩格斯写道：

> 如果说动物不断地影响它周围的环境，那末，这是无意地发生的，而且对于动物本身来说是偶然的事情。但是人离开动物愈远，他们对自然界的作用就愈带有经过思考的、有计划的、向着一定的和事先知道的目标前进的特征。动物在消灭某一地方的植物时，并不明白它们是在干什么。人消灭植物，是为了在这块腾出来的土地上播种五谷，或者种植树木和葡萄，因为他们知道这样可以得到多倍的收获。他们把有用的植物和家畜从一个国家带到另一个国家，这样把全世界的动植物都改变了。不仅如此，植物和动物经过人工培养以后，在人的手下改变了它们的模样，甚至再也不能认出它们本来的面目了。我们至今还没有发现那演化成为谷类的野生植物。我们那些彼此如此不同的狗，或者我们那些种类繁多的马，究竟是从哪一种野生动物演化而来的，始终还是一个争论的问题。
>
> 但是，不用说，我们并不想否认，动物是具有从事有计划的、经过思考的行动的能力的。……动物从事有意识有计划的行动的能力，和神经系统的发展相应地发展起来了，而在哺乳动物那里则达到了已经相当高的阶段。在英国猎狐的时候，每天都可以观察到：狐是怎样正确地运用它关于地形的丰富知识来躲避它的追逐者，怎样出色地知道和利用一切有利的地势来中断它的踪迹。……但是，一切动物的一切有计划的行

---

① 《马克思恩格斯选集》第 1 卷，人民出版社，1972 年版，第 16、17 页。

动,都不能在自然界上打下它们的意志的印记。这一点只有人才能做到。

一句话,动物仅仅利用外部自然界,单纯地以自己的存在来使自然界改变;而人则通过他所作出的改变来使自然界为自己的目的服务,来支配自然界。这便是人同其他动物的最后的本质的区别,而造成这一区别的还是劳动。①

人和动物都是自然界的产物,都是自然界的一部分,但是动物从来也不能把自己与自然界区分开来。人做到了这一点。人把自己与自然界的关系提升为主体与客体的关系,进而认识和正确运用自然规律,缓慢地但是逐步地实现人对自然界的统治,支配自然界,改变自然界,来为自己的目的服务。的确,放眼我们周围的世界,我们"再也不能认出它们本来的面目了"。我们仍然生活在自然界当中,但是我们不是生活在本来的、自在的自然界当中,而是生活在人为的、人造的自然界当中。因此,这就是动物改变自然界与人改变自然界的区别:动物对自然界的改变是无意识的、偶然的,毋宁说,这种改变就是自然界自身的自然变化;而人对自然界的改变,则是变出一个"人造自然"出来。这个人造自然决不是自然界自身变化的结果,不是的,自然界无论如何也生长不出高楼大厦来,无论如何也"结"不出汽车、飞机这样的"果实"来,它们都是人在正确认识自然规律的基础上自觉地制造出来的。自然规律没有变,但人改变了它们的表现形式和实现方式;在人类面前,自然界万物的生长不再是纯粹的"自然过程",这不仅因为人们制造出了许多新的物种,而且原有物种的生长过程也被人为地改变了,要么改变了它的时间和地点,要么改变了它的生长周期,要么改变了它的某些质或者发展方向,如此等等,总之,在人造自然中处处打上了人的意志的印记。这里所说的"人",包括资产阶级。

那么人类社会呢?人"在其现实性上,它是一切社会关系的总和"。② 在一个漫长的历史时期内,也就是在人类社会的史前期,正像动物不能把自己

---

① 《马克思恩格斯选集》第3卷,人民出版社,1972年版,第516—517页。
② 《马克思恩格斯选集》第1卷,人民出版社,1972年版,第16页。

与自然界区分开来一样,人也不能把自己与自己的社会结合区分开来,不能把自己与人类社会的关系提升为主体与客体的关系;正像动物受着自然规律的摆布和奴役一样,人也受着社会规律的摆布和奴役。人们的行动都是有目的的,但是人们所希望的目的只是作为例外才能实现,而且往往得到恰恰相反的结果;人都是具有主观意志的,但是社会的发展恰恰是一个不以人的主观意志为转移的"自然历史过程"。这个时期的人只是社会动物。人作为社会动物与自然界动物的雷同,在下面一点上得到了最有力的证明:在人类社会史前时期的最后阶段,即资本主义社会,盛行于动物界的"丛林法则"在人类社会中以更加疯狂的形式上演了。恩格斯写道:

> 斗争不仅爆发于地方的各个生产者之间;地方性的斗争已经发展为全国性的,发展为十七世纪和十八世纪的商业战争。最后,大工业和世界市场的形成使这个斗争成为普遍的,同时使它具有了空前的剧烈性。在资本家和资本家之间,在产业和产业之间以及国家和国家之间,生存问题都决定于天然的或人为的生产条件的优劣。失败者被无情地清除掉。这是从自然界加倍疯狂地搬到社会中的达尔文的生存斗争。动物的自然状态竟表现为人类发展的顶点。[1]

在人类社会的史前时期,并不是人没有主观意志和主观能动性,而是人们的"眼界完全局限于眼前事物","只研究人在生产和交换中的行为所产生的可以直接预期的社会影响",只追求"最近的、最直接的有益效果",[2] 而不了解现象背后的规律,更不了解决定社会发展的经济必然性。社会规律与人们的主观能动性"不搭界",只能在一连串的偶然性中开辟道路并实现自己,反过来,人被偶然性所支配。人们对规律的不了解,包括不愿意了解和不可能了解,即历史的局限性和阶级的局限性。例如对于资本主义必然灭亡的规律,就是资产阶级不愿意了解的,这是阶级的局限性。而在资本主义社

---

[1] 《马克思恩格斯选集》第3卷,人民出版社,1972年版,第431页。
[2] 同上,第519—520页。

会以前，任何人也不可能揭示出人类社会发展的客观规律，因为人类社会的发展尚不成熟，矛盾和规律尚未展开，这就是历史的局限性。无产阶级之所以从自在阶级上升为自为阶级，就在于它是人类社会中最后一个劳动阶级，代表着社会发展的方向，一旦掌握了马克思主义的世界观和方法论，便能够认识和了解社会规律，进而驾驭和利用这些规律来为人类服务。那么，无产阶级是怎样自觉地创造历史，改变人类社会这个客观世界的呢？

1908年，当列宁研究资本主义的最新变化，初步提出帝国主义理论和社会主义革命"一国胜利"的设想时，遭到了普列汉诺夫和考茨基等人的激烈反对，他们嘲笑列宁不懂辩证法，这就迫使列宁坐下来潜心研究辩证法的鼻祖——黑格尔的哲学，写下了著名的"伯尔尼"笔记。在这个哲学笔记中，列宁达到了这样的认识：

> 为自己绘制客观世界图景的人的活动改变外部现实，消灭它的规定性（＝变更它的这些或那些方面、质），这样，也就去掉了它的外观、外在性和虚无性的特点，使它成为自在自为地存在着的（＝客观真实的）。①

南京大学张一兵教授在谈到列宁的这一认识时写道：

> 通过实践消灭外部世界的客观规定，通过实践重新绘制客观世界图景，这是何其深刻的理论境界！在遥远的1908年，在尚处于哲学唯物主义构架中的普列汉诺夫等人那里，这是想都不敢想的问题。更重要的方面是，列宁恰恰也是在这种对实践辩证法革命能动性的深刻理解中，找到了马克思哲学思想中最关键的逻辑支撑点，并由此确认了十月革命的现实合法性：俄国的布尔什维克和无产阶级"决心以自己的行为来改变世界！"在我看来，这可能是列宁这部"伯尔尼"笔记中最具现实意义的认识成果。因为这是列宁自己面向实践的理论逻辑射线的一次重大突破，

---

① 《列宁全集》第55卷，人民出版社，1975年版，第187页。

可以说，他在黑格尔——马克思这里找到了十月革命实践的能动的辩证法指南！①

由此可见，自为阶级是这样自觉地创造历史的：通过革命实践改变外部现实，消灭它的规定性，重新绘制客观世界的图景，建造一个自在自为的新世界。正因此，社会发展就不再是一个不以人们的主观意志为转移的"自然历史过程"，相反地，是一个自为的过程。首先，无产阶级可以打断旧世界的发展进程，变更它的质，改变社会发展的方向。社会主义革命的胜利固然有赖于资本主义的一定的发展，但是对于某一个具体的国家和民族来说，完全不必要等待它发展到极端，不必让它走完自己的完整的历史过程，这一点马克思恩格斯早已指出了。其次，新世界的"图景"首先绘制在自为阶级的头脑里，然后通过实践变成自在自为的存在。换句话说，改变世界就是建构一个"人造世界"，改变社会就是建构一个"人造社会"，就像人类改变自然界就是建造一个"人造自然"那样。过渡时期社会主义，它的所有制度，政治的、经济的、军事的、文化的等等，都是无产阶级自觉地建立、设立的，而不是自发地和自然地出现的。人造社会：这就是人类社会的"史后时期"与"史前时期"的区别。

毫无疑问，无产阶级"绘制客观世界的图景"并不是随心所欲的，更不是凭空制造乌托邦，而是在批判旧世界当中发现新世界，是遵循和利用客观规律而不是违背这些规律。

同样毫无疑问的是，无产阶级"绘制客观世界的图景"并不是一劳永逸的。一方面，时代的前进和科学技术的进步不断地改变着社会主义革命和建设的条件和任务，新的条件和新的任务会向无产阶级提出新的运动目标和新的图景绘制。另一方面，历史已经证明，无产阶级的自为性并不是天生的，也不是一成不变的。如果说无产阶级在社会主义革命面前曾经是自为的，那么它在过渡时期社会主义建设面前却可能不再是自为的，而可能是盲目的或半盲目的，需要重新进行认识和探索；即使一个不大的条件变化和不大的新

---

① 张一兵：《回到列宁》，江苏人民出版社，2008 年 9 月版，第 343 页。

的任务，都需要无产阶级进行相当过程的认识和探索。

这当然并不奇怪。既然人类社会的史前时期终结于资本主义，那么资本主义社会就是一个必然王国；既然只有在共产主义社会"人们才完全自觉地自己创造自己的历史"，① 那么共产主义社会才是真正的自由王国；而从资本主义向共产主义的整个过渡时期则是人类从必然王国向自由王国的飞跃。这个飞跃本身就是一个历史的过程。一国一社会是如此，全世界、整个世界历史也是如此。在这个"飞跃"的历史过程中，相对于必然王国和自由王国来说，必定是"非此即彼又亦此亦彼的"。毕竟，"有个性的个人与偶然的个人之间的差别，不仅是逻辑的差别，而且是历史的事实。"② 无产阶级的自为性也是这样。从无产者到共产主义社会的自由人，是一个脱胎换骨的历史过程。即使到了共产主义社会，如同恩格斯所说，"由人们使之起作用的社会原因才在主要的方面和日益增长的程度上达到他们所预期的结果"，③ 那么，在无产阶级对人类社会进行改造的过程中，他们的预期目的往往不能达到，甚至遭受失败和挫折，需要反复不断地认识和探索，这又有什么奇怪呢？

然而，历史还告诉我们，无论是社会主义革命还是过渡时期的社会主义建设，当着无产阶级头脑中的那个"图景"严重脱离实际、严重违背客观规律的时候，无产阶级会付出多么惨重的代价，会支付多么巨大和高昂的社会成本，轻则成千上万的人丧失性命，重则一个社会主义阵营轰然倒塌！于是，面对自为阶级自觉创造历史的理论与实践，面对这个以经济决定论为基础的主体能动论，我们清醒地认识到：这两个方面构成了一个矛盾，这个矛盾决定着社会主义革命和建设的功败垂成。我们苦苦地思索着：如何认识这个矛盾？如何定位这个矛盾？如何解决这个矛盾？甚至，如何在文字上表述这个矛盾？

我们欣喜地发现，张一兵教授在其《回到列宁》一书中作了如下的表述：

---

① 《马克思恩格斯选集》第3卷，人民出版社，1972年版，第441页。
② 《马克思恩格斯选集》第1卷，人民出版社，1972年版，第78页。
③ 《马克思恩格斯选集》第3卷，人民出版社，1972年版，第441页。

承认经济力量是决定性前提的客体向度与强调无产阶级的革命实践创造性的主体向度之间的矛盾。①

也许他是在不经意间表述这个矛盾的，因为他既不是专门提出的，也没有给予更多的笔墨。然而毫无疑问的是，不论这个矛盾在文字上怎样表述，大力研究和正确解决这个矛盾，具有极端的重要性。可以这么说，相对于社会主义革命和建设过渡时期社会主义来说，对于这一矛盾的重要性，怎么估价也不会过高！

---

① 张一兵：《回到列宁》，江苏人民出版社，2008年9月版，第310页。

第十章 试释"两个绝不会",过渡时期的一般规律

马克思恩格斯创立的历史唯物主义是一个博大精深的理论体系。不少学者将这一理论体系中的社会基本矛盾理论——生产力与生产关系的矛盾、经济基础与上层建筑的矛盾推动着人类社会的发展,而生产力是终极的决定性因素——视为历史唯物主义的全部;还有的学者将这一理论体系概括为许多个"主要观点",除了社会基本矛盾理论外,范围有程度不同的扩展。作为一家之言,我们认为三代生产力理论、社会基本矛盾理论、社会存在决定社会意识理论经、五大社会形态理论、过渡时期理论、世界历史理论、自为阶级理论、阶级斗争和社会革命理论(迄今为止的社会革命都是暴力革命),[①] 共同架构了历史唯物主义的理论大厦。我们对历史唯物主义作这样的理解和概括,当然是为了从理论上回答本书所提出的问题:过渡时期社会主义是怎样的?怎样建设过渡时期社会主义?它的发展规律如何?而在转入对实践的考察之前,我们想试释一下马克思关于"两个绝不会"的论断,因为这个论断在今天遭遇了最严重的误读和最无耻的歪曲。

马克思说:

> 无论哪一个社会形态,在它们所能容纳的全部生产力发挥出来以前,是决不会灭亡的;而新的更高的生产关系,在它存在的物质条件在旧社

---

① 鉴于本书的任务,我们没有专门研究这一理论。

会的胎胞里成熟以前,是决不会出现的。①

自从苏东剧变、世界社会主义运动陷入低谷以来,马克思的这一论断被引用的频率最高。目的何在呢?想要说明什么问题呢?引用者虽众,却没有一个人明说。但是,他们在引用这一论断的前面或者后面,总是讲论一翻资本主义的适应力和扩张力,也就是说资本主义所能容纳的全部生产力还没有发挥出来,甚至是远远没有发挥出来,因此,他们的结论是心照不宣的:今天,资本主义是决不会灭亡的!既然如此,十月革命和中国革命是不是"搞早了"呢?现存的社会主义国家是不是"早产儿"呢?"阁下,请自己做结论、看着办吧"!这就是一些人引用上述论断的目的。

毫无疑问,这样的论调是彻头彻尾的机会主义,是反对和否定无产阶级社会主义革命的机会主义。有人在引用"两个绝不会"的同时,还引用"两个不可避免"②或者"两个必然",企图用折衷主义来掩饰机会主义。

一般地说,封建社会与(铁器)手工生产力相联系,这种手工生产力是封建社会的物质技术基础,是其所能容纳的社会生产力;资本主义社会与机器生产力相联系,机器生产力是资本主义的物质技术基础,是其所能容纳的社会生产力;共产主义社会与智能生产力相联系,智能生产力是共产主义的物质技术基础,是其所能容纳的社会生产力。进一步说,机器生产力是封建社会绝对不能容纳的生产力,一旦机器生产力取代了手工生产力,封建社会所能容纳的全部生产力也就发挥殆尽了,封建社会也就彻底地灭亡了;智能生产力是资本主义绝对不能容纳的生产力,一旦智能生产力取代了机器生产力,资本主义所能容纳的全部生产力也就发挥殆尽了,资本主义也就彻底地灭亡了。但是,资本主义作为新的更高的生产关系,恰恰出现在手工生产力的基础上,发展到一定程度的手工生产力是资本主义生产关系产生的生产力前提;共产主义作为新的更高的生产关系,恰恰建立在机器生产力的基础上,发展到一定高度的机器生产力是社会主义革命的、从而也就是建立共产主义

---

① 《马克思恩格斯选集》第2卷,人民出版社,1972年版,第83页。
② 《共产党宣言》:"资产阶级的灭亡和无产阶级的胜利是同样不可避免的。"

生产关系的生产力前提。所有这一切,不仅表现了历史的连续性,而且已经并将继续为历史事实所证明。

因此,在我们看来,马克思关于"两个决不会"的科学论断,闪烁着革命辩证法的锋芒,不会、也不可能成为机会主义的口实。因为十分明显的是:第一个"决不会"——无论哪一个社会形态,在它们所能容纳的全部生产力发挥出来以前,是决不会灭亡的——说的是旧社会形态最终和最后灭亡的生产力条件,一旦它所能容纳的生产力全部发挥出来,换句话说,一旦这种生产力被它不能容纳的新的更高的生产力所取代,旧的社会形态也就彻底地灭亡了;第二个决不会——而新的更高的生产关系,在它存在的物质条件在旧社会的胎胞里成熟以前,是决不会出现的——说的是新的更高的生产关系得以产生的物质条件,其中主要是生产力条件,这个生产力条件无疑是一把双刃剑,它一方面使新的更高的生产关系得以产生,另一方面又使旧社会形态开始瓦解、开始灭亡。把两个"决不会"结合在一起,就是一个过渡时期的问题,其中一个"决不会"是过渡时期的起点,另一个"决不会"是过渡时期的终点。马克思说的是"新的更高的生产关系"而不是"新的更高的社会形态",以此与旧的社会形态相对应;马克思在对"两个决不会"作了一句解释性说明之后,立即提到社会形态的依次更替问题,正显示了这一点。因此,"两个决不会"的科学论断,恰是马克思揭示的过渡时期的一般规律:

> 无论哪一个社会形态,在它们所能容纳的生产力发展到一定阶段,必然地会(开始局部地)导致新的更高的生产关系的出现,于是,该社会形态向新的更高的社会形态的过渡时期就开始了;在新的生产关系的保护和促进下,必然会产生新的更高的社会生产力;一旦旧的生产力被新的更高的生产力所取代,旧的社会形态就寿终正寝了,新的更高的社会形态也就出现了。

由此可见,机会主义的根本错误在于:将资本主义开始灭亡的生产力条件与最终灭亡的生产力条件混为一谈,将进行社会主义革命的生产力前提与人类进入共产主义社会的生产力前提混为一谈,或者将资本主义在一国一社会的灭亡与资本主义世界体系的灭亡混为一谈，进而否定无产阶级社会主义革命的必然性和必要性，否定人类社会早已进入了从资本主义世界体系向共产主义世界体系过渡的伟大革命时代。

对于马克思所揭示的过渡时期的一般规律，毛泽东同志给予了丰富和发展。他指出：

> 从世界的历史来看，资产阶级工业革命，不是在资产阶级建立自己的国家以前，而是在这以后。资本主义的生产关系的大发展，也不是在上层建筑革命以前，而是在这以后。都是先把上层建筑改变了，生产关系搞好了，上了轨道了，才为生产力的大发展开辟了道路，为物质基础的增强准备了条件。当然，生产关系的革命，是生产力的一定发展所引起的。但是，生产力的大发展，总是在生产关系改变以后。拿资本主义发展的历史来说，正如马克思所说的，简单的协作就创造了一种生产力。手工工场就是这样一种简单协作，在这种协作的基础上，就产生了资本主义发展第一阶段的生产关系。手工工场是非机器生产的资本主义。这种资本主义生产关系产生了一种改进技术的需要，为采用机器开辟了道路。在英国，是资产阶级革命（十七世纪）以后，才进行工业革命（十八世纪末到十九世纪初）。法国、德国、美国、日本，都是经过不同的形式，改变了上层建筑、生产关系之后，资本主义工业才大发展起来。
>
> 首先制造舆论，夺取政权，然后解决所有制问题，再大大发展生产力，这是一般规律。在无产阶级革命夺取政权以前，不存在社会主义的生产关系，而资本主义的生产关系，在封建社会中已经初步成长起来。在这点上，无产阶级革命和资产阶级革命有所不同。但是，这个一般规律，对无产阶级革命和资产阶级革命都是适用的，基本上是一致的。①

可见，在毛泽东看来，旧社会的"生产力的一定发展"引起"生产关系革命"，新生产关系的代表者"都是先把上层建筑改变了"，为生产力的大发

---

① 《读苏联〈政治经济学教科书〉的谈话（节选）》，《毛泽东文集》第8卷，第131—132页。

展开辟了道路，然后出现生产力革命（工业革命），新生产关系发展的"第一阶段"也就结束了。简言之，从封建社会向资本主义社会的过渡，先后发生了三大革命：生产关系革命——政治革命——生产力革命。生产关系革命引起旧社会形态的瓦解并开始向新的社会形态过渡，政治革命加速了这种瓦解和过渡，生产力革命则结束这种过渡并使新的社会形态出现。

广而言之，任何一个过渡时期，只有相继完成生产关系革命、政治革命和生产力革命，使新的更高的生产关系建立在新的更高的生产力的基础之上，旧的社会形态才会彻底灭亡，新的社会形态才会出现，这是过渡时期的一般规律。

从资本主义向共产主义的过渡，在合乎一般规律的同时，又具有自己的特殊性。这种特殊性是由以下两个原因造成的：第一，人类社会发展的史前时期以资本主义社会而告终，从此开始了无产阶级自觉地、能动地创造历史的新时期；第二，世界历史的形成，世界各国家各民族融为一体，必将"牵一发而动全身"。由于这两个原因，人类社会从资本主义向共产主义的过渡便表现出不同的特点和规律。首先，共产主义作为新的更高的生产关系不可能自发地产生，就像自然界不可能自然地生长出高楼大厦那样。这一点刚才毛泽东已经指出了。尽管新生产关系赖以建立的物质条件在资本主义这个旧社会的胎胞里早已成熟起来，甚至成熟到了所谓的"社会"资本主义、"人民"资本主义的地步，但是它仍然是资本主义，资产阶级"你不打，它就不倒"；无产阶级只有发动社会主义革命，在政治上打倒资产阶级，夺取国家政权，然后凭借政权的力量剥夺资本，才能建立起新的生产关系。因此，从资本主义向共产主义的过渡，不是先有生产关系革命后有政治革命，而是相反。就是说，政治革命（社会主义或新民主主义革命）——生产关系革命（社会主义改造）——生产力革命（智能生产力取代机器生产力）——共产主义社会（第一阶段），这是人类社会从资本主义向共产主义过渡的特殊规律，或者说是过渡时期社会主义的发展规律。

其次，资本主义从开始灭亡到彻底灭亡表现出不同的特征。在世界历史的条件下，即使社会主义革命在一个国家取得了胜利，那么不仅这个国家开始了从资本主义向共产主义的过渡，而且整个世界历史也开始了这种过渡，因为帝国主义世界统治的链条被截断了，资本主义世界体系的缺口被打开了，换句话说，资本主义开始灭亡了。但是，这并不是说，其他国家的资本主义也开始灭亡了，不是的，美国的资本主义没有开始灭亡，英国的、法国的、德国的、日本的资本主义也没有开始灭亡，资本主义世界体系开始灭亡是与其他资本主义国家的存在与发展并行不悖的。资本主义世界体系从开始灭亡到不断灭亡的量变过程，不仅表现在社会主义国家内部阶级力量的对比变化上，尤其表现在社会主义国家的数量变化上，从一国到多国，从少数到多数，如此等等。只有全世界最后一个国家也取得了社会主义革命的胜利，也随着生产力的发展而铲除了资本主义，我们才可以说，资本主义所能容纳的全部生产力都发挥出来了，资本主义寿终正寝了。

由此可见，人类社会从资本主义向共产主义的过渡，是一个漫长的历史过程，迄今已经近百年。今后的路程还有多远？我们不知道。但是，我们任何时候都不要忘记"革命"的意义，决不能与否定无产阶级革命的机会主义同流合污；我们尤其不要忘记生产力革命的意义，智能生产力取代机器生产力的革命在当前已呈"山雨欲来风满楼"之势，这场革命是世界历史形成以后的第一次生产力革命，它在规模和强度上将是资产阶级工业革命无法比拟的，它对全世界的革命性改变也将是资产阶级工业革命无法比拟的。在这场伟大的生产力革命过后，人类社会将步入世界大同和大同世界的胜境！

由此，我们不禁想起了黑格尔的那个著名的哲学命题：

凡是现实的都是合理的，凡是合理的都是现实的。[①]

这个闪烁着革命辩证法光芒的哲学命题，在当年"引起近视的政府的感激和同样近视的自由派的愤怒"。[②] 我们看到，在今天，马克思关于"两个决不会"的科学论断所遭遇的命运，与黑格尔哲学命题当年所遭遇的命运是何其相似啊！当代的机会主义者怀着感激的心情不厌其烦地引证它；马克思的

[①] 《马克思恩格斯选集》第 4 卷，人民出版社，1972 年版，第 211 页。
[②] 同上。

后人再三辩解却又语焉不详、无可奈何！这当然并不奇怪，因为两位思想巨人用不同的语言表述了相同的思想：一个用哲学语言，一个用经济学语言。

资本主义是现实的，正在灭亡；共产主义是合理的，正在生长。

难道不是吗？

第三部分

■ 过渡时期社会主义的实践与理论

第十一章　共产党人的艰辛探索

从十月革命胜利之日起，一个重大的时代课题，一项宏大的社会工程，就摆在了取得政权的无产阶级和共产党人面前：过渡时期社会主义是怎样的？怎样建设过渡时期社会主义？

"这是一桩书本上读不到的、历史上没有见过的新事业。"①

共产党人开始了艰辛的探索。

第一节　列宁的探索

1917年10月到1918年夏天，苏维埃政权运用"赤卫队攻击资本"，在全国范围内颁布一系列国有化法令，将地主占有的土地和大资本家占有的大企业收归国有，接着实行银行国有化，既割断了地主资产阶级复辟的财政来源，又获得了经济改革的"杠杆"，还宣布废除沙皇政府和资产阶级临时政府欠下的一切外债，实行对外贸易垄断。

但从1918年夏天起，俄国国内的反动势力（包括邓尼金、高尔察克、尤登尼奇、费兰格尔等）与协约国帝国主义者（最多时达14个国家）勾结起来，发动了反苏维埃政权的战争。战火很快吞噬了俄国3/4的国土，城市与产粮区的联系被切断，工厂因缺乏原料、燃料被迫停工，交通瘫痪，工人忍

---

① 《列宁选集》第3卷，人民出版社，1972年版，第422页。

饥受饿,每天只领到 1/8 磅面包,甚至还有完全领不到面包的日子,大批工人逃离工厂。苏维埃共和国危在旦夕! 列宁在回顾这段历史时说:"那时我们四面被封锁,被包围,与全世界隔绝,以后又与南方产粮区、与西伯利亚、与产煤区隔绝,我们无法恢复工业。那时我们必须敢于实行'战时共产主义',不怕采取非常措施,我们可以忍受半饥饿、甚至比半饥饿更坏的生活,但我们无论如何要捍卫住工农政权,尽管有闻所未闻的经济破坏和缺乏流转,我们也要捍卫住工农政权。"① 1918 年夏至 1921 年春,苏维埃政权被迫实施"战时共产主义"即"军事共产主义"政策,即以军事行动为特征,以余粮收集制为核心的社会经济政策。它的基本内容是:把全国组织成一个统一的军营,实行集中管理体制,工业原料和产品实行统一供应和分配,对主要消费品实行配给制,推广普遍的义务劳动制。当时对于新生的苏维埃政权来说,最重要的是军队与粮食。军队是粉碎 14 国武装干涉和国内反动势力叛乱的最基本条件。苏维埃政权开始组建自己的军队——红军。到 1918 年夏天,红军人数已达到 30 万;到 1920 年夏天,红军人数已超过 300 万。粮食则是当时一切物资中最重要的物资,军队需要粮食,人人需要粮食,每一粒粮食都与苏维埃共和国的生死存亡攸关,因为俄国革命是先夺取中心城市,然后向农村进军,单是断粮这一条就可以置苏维埃政权于死地。1918 年 5 月,列宁起草了《关于粮食专卖法令的要点》,决定把一切余粮收归国家所有,违者制裁。在迫不得已的情况下,列宁组织工人征粮队下乡,进行"十字军征伐"。

1921 年春,依靠战时共产主义政策,苏维埃共和国胜利地驱逐了 14 国的武装干涉,平息了国内反动势力的叛乱,但同时却发生了政治、经济危机。农业歉收固然是危机爆发的直接原因,但根本的原因在于"战时共产主义"在战争结束后人们就无法忍受了。"战时共产主义"不适合俄国当时生产力发展的状况。列宁总结"战时共产主义"政策的失误,提出了向社会主义迂回过渡的"新经济政策"。这一政策主要有两部分内容:一是实行粮食税制度,将余粮收集制改为农业货币税制,恢复粮食的自由贸易;二是实行租让制,具体包括:把一部分企业交给资本家经营;把小商人组织起来成立合作社;国家

---

① 《列宁选集》第 4 卷,人民出版社,1972 年版,第 526 页。

通过向商业资本家支付佣金的方式，让他们帮助国有企业推销产品并向小生产者收购产品；向资本家出租土地、森林和矿区。这一政策一方面允许私人资本主义进行自由贸易，另一方面运用国家资本主义的一系列原则，并且把这两方面紧密地结合起来。"新经济政策"的核心就是用粮食税代替余粮征集制，实质就是调整工农之间的关系。在国内战争时期，工、农两大阶级结成了政治军事联盟，农民从工人那里获得土地，工人从农民那里取得粮食；转变到和平时期以后，必须建立新的联盟的基础，即满足农民最迫切的经济需要。

新经济政策的实施，在很大程度上满足了农民的物质利益要求，调动了农民的生产积极性，逐步恢复了已经破产的国民经济，巩固了苏维埃政权。①

列宁在实践中进行艰难探索的同时，又及时进行理论总结，也就是运用马克思主义的基本原理，回答和解决在向共产主义过渡的过程中所遇到的各种困难和问题，短短几年时间，初步形成了过渡时期社会主义理论的框架。对于列宁首创的过渡时期社会主义理论，至今仍然是见仁见智。在我国，不少学者认为，新经济政策的实施，"标志着苏维埃俄国找到了一条适合俄国国情的社会主义建设新路子"，就像我们找到了中国特色社会主义新道路一样。这未免有失偏颇。我们并不否认，如果列宁不是过早的逝世，他完全有可能带领党和人民探索出一条成功的建设过渡时期社会主义的道路。但历史毕竟是不能假设的。不能全面地和准确地认识列宁的过渡时期社会主义理论，导致后人过多的责难斯大林，说他只把新经济政策当作一个暂时性的措施，说他过早地、当然也就是错误地结束了列宁的新经济政策，如此等等。这是不公正的。事实上，列宁的过渡时期社会主义理论深深地影响着斯大林，也影响了毛泽东。对于列宁的过渡时期社会主义理论，我们这里只指出其中相关的若干主要之点。

（一）坚持马克思对未来社会发展阶段的划分

十月革命前夜，1917年8月和9月，列宁完成了他的名著《国家与革

---

① 以上参照并节录于童星主编《科学社会主义的理论与实践》，南京大学出版社，2011年5月版，第101—105页。

命》。列宁在这部著作中主要回答无产阶级革命对待国家和民主的态度，同时又涉及到革命胜利以后的社会发展阶段问题。直到列宁逝世，他基本上坚持了马克思对未来社会发展阶段的划分，即：在资本主义社会和共产主义社会之间有一个无产阶级专政的过渡时期，共产主义社会分为低级阶段（第一阶段）和高级阶段。列宁第一次把共产主义社会第一阶段称之为"社会主义社会"，于是人们就逐渐地把过渡时期称为"从资本主义向社会主义"的过渡时期。十月革命胜利后，俄国进入了怎样的社会发展阶段？列宁和布尔什维克党回答的很明确：向社会主义过渡的阶段。列宁说："我知道我们才开始进入向社会主义过渡的时期，我们还没有达到社会主义。""我们从来没有在这方面头脑糊涂过，我们知道，从资本主义到社会主义的这条道路，是一条多么困难的道路。"①

1918年1月11日，列宁在《关于人民委员会工作的报告》中第一次把"社会主义"用于过渡时期之中。他说：

> 我们开始实行了许多摧毁资本家统治的措施。我们知道，我们的政权应该用一个原则把一切机关的活动联合起来，这个原则我们可以用一句话来表达，这就是："俄国宣布为苏维埃社会主义共和国。"这将是一个真理——它以我们将来要做的和已经开始做的事业为依据，②

"以我们将来要做的和已经开始做的事业为依据"，在政治上，"苏维埃共和国"被宣布为、被称为"苏维埃社会主义共和国"。于是，逐渐地，无产阶级"将来要做的和已经开始做的"一切事业、所有事业，都被宣布为、被称为"社会主义的"事业，"社会主义"被日益广泛地应用于过渡时期当中。这并没有什么不好，更没有什么不对。列宁把"社会主义"使用于过渡时期，他知道他改变的只是事物的名称而不是事物的本质，正如他后来所说："看来，也没有一个共产主义者否认过社会主义苏维埃共和国这个名称是表明苏

---

① 《列宁选集》第3卷，人民出版社，1972年版，第427页。
② 同上，第427—428页。

维埃政权有决心实现向社会主义的过渡，而决不是表明承认新的经济制度是社会主义的制度。"① 但是，当着斯大林宣布苏联建成了社会主义社会，也就是硬把过渡时期社会主义说成是共产主义社会第一阶段的时候，一切也就乱了套。当然这是后话。

（二）过渡时期应当把工作重心转移到经济建设上来

向社会主义过渡，也就是建立和建设过渡时期的社会主义。因此，无产阶级在取得社会主义革命的胜利以后，要不要适时地转移全党工作的重心？列宁对此给予了明确的回答。他说：

> 我们不得不承认我们对社会主义的整个看法根本改变了。这种根本的改变表现在：从前我们是把重心放在而且也应该放在政治斗争、革命、夺取政权等等方面，而现在重心改变了，转到和平组织"文化"工作上面去了。②

这里的"文化"工作是广义的文化，即过渡时期社会主义的经济和文化建设。还在1918年春，列宁就提出了《关于苏维埃政权当前任务的提纲》，被称为苏维埃政权进行和平建设的纲领。但是，同年夏，国内阶级敌人勾结国际帝国主义发动了反苏维埃的战争，布尔什维克党不得不把一切部门和一切工作重新转回到适应战争的轨道上去，实施"战时共产主义"。1920年初，红军击败了高尔察克和邓尼金的叛乱，苏维埃俄国又一次赢得短暂的和平喘息的时机。列宁立即抓住机遇，把一部分正规军改编成劳动军，转移到经济战线上；工农国防委员会改组成劳动国防委员会；一大批原来被派到前线去的共产党员又调回到原先的生产岗位。俄共（布）九大也指出，由国内战争转移到和平建设的新时机已经到来，党的任务是把无产阶级所能集中的一切力量都投到经济建设的和平任务上去，投到恢复被破坏了的生产的任务上去。

---

① 《列宁选集》第3卷，人民出版社，1972年版，第540页。
② 《列宁选集》第4卷，人民出版社，1972年版，第687页。

但是，反动势力还要做最后的挣扎，战争一度又激化起来，列宁原先制定的和平建设计划再次受阻。① 1920 年底，列宁在回忆几次工作重心转移的曲折历程时说："1918 年 4 月在全俄中央执行委员会开会以前我曾经说过：我们的军事任务似乎就要结束了，我们不仅说服了俄国，不仅为劳动者把它从剥削者手中夺了过来，并且我们现在应当过渡到管理俄国从事经济建设的任务。……我们曾经几次做过这种尝试：1918 年春季是一次，今年春季当劳动军问题实际上已经提出的时候又比较大规模地做过一次。现在我们必须再一次把这种过渡提到首位，并尽一切力量来实现。"②

只是在"战时共产主义"结束后实行"新经济政策"时，党和政府才真正把工作重心转移到了经济建设上来。但是列宁所阐述的工作重心转移的思想，对于建设过渡时期社会主义具有普遍的指导意义，在科学社会主义史上占有极其重要的地位。

（三）过渡时期社会主义的本质

列宁的过渡时期社会主义的本质观，可以由他的一句名言来概括："社会主义就是消灭阶级"。他说：

> 社会主义就是消灭阶级。
>
> 为了消灭阶级，第一就要推翻地主和资本家。这一部分任务我们已经完成了，但这只是一部分任务，而且不是最困难的那部分任务。为了消灭阶级，第二就要消灭工农间的差别，使所有的人都成为工作者。这不是一下子能够办到的。这是一个无比困难的任务，而且必然是一个长期的任务。这个任务不能用推翻哪个阶级的办法来解决。要解决这个任务，只有把整个社会经济在组织上加以改造，只有从个体的、单独的小商品经济过渡到公共的大经济。这样的过渡必然是非常长久的。③

---

① 参见童星主编《科学社会主义的理论与实践》，南京大学出版社，2011 年 5 月版，第 113 页。
② 《列宁全集》第 31 卷，人民出版社，1958 年版，第 377—378 页。
③ 《列宁选集》第 4 卷，人民出版社，1972 年版，第 89 页。

马克思把过渡时期称为"政治上的过渡时期",所以列宁在表述自己的过渡时期社会主义本质观时,不免带有浓重的"政治"色彩,或者说他用政治来表述自己的本质观。消灭阶级,包括消灭剥削阶级、消灭工农差别两个方面,这在基本上是正确的、科学的。("在基本上"的原因,本章第三节再谈)。问题在于,列宁的这个本质观,后来有没有发生变化,哪怕是"稍微"的变化呢?我们认为这是一个可以探讨的问题,因为列宁在逝世前口述的《论合作制》一文中这样说道:

> 现在我们有理由说,在我们看来,单是合作社的发展就等于……社会主义的发展,因此我们不得不承认我们对社会主义的整个看法根本改变了。①

列宁的这段话除了前面所说的工作重心的根本改变之外,是否还涉及他的过渡时期社会主义本质观呢?我们知道,苏维埃政权对待旧合作社的态度开始是把它视为"国家资本主义的一个变种",经过对旧合作社进行改造以后,现在,"单是合作社的发展就等于社会主义的发展",正因此,列宁"对社会主义的整个看法根本改变了"。合作制,合作企业,这与社会主义国有企业毕竟是有区别的,"因为合作企业是集体企业"。② 尽管如此,列宁紧接着说,当时苏维埃政权面前摆着两个划时代的主要任务,第一个主要任务是改造旧的国家机关,第二个任务"就是在农民中进行文化工作。这种在农民中进行的文化工作,其经济目的就是合作社。有了完全合作化的条件,我们也就在社会主义基地上站稳了",而只要实现了完全的合作化,"我们的国家就能成为完全的社会主义国家了"。③ 如果说这个"完全的社会主义国家"就是完全的社会主义社会,就是共产主义社会的第一阶段,那么就不能不承认列

---

① 《列宁选集》第4卷,人民出版社,1972年版,第687页。
② 同上,第686页。
③ 同上,第687—688页。

宁的"本质观"发生了"稍微"的变化，因为农民的"完全合作化"即是集体化，与社会主义国有企业化（工业化）毕竟是有区别的，就是说，工农差别是存在的。换句话说，在消灭剥削阶级但存在工农差别的情况下，也可以认为"建成"了社会主义社会，即进入了共产主义社会第一阶段。如果这种看法成立，那么，斯大林 1936 年宣布"建成"社会主义也就不足为怪了，就有其"列宁主义"的渊源了。

（四）发展商品经济，利用资本主义建设社会主义

在包括战时共产主义在内的"直接过渡"时期，列宁对商品、货币持否定态度，认为"货币是昨天的剥削的残余"，[①] "俄共将力求尽量迅速地实行最激进的措施，来准备消灭货币"，[②] "苏维埃政权现时的任务是坚定不移地继续在全国范围内用有计划有组织的产品分配来代替贸易。"[③] 在这个时期，列宁特别强调"为建立全民计算和监督而斗争的意义"，认为"没有一个使千百万人在产品的生产和分配中最严格遵守统一标准的有计划的国家组织，社会主义就无从设想"。[④] 而实践证明，直接过渡是行不通的。列宁认识到了这一点，他说：我们原来打算"直接用无产阶级国家的法令，在一个小农国家里按共产主义原则来调整国家的生产和产品分配。现实生活说明我们犯了错误。"[⑤] "我们现在正用'新经济政策'来改正我们的许多错误，我们正在学习怎样在一个小农国家里进一步建设社会主义大厦而不犯这些错误。"[⑥] 在《论黄金在目前和社会主义完全胜利后的作用》一文中，列宁对商品、货币关系的作用作了重要论述，认为商业是千百万小农与大工业之间发生联系的唯一可能的经济纽带，抓住了这个环节，就能在将来掌握整个经济建设的链条。当然，列宁这时仍旧将商品、货币关系作用的时间和空间严格局限在"新经

[①] 《列宁选集》第 3 卷，人民出版社，1972 年版，第 838 页。
[②] 同上，第 769 页。
[③] 同上，第 768 页。
[④] 同上，第 545 页。
[⑤] 《列宁选集》第 4 卷，人民出版社，1972 年版，第 571 页。
[⑥] 同上，第 571 页。

济政策"这个"退却"的时期之内,一旦重新转入进攻,还是要尽快消灭它们的。

如果说在商品、货币关系上列宁的思想带有较大的历史局限性,那么在国家资本主义的问题上列宁则表现出了无产阶级革命家和理论家的远见卓识。他指出:"通过国家资本主义走向社会主义;否则,你们就不能达到共产主义,否则,你们就不能把千百万人引向共产主义。"① 列宁认为,"国家资本主义,就是我们能够加以限制、能够规定其活动范围的资本主义,这种国家资本主义是同国家联系着的,而国家就是工人,就是工人的先进部分,就是先锋队,就是我们。"②

关于过渡时期社会主义制度下的国家资本主义问题,马克思没有来得及研究,人们不可能从马克思那里找到过渡时期国家资本主义的确切文字和明确指示。列宁面对着社会主义革命和胜利后建立、建设过渡时期社会主义的迫切任务,所以有可能研究并回答这个问题。十月革命前,列宁就说过,资本主义国家的国家资本主义是"社会主义的最完备的物质准备,是社会主义的入口"。十月革命后,1918年5月,列宁在《论"左派"幼稚性和小资产阶级性》一文中指出:国家资本主义高于小商品经济,是社会主义经济的助手。1921年4月,列宁在《论粮食税》一文中,又根据新的实践发展了这些思想,并提出了国家资本主义的若干具体形式,如租让、代销、租借等。他还进一步指出:"苏维埃政权'培植'租让制这种国家资本主义,就是加强大生产来反对小生产,加强先进生产来反对落后生产,加强机器生产来反对手工生产"。③

我们需要记住的是,过渡时期的社会主义国家"培植"或者"引进"资本主义,或者说实行国家资本主义政策,是因为资本主义具有先进性;而资本主义的先进性是相对于小生产、手工生产而言的,是相对于大量的、普遍存在的小农经济而言的。

---

① 《列宁选集》第4卷,人民出版社,1972年版,第572页。
② 同上,第627页。
③ 同上,第520页。

(五) 整个过渡时期的"短暂"性

还在十月革命的前夜,列宁就在《国家与革命》中把过渡到社会主义社会作为"目前政治上的迫切问题"提了出来。他说:"目前政治上的迫切问题:剥夺资本家,把全体公民变为一个大'辛迪加'即整个国家的工作人员和职员,并使整个辛迪加的全部工作完全服从真正民主的国家,即工农兵代表苏维埃的国家"。① 之所以说列宁所说的不是开始向社会主义过渡而是直接过渡到社会主义,是因为列宁把共产主义社会第一阶段理解为"全体公民都成了一个全民的、国家的'辛迪加'的职员和工人"。② 列宁还认为,在许多最先进的资本主义国家,人人都识字,千百万人已经在邮局、铁路、大工厂、大商业企业、银行等等社会化的、巨大复杂的机构里"受了训练而养成了遵守纪律的习惯",在这种经济前提下,完全有可能在推翻了资本家和官吏之后,"在一天之内"过渡到社会主义。③ 后人将列宁的这一思想称为"直接过渡"。毫无疑问,"直接过渡"的时间将是十分短暂的。

的确,在实行迂回过渡的新经济政策之前和之后,列宁都讲过这样的话:过渡时期"必然是非常长久的"、"长期的"、"整整一个历史时代",等等。但是,这个"长久",这个"时代",究竟有多长呢?列宁的回答是:最少也要一二十年。

例如,1921 年 11 月 5 日,列宁在《论黄金在目前和在社会主义完全胜利后的作用》一文中认为,在社会主义完全胜利后,黄金不再是货币,人们会用黄金修公厕。但是,"要做到这一点,我们还应当像 1917—1921 年那样紧张、那样有成效地再干它一二十年,不过规模要大得多。"④

再如,1923 年 1 月 6 日,列宁在《论合作制》一文中说:"为了通过新经济政策使全体居民个个参加合作社,还须经过整整一个历史时代,在最好

---

① 《列宁选集》第 3 卷,人民出版社,1972 年版,第 255 页。
② 同上,第 258 页。
③ 同上,第 257 页。
④ 《列宁选集》第 4 卷,人民出版社,1972 年版,第 578 页。

的情况下,我们度过这个时代也要一二十年。"①

由此可见,列宁对整个过渡时期的估计是短暂的,从十月革命胜利到进入共产主义社会第一阶段,大约二十年左右就可以了。不少学者认为新经济政策是列宁的一项长期政策,甚至认为列宁找到了一条适合俄国国情的成功道路,我们认为是不正确的。快速过渡,最好直接过渡,始终是列宁的主导思想。列宁在1921年11月5日写道:

> 我们已经退向国家资本主义了。但我们的退却是有限度的。现在我们正退向国家调节商业。但我们的退却是有限度的。现在已经有些迹象可以使人看到退却的终点了,可以使人看到我们停止退却的时间已不太远了。这次必要的退却愈自觉,愈协调,成见愈少,那么,停止退却就会愈快,而我们胜利的前进运动就将愈稳固、愈迅速、愈壮阔。②

由此可见,斯大林在1928年宣布结束新经济政策,同样具有"列宁主义"的渊源。

第二节 "斯大林模式"

列宁1924年初逝世后,苏联继续贯彻他的"新经济政策",国民经济获得长足发展。20年代末,斯大林认为向资本主义全面进攻的条件已经成熟,因此应当终结新经济政策,实施向资本主义全面进攻的方针。斯大林在联共(布)十五大上号召:"扩大和巩固我们城乡国民经济一切部门中的社会主义经济命脉,采取消灭国民经济中的资本主义成分的方针。"③ 显然,这已将锋芒直指"新经济政策"时期发展起来的多种经济成分。

---

① 《列宁选集》第4卷,人民出版社,1972年版,第684页。
② 同上,第581页。
③ 《斯大林全集》第10卷,人民出版社,1954年版,第256页。

1928年，苏联正式放弃了"新经济政策"，代之以大规模工业化和农业集体化政策，并开始实施第一个五年计划。首先，将几乎所有工业企业收归国家所有，在工业领域内实行单一的全民所有制及国家直接经营；有步骤的立项、上马了一大批重点工程，其中几乎全部是重工业工程，如马格尼托戈尔斯克钢铁厂、第聂伯河水电站、古比雪夫电站等等；为此，已先行设置了苏联国家计划委员会，对全国经济实行集中指令控制，以保证工业化计划的实现。其次，强制性实施农业集体化方针。归村并屯，建立集体农庄，将所属土地连成一片，实行土地集中、生产经营集中、管理集中并有计划地发展大规模机耕；集体农庄的生产任务及指标，也由国家计划下达并加以控制；集体农庄主席可由庄员选举产生，但必须经上级党政领导机构承认，亦可由上级直接任命，后来直接任命成为主要形式。这样，国家农业生产的计划指标和人事任命制度，使农庄的集体所有性质国家化，从而有效地控制了集体农庄，控制了农业资源，以服从于并服务于加速国家工业化—重工业化的需要。再次，对商业实施社会主义改造。在城市，大部分商店都实现了国营—全民化；在乡村，与农业集体化运动相联系，兴办了大量的集体商业；1933年，斯大林下令取消了农民自愿组成的供销合作社、信贷合作社等集体性质的商业、金融业，代之以半官办、同时也受行政系统控制的农村集体商业。经过对商业的社会主义改造，苏联城乡商业基本上呈现为"全民—集体"二元结构，仅有极少数经过批准、仅经营日用小商品的个体商业在人口稀疏的边远地区仍然存在。

　　1936年斯大林宣布，由于苏联第一个五年计划的顺利完成和工业化计划的深入推进，以及农业集体化的实现，使苏联的经济基础发生了深刻变化，苏联的经济实力大大增强，苏联已经初步成为一个工业化国家；苏联人民的生活和社会关系也发生了巨大变化，苏联已基本建成即实现了社会主义社会。同年，苏联制定并颁布了第一部《苏联宪法》，以最高立法的形式肯定了斯大林的这一宣布，确立了苏联模式的基本框架和内容。①

---

① 以上节录于童星主编《科学社会主义的理论与实践》，南京大学出版社，2011年5月版，第134—135页。

斯大林开创的过渡时期社会主义建设的道路和制度，后人称为"苏联模式"或者"斯大林模式"，其基本经济特征是：

> 所有制结构，实行纯粹的公有制，建立了全民和集体两种公有制形式，不允许非公有制经济成分存在；经营结构，实行产品经济，排斥商品货币关系，试图超越商品经济充分发展阶段，从自然经济半自然经济直接过渡到产品经济阶段；经济体制，实行单一的计划经济，依靠行政指令办法管理国民经济，排斥市场调节，不要经济杠杆，把指令性计划当成社会主义计划经济的唯一标志；分配制度，对个人消费品实行按劳分配，但这一分配原则在实践中并未得到很好的贯彻执行，在广大干部和职工中实行低薪制，具有严重的平均主义倾向，后来对少数高级干部和部分科技人员实行高薪制，逐渐形成了一个高薪阶层，这些人享有特权，成为苏联模式的掘墓人；管理体制，实行所有权和经营权的统一，认为国家直接管理企业才是社会主义公有制，从而出现群众吃企业、企业吃国家的"大锅饭"的局面，使企业缺乏活力；发展道路，为实现从落后的农业国变为先进的工业国，通过优先发展重工业的方式实现社会主义工业化。[①]

斯大林模式最大的历史性贡献，就在于它迅速增强了苏联的综合国力，使世界上第一个和唯一一个社会主义国家在强敌环侍中立于不败之地，既经受了帝国主义战争威胁的考验，又经受了帝国主义大规模侵略战争的考验，在帝国主义和无产阶级革命的时代高高举起了一面鲜红的社会主义大旗，鼓舞着全世界的无产阶级、一切被压迫民族和被压迫人民。

斯大林模式的社会主义性质是毋庸置疑的。"军事共产主义"是在战争条件下、在非常历史时期的过渡时期社会主义模式；"新经济政策"是和平建设时期的过渡时期社会主义模式；"斯大林模式"则是在帝国主义战争威胁之下

---

① 李慎明主编《世界社会主义跟踪研究报告（2010—2011）》，社会科学文献出版社，2011年3月版，第105页。

的、特殊历史时期的过渡时期社会主义模式。如果说"新经济政策"模式否定了"军事共产主义"模式，那么，"斯大林模式"则否定了"新经济政策"模式，是对"军事共产主义"模式的否定之否定，在更高的形式上复活了、再现了"军事共产主义"模式。它们都具有历史的必然性和合理性，都是不同历史条件下的过渡时期社会主义模式。今天，现存社会主义国家的改革或革新，又在否定着"斯大林模式"，又在更高的形式上复活着、再现着"新经济政策"模式，这又是一个否定之否定。这是历史的螺旋式前进，是过渡时期社会主义的波浪式发展。

"斯大林模式"在本质上是建设过渡时期社会主义的模式，斯大林所建立的苏联社会主义制度在本质上是过渡时期的社会主义制度；同时，它还是在特殊的历史时期、特殊的历史条件下所形成的模式和制度。十分可惜的是，伟大的马克思列宁主义者斯大林对此陷入了极大的盲目性，既不了解它的本质，又不认识它的特殊性；相反地，他认为这就是马克思所说的共产主义社会第一阶段，并且只能是这样一个统一的固定的模式。在他看来这个模式是既不可以变动的，又是其他社会主义国家必须照抄照搬的；谁不严格遵循这个模式，谁就是离经叛道，就要受到无情的打击。斯大林之后的苏共领导人也坚持大体相同的观点和态度。

由此而来的是斯大林的社会主义观。既然斯大林是在特殊的历史时期和特殊的历史条件下开辟社会主义道路的，那么他的社会主义观就难免带有左的倾向，也就是急于求成，甚至超越生产力发展阶段；既然斯大林是在完全没有先例可循的情况下开辟社会主义道路的，那么他的社会主义观就难免带有教条主义的倾向，也就是教条主义地对待科学社会主义理论，甚至完全按照马克思恩格斯关于共产主义社会第一阶段的设想来塑造苏联的过渡时期社会主义，例如实行产品经济而排斥商品经济，实行计划经济而排斥市场经济，纯粹的公有制和"按劳分配"等等。斯大林左的、教条主义的社会主义观的集中体现，在于他的一国建成社会主义的理论。这个理论对于科学社会主义的科学性的颠覆是严重的，影响是深远的。

第三节 "社会主义一国建成论"批判

　　1925年春夏之际，苏共党内在苏联革命的前途问题上发生了争论，出现了以季诺维也夫和加米涅夫为首的"新反对派"。1926年，"新反对派"与以托洛茨基为首的"老反对派"合流，形成了所谓"联合反对派"，挑起了列宁逝世前后第三次大争论。反对派一方的理论旗帜就是发展了的托洛茨基的"不断革命论"。托洛茨基认为，列宁仅仅是断定并且实践了在帝国主义条件下，因各国经济政治发展不平衡的绝对规律，社会主义革命可以在一国或几国首先获得胜利，但这并不意味着可以在一国内完全建成社会主义。在帝国主义的包围之中，在俄国这样落后的国家内，要完全建成社会主义是不可想象的，也是不现实的。他认为苏联社会主义的建成依赖于欧洲发达国家社会主义革命的胜利，如果没有欧洲乃至世界社会主义革命的爆发，苏联一国的社会主义是站不住脚的。他断言："休想革命的俄国能在保守的欧洲面前站得住脚"，先进国家的无产阶级革命如果推迟几十年，苏联就"注定要垮台"。以斯大林为代表的苏共党内绝大多数人的理论旗帜是"社会主义一国建成论"。他们认为，革命胜利了的比较落后的国家能否一国建成社会主义，这是列宁在十月革命后一直思考和探索的问题，直到1923年，列宁经过实践和理论的考察，终于在《论合作制》一文中断言：俄国具备"建成社会主义社会所必需而且足够的一切"，作为这一切条件的基础，就是工农联盟。因此，社会主义一国建成的理论被认为是列宁的理论。斯大林团结带领党内绝大多数同志起而捍卫列宁的"社会主义一国建成论"，他指出：在资本主义包围下的苏联，一国有没有可能建成社会主义？有！不仅可能，而且必要，并且不可避免！

　　应当说，进行这场争论并且取得胜利，对于坚定苏联党和人民的社会主义信念，鼓舞党和人民胜利地开展社会主义革命和建设，进一步巩固无产阶级专政的苏维埃政权，具有重大而积极的意义。正如斯大林所说：

"没有前途,没有既已开始建设社会主义经济就能把它建设成功的信心,我们就不能建设。没有明确的前途,没有明确的目标,党就不能领导建设。"

"没有我国建设的明确前途,没有建成社会主义的信心,工人群众就不能自觉地参加这种建设,他们就不能自觉地领导农民。没有建成社会主义的信心就不能有建设社会主义的意志。"

"谁企图缩小我国建设的社会主义前途,谁就是企图打消国际无产阶级对我国胜利的希望;而谁打消这种希望,谁就是违背无产阶级国际主义的起码要求。"①

但是应当指出,必须把这场争论的内容和形式区分开来,不作区分,或者看不出二者的区别,就是在理论上走进误区的根源。这场大争论的实际内容是:在帝国主义的包围之下,在欧洲先进国家的无产阶级不能发动、或者推迟发动革命的情况下,在如此严峻的国际环境中,苏维埃社会主义共和国能否站住脚?无产阶级专政的国家政权能否守得住、能否得到巩固?说得通俗些:会不会垮台?托洛茨基回答得很明确:"注定要垮台!"斯大林的回答同样很明确:不,不会垮台,我们一定能够成功,一定能够使社会主义祖国立于不败之地。显然,这是一个类似于"红旗还能打多久"的问题。然而,这样一个实际问题却被以"社会主义能否在一国建成"的理论问题的形式提了出来。应当说这是两个完全不同的问题,至少是存在重大差别的问题。人类在何种条件下才能进入共产主义社会?这涉及到历史唯物主义和科学社会主义的一系列基本理论,它与"苏维埃政权在帝国主义的包围下能否存在与发展"的问题,不是一个重量级别的问题,更不是同一个问题。

之所以出现这种"问题混同"的情况,是由当时的特殊的理论背景造成的。除了"反对派"首先以这种形式提出挑战外,我们知道,列宁在十月革命前夜的《国家与革命》中第一次把共产主义社会第一阶段称之为"社会主义社会",于是在理论上,向共产主义过渡便成了"向社会主义过渡";十月

---

① 《斯大林全集》第8卷,人民出版社,1975年中文1版,第248—249页。

革命胜利后，列宁开始秉持的是"直接过渡论"，后来虽然主张"迂回过渡"，但仍然认为过渡时期是十分短暂的，20年而已。顺便指出，在斯大林看来，共产主义社会第一阶段会有多长时间呢？他回答得很明确：10—15年。斯大林在1939年就提出了向共产主义社会高级阶段过渡的问题。想想看吧，在人类社会的长河中，一二十年算得上什么呢？它们还能被称之为"阶段"吗？所有这些都说明：第一，急于求成，快速过渡，是当时苏联共产党内的主流思想，主流理论；第二，从列宁到斯大林，在对于过渡时期的认识上，在对于共产主义社会第一阶段的认识上，为"热情的浪潮所激励"，在很大程度上失去了科学性，陷入盲目性。正因为如此，"建成"社会主义，迅速进入共产主义，成为十月革命后党和人民眼前的"迫切"任务，成为唾手可得的目标，于是，一个在科学社会主义上十分重大、十分严肃的理论问题被变成了一个实实在在的"实际"问题。

1936年，斯大林宣布苏联建成了社会主义，他说："我们已经基本上实现了共产主义第一阶段，即社会主义。大家知道，共产主义第一阶段的基本原则是'各尽所能，按劳分配'这一公式。我们的宪法是不是应当反映社会主义已经争取到了这一事实呢？我们的宪法是不是应当以社会主义已经争取到了这一事实为基础呢？完全应当。"①

那么，苏联建成的社会主义，建成的共产主义社会第一阶段，是怎样的呢？斯大林说：

> 我们苏联社会，是社会主义社会，因为工厂、土地、银行、运输工具的私有制已被取消，而代之以公有制。……这个社会的基础就是公有制：国家的即全民的所有制以及合作社——集体农庄的所有制。②
>
> 在工业方面已经没有资本家阶级了。在农业方面已经没有富农阶级了。在商品流转方面已经没有商人和投机者了。因而，所有的剥削阶级

---

① 《斯大林选集》下卷，人民出版社，1980年版，第399页。
② 《斯大林文集（1934—1952）》，人民出版社，1985年版，第91—92页。

都消灭了。①

苏联的工业"现在建立在丰富的现代新技术的基础上，十分发达的重工业以及更发达的机器制造业的基础。而最主要的，就是资本主义已经从我国工业范围中完全驱逐出去了，社会主义的生产形式现在是在我国工业中独占统治的体系"。②

由此可见，两种形式的公有制，消灭了剥削阶级但存在着工农差别，机器大工业，还有众所周知的"计划经济"、"按劳分配"等等，这就是苏联建成的共产主义社会第一阶段，即社会主义社会。根据这样的标准，后来的社会主义国家几乎都宣称或者默认自己"建成"了社会主义社会。

但是，这就是马克思所说的共产主义社会第一阶段吗？

提出这个问题，正确回答这个问题，是绝对必要的。首先是理论的需要。科学社会主义是一个逻辑严谨、具有理论的科学性和彻底性的学说，容不得"指鹿为马"。其次是现实的需要。当前现存社会主义国家的改革或革新，无一不在扬弃着"斯大林模式"，最显著的经济特征是国家资本主义大量存在和市场经济，不再符合过去的"标准"，人们还可以称为"社会主义社会"吗？是前进了还是倒退了？需要回答。值得注意的是，在当今的理论界流行着这样一种观点，他们认为马克思恩格斯既没有经历过社会主义革命和建设的实践，又完全没有想到社会主义革命首先在经济文化落后的国家取得胜利，因此他们创立的"科学社会主义"的科学性是大打折扣的，而相反地，列宁和斯大林在相对落后的俄国亲自领导了社会主义革命和建设的实践，因此他们的"社会主义一国建成论"的"光辉思想"必然是对科学社会主义的"重大贡献"、"继承和发展"。作为国家社会科学基金项目的《斯大林社会主义思想研究》一书就秉持这样的观点。

1936年苏联建成的是共产主义社会第一阶段吗？"一国建成论"是正确的吗？

---

① 《斯大林选集》下卷，人民出版社，1980年版，第394页。
② 同上，第393页。

回答都是否定的。

谁都知道，资本主义社会经历了自由竞争阶段和垄断阶段，这两个阶段都是资本主义社会的不可分割的组成部分，同属于一个资本主义社会形态。那么，马克思在《哥达纲领批判》中将未来的共产主义社会区分为两个阶段，低级阶段和高级阶段，这是不是说，两个阶段都是共产主义社会的不可分割的组成部分，同属于一个共产主义社会形态？十分明显，是这样的。

根据马克思恩格斯所揭示的人类社会发展的规律，与资本主义社会相比，共产主义社会是新的更高的社会形态。那么，什么是新的更高的社会形态呢？一般地说，撇开社会的其他方面不谈，单从经济形态来看，与旧的社会经济形态相比，第一要有新的更高的生产关系，第二要有新的更高的社会生产力。这种认识是不是正确的呢？毫无疑问，站在历史唯物主义的立场上看问题，这种认识是正确的。

我们就来看一看苏联1936年建成的"社会主义"。当时苏联的生产关系是两种公有制形式并存，我们先看国家公有制。与资本主义私有制相比，苏联的社会主义国家公有制是不是新的更高的生产关系？回答是肯定的，是新的更高的生产关系。但这只是一个方面的比较。另一方面，与共产主义的社会公有制相比又如何呢？十分显然，国家公有制与社会公有制具有相同的"质"，是同一性质即共产主义性质的所有制。但是与社会公有制相比，国家公有制还带着"国家"的甲壳，还是一条"幼虫"，还是不成熟、不够格的社会公有制，简言之，它是过渡时期的共产主义公有制或者说社会主义公有制。我们还没有说到"低一级"的集体公有制。在共产主义社会只有社会公有制，没有第二种所有制，没有集体公有制。集体公有制只能是过渡时期的社会主义公有制，这是显而易见的。

再看生产力。斯大林说："我国已经不再有，或者几乎不再有使用落后技术装备的旧工厂和使用古老农具的旧农户了。目前，我们工农业的基础是现代的新技术装备。可以毫不夸大地说，从生产的技术装备来看，我国是比其他任何国家都先进的国家。"[1] 就算是这样吧，但毕竟还是机器生产力，与资

---

[1] 《斯大林文集（1934—1952）》，人民出版社，1985年版，第247页。

本主义社会的机器生产力没有任何的不同，都是第二代生产力。在那个时候，智能化、自动化生产力在全世界连一点影气也没有。所以，与当时资本主义国家的生产力相比，苏联的生产力肯定不是新的更高的社会生产力。

一方面是不成熟、不够格、正在发育之中的社会公有制和集体公有制，另一方面是机器生产力，甚至还大量存在着手工生产力，它们能够构成比资本主义经济形态新的更高的经济形态吗？这样的社会能够是比资本主义社会形态新的更高的共产主义社会形态吗？回答是否定的。正确的回答只能是：这是过渡时期的生产方式，是过渡时期社会主义，就像历史上的工场手工业，一方面是资本主义生产关系，另一方面是手工生产力，只能是过渡时期资本主义那样。

那么，共产主义社会的生产力，比机器生产力新的更高的生产力是怎样的呢？我们已经指出，它是智能化、自动化生产力，是第三代社会生产力。

我们十分清楚地知道，当我们说马克思恩格斯已经预见到第三代生产力，三代生产力理论是马克思恩格斯的理论的时候，会有许多读者和更多的理论家认为我们是在牵强附会，是在把我们自己的想法强加给马克思恩格斯。我们不想争辩。我们希望他们自己去读懂马克思和恩格斯。我们在这里只想指出一点：在马克思和恩格斯刚刚成为马克思主义者的时候，他们合写了一本书，叫作《德意志意识形态》，在这部鸿篇巨制中，两位思想巨匠多次提到四个字："消灭劳动"。我们想问一问，有谁敢说他们不懂得这四个字的含义？他们还说：只有消灭劳动，人类才能进入共产主义社会；只有消灭劳动，无产者才能成为共产主义社会的自由人。因此，不懂得"消灭劳动"的含义的只能是他们的敌人或者后人，包括那些怀疑马克思恩格斯三代生产力理论的人。

列宁和斯大林这两位社会主义革命和建设的伟大实践家，他们最大的理论失误，就在于把机器生产力误认作是共产主义社会的物质技术基础，这集中体现在列宁的一句名言上："共产主义就是苏维埃政权加全俄电气化。"殊不知，在机器生产力的基础上是不可能建造出共产主义社会来的，可能建造的只能是过渡时期社会主义，因为对于共产主义社会这个新的更高的社会形态来说，机器生产力不过是旧的落后的生产力。

由此可见,"社会主义一国建成论"离开生产力的发展阶段来谈论人类社会的发展变化,离开生产力的"升级换代"来谈论社会形态的更替,这就从根本上违背了历史唯物主义,从根本上颠覆了科学社会主义的科学性。

有必要谈一谈过渡时期社会主义的本质观,这有助于我们进一步认识过渡时期社会主义的发展规律。列宁认为:社会主义就是消灭阶级。这是完全正确的、科学的。列宁认为,消灭阶级就是消灭剥削阶级,就是消灭工农差别。这在基本上是正确的、科学的。斯大林虽然多次讲到共产主义社会是一个无阶级的社会,但是他割裂了共产主义社会第一阶段和高级阶段同属于一个社会形态的关系,在仍然存在阶级差别的1936年就宣布苏联进入了共产主义社会第一阶段,就结束了过渡时期,这样,我们就有理由认为他的过渡时期社会主义本质观就是"消灭剥削阶级",这样的"本质观"在基本上是不正确、不科学的。

这是为什么呢?这是因为列宁和斯大林的"本质观"不符合马克思恩格斯的"本质观",从马克思恩格斯的"本质观"后退了,降格了,从而表现出理论的不彻底性和非科学性。固然,在马克思和恩格斯那里,既没有"过渡时期社会主义"这个概念,也没有文字表述过自己的"过渡时期"本质观,但是,他们一生坚称在整个过渡时期必须始终坚持无产阶级的革命专政,坚称共产主义社会是没有阶级存在的社会,因此,我们可以认为他们的过渡时期社会主义的本质观就是"消灭阶级",从而列宁关于"社会主义就是消灭阶级"的表述是正确的和科学的。但是,在马克思恩格斯看来,消灭阶级不仅要消灭剥削阶级,不仅要消灭工农之间的阶级差别,而且还要消灭无产阶级自身,所以列宁的"本质观"只能"在基本上"是正确的和科学的。有人把消灭工农差别与完全消灭阶级混为一谈,认为在社会主义国家随着工农差别的消失,大家都成了无产阶级,也就不再是阶级,也就是完全消灭了阶级。上个世纪60年代苏联共产党就秉持这种观点,所以就宣布自己是"全民国家"、"全民党"。这是完全错误的。从理论上讲,在机器生产力的基础上就可以消灭工农差别。当着机器大生产完全改造了农业,工农差别也就消失了。工业工人与农业工人的差别不是阶级差别,就像重工业工人与轻工业工人的差别不是阶级差别一样。由此可见,在从资本主义社会向共产主义社会过渡的历史时期,或者说在过渡时期社会主义的自身发展过程中,必然会出现这样一个阶段,在这个阶段上,某些社会主义国家只剩下一个阶级,即无产阶级,此外不再有别的阶级。这是正在消亡中的无产阶级,但它仍然是一个阶级。之所以如此,是因为,第一,它仍然是国际无产阶级的一部分,肩负着解放全人类的历史使命,不到这个使命完成是不会作为一个阶级消灭的;第二,从经济状况来说,它的相当一部分成员仍然必须劳动,仍然被禁锢在物质生产过程之中,承受着生产劳动的奴役和折磨,这部分成员会越来越少,但是只要还存在生产劳动,无产阶级作为一个劳动阶级就没有被消灭。因此,要消灭无产阶级自身,或者说无产阶级要解放自己,就必须消灭劳动,必须爆发生产力革命,必须由第三代生产力取代第二代生产力。一个国家是这样,整个世界历史也是这样。在这个意义上,我们可以把马克思恩格斯的过渡时期社会主义本质观表述为"消灭劳动"。

由此可见,任何一个过渡时期,在发生新的生产力革命以前,是决不会结束的;而新的更高的社会形态,在发生新的生产力革命以前,是决不会出现的。从封建社会过渡到资本主义社会是这样,从资本主义社会过渡到共产主义社会也是这样;而从原始社会向奴隶社会的过渡,从奴隶社会向封建社会的过渡,虽然都是手工生产力,但是铜器时代取代了石器时代,铁器时代又取代了铜器时代,这是手工生产力的"升级",是那个历史时期的生产力革命。我们应当学会记住这个过渡时期的一般规律。

第四节 毛泽东的探索

毛泽东对过渡时期社会主义的探索大致可分为三个阶段:新中国成立到1952年底为新民主主义社会阶段;1953年到1955年底为照搬"斯大林模式"阶段;1956年到1976年为独立探索社会主义建设道路的阶段。

新民主主义社会的理论与实践

早在新中国成立之前,毛泽东就在《新民主主义论》、《论联合政府》、

《论人民民主专政》等著作中，对新民主主义社会的政治、经济、文化进行了全面阐述，形成了完整的新民主主义社会理论。建国前夕，中国人民政治协商会议在这个理论基础上所制定的《共同纲领》，就是建设新民主主义社会的蓝图。我国的新民主主义社会虽然只有三年多的实践，比列宁的"新经济政策"还要短暂，但是它的重大意义是不应低估的，它是中国共产党人的伟大创造，是中国共产党对于过渡时期社会主义理论与实践的第一个宝贵贡献。

新中国成立后是否开始了马克思所说的从资本主义社会向共产主义社会过渡的历史时期？回答是肯定的。虽然，旧中国是半封建半殖民地社会而不是资本主义社会，但是旧中国的资本主义毕竟有了一定程度的发展，其中既有脆弱的民族资本主义，又有控制旧中国经济命脉的官僚资本主义。毛泽东说：

"反对官僚资本主义的斗争，包含着两重性：一方面，反官僚资本就是反买办资本，是民主革命的性质；另一方面，反官僚资本就是反对大资产阶级，又带有社会主义革命的性质。"

"一九四九年中华人民共和国建立，标志着新民主主义革命阶段的基本结束和社会主义革命阶段的开始。"

"官僚资本和民族资本的比例，是八比二。我们在解放后没收了全部官僚资本，就把中国资本主义的主要部分消灭了。"①

这表明，以新中国成立为标志，生产关系的社会主义革命就开始了。变官僚资本为国有经济，并且在整个国民经济中占据领导和主导地位，这就是社会经济制度的质的变化。的确，我们不是从"标准的"资本主义社会向共产主义社会过渡的，而是在更加贫穷落后的基础上开始过渡的，但是正如列宁所说，"资本主义愈不发达的社会，所需要的过渡时期就愈长"，② 仅此而

---

① 《毛泽东文集》第8卷，人民出版社，1999年6月版，第113—114页。
② 《列宁全集》第33卷，人民出版社，1985年版，第43页。

已。这是半封建半殖民地社会向共产主义过渡的"特殊",这个"特殊"并不否定一般,不改变一般,而恰恰是一般的表现,一般的多样性表现。正像中国无产阶级领导的新民主主义革命是世界社会主义革命的一部分那样,中国无产阶级建立的新民主主义社会也是过渡时期社会主义的一种形式或者模式,并且是适合中国国情的形式或模式。

新民主主义社会的基本经济特征是多种经济成分共存,包括国有经济、合作经济、国家资本主义、私人资本主义、个体经济,其中占据领导地位的国有经济是过渡时期正在成长着的共产主义或者社会主义经济。这是与当时的生产力状况相适合的,因而短短三年时间就恢复了被战争破坏的国民经济,人民生活明显改善。关于新民主主义社会在我国的社会发展中所应有的地位,毛泽东写道:

> 没有一个新民主主义的联合统一的国家,没有新民主主义的国家经济的发展,没有私人资本主义经济和合作社经济的发展,没有民族的科学的大众的文化即新民主主义文化的发展,没有几万万人民的个性的解放和个性的发展,一句话,没有一个由共产党领导的新式的资产阶级性质的彻底的民主革命,要想在殖民地半殖民地半封建的废墟上建立起社会主义社会来,那只是完全的空想。①

由此可见,清除封建垃圾,彻底革封建主义的命,革小生产的命,解放和发展生产力,在经济上赶超先进的资本主义国家,这是经济文化落后的国家在向共产主义过渡的历史时期中所应有、所特有、所必有的发展阶段。毛泽东所描绘的新民主主义社会的蓝图,就是中国过渡时期中所必有的这个初期阶段的理想蓝图。十分可惜的是,毛泽东批评刘少奇等同志关于"确立新民主主义秩序"的正确主张,过早地抛弃了这个适合中国国情的美好蓝图,以致在一个长时期里,封建主义沉渣泛起,流毒全国,人民群众的个性受到压抑和摧残,经济上与先进资本主义国家的差距越来越大。令人欣慰和欣喜

---

① 《毛泽东选集》第 3 卷,人民出版社,1991 年版,第 100 页。

的是，毛泽东绘制的新民主主义社会的蓝图又在新的形势下以更高的形式再现了、复活了，这就是邓小平绘制的中国特色社会主义的蓝图。

有限度的思想解放与探索

1953年，我国开始对农业、手工业、资本主义工商业进行社会主义改造，1955年底基本完成，在生产关系方面达到了"斯大林模式"的标准。1953年斯大林逝世后，苏联国内党内出现许多新情况新问题，一系列深层次的矛盾暴露出来。毛泽东敏锐地觉察到"斯大林模式"的某些弊端，发现这个模式不适合中国国情。1956年，毛泽东向全党郑重提出，要在中国实现马克思主义与中国实际的第二次结合，独立探索有别于"斯大林模式"、适合中国国情的社会主义建设道路。在长达20年的艰辛探索中，他开拓出适合我国情况的工业化道路。他不同意苏联大工业产值占工农业总产值的70%，就宣布实现工业化的做法，他认为即使工业产值占工农业总产值的70%，还有5亿多农民从事农业生产也不算实现了工业化。中国要以农业为基础，用多发展轻工业和农业的办法促进重工业的发展。在所有制方面，他曾提出可以消灭了资本主义又发展资本主义的论断，曾倡导有计划地大大发展社会主义商品生产。他强调价值法则是所大学校，对农民只能等价交换不能剥夺。在管理体制方面，他主张计划第一、价格第二，要有一点市场调节。他主张有中央和地方两个积极性比一个积极性好，地方和企业可以搞点"独立王国"。农村可以搞点大集体小自由。在分配方面主张"按劳分配"，但差别不要过于悬殊，尽量体现公平原则。如此等等。

虽然如此，毛泽东的思想解放仍然是极其有限的，在总体上没能冲破"斯大林模式"的束缚。他不认识存在商品经济的生产力原因，不能放手发展商品生产和市场经济；他不了解机器生产力的个别生产过程与社会生产总过程的辩证关系，在扩大地方权利和企业自主权的问题上一再陷入"放权、收权、再放权、再收权"的怪圈。他和斯大林一样，秉持带有左的、教条主义倾向的社会主义观，他发动的大跃进和人民公社化运动，就是这种社会主义观的突出表现。当然，他无数次地思索社会主义问题，他开始怀疑斯大林所"建成"的社会主义不是作为共产主义社会第一阶段的社会主义，这是他迟迟不公开宣布中国建成社会主义的原因，也是他在过渡时期理论上陷入迷惘的原因。

过渡时期理论的探索与迷惘

对现实社会主义所处历史阶段的认识决非无关宏旨。这不仅因为它与现实社会主义目标模式的认识息息相关，还因为对现实社会主义所处历史阶段的认识正确与否，在很大程度上关系到现实社会主义建设的得失成败。现实社会主义在其发展的历史过程中，充满了坎坷与曲折，可谓行路之难。"多歧路，今安在？"只有对现实社会主义所处的历史阶段作出正确的判断和理论说明，才能确定现实社会主义所处的方位和发展方向，才能认清现实社会主义所在阶段奋斗的总目标和面临的各项任务，才能制定出符合实际的发展战略和各项方针、政策。[①]

1936年，斯大林为"社会主义社会"划定了三条标准：消灭剥削、农业集体化、国家工业化（大工业产值占工农业总产值70%以上）。他认为达到了这些标准，从资本主义向共产主义的过渡时期就结束了，作为共产主义第一阶段的社会主义社会就建成了。

中国的社会主义处在怎样的历史发展阶段？毛泽东进行了长时期的探索和思考。1953年，毛泽东和中共中央在制定过渡时期总路线的过程中，照搬了斯大林的观点，规定我国过渡时期的起止时限是"从中华人民共和国成立到社会主义改造基本完成"，时间预计"要在10年到15年或更多一些时间"。但是从1954年开始，毛泽东从中国实际情况出发，认识到中国过渡时期的结束和社会主义的建成，要与苏联有很大的不同，并对社会主义制度的建立、建成、高度建成作出界定。毛泽东认为，社会主义改造完成了，社会主义制度建立了，不等于社会主义建成了，他说："我国的社会主义制度还刚刚建立，还没有完全建成，还不完全巩固。"[②] 1958年12月，在第一次郑州会议和八届六中全会上，毛泽东对建成社会主义社会提出了"高标准"设想，大

[①] 参见朱阳、郭永钧主编《毛泽东的社会主义观》，人民出版社，1994年8月版，第203页。
[②] 《毛泽东选集》第5卷，人民出版社，1995年版，第374页。

体内容是：全面的全民所有制，国家工业化，公社工业化，农业电气化，钢的年产量一亿吨以上，普及中等教育，实行六小时工作制，基本上消灭阶级等等。毛泽东提高建成社会主义的标准，这是为什么呢？十分明显，他不满意斯大林的低标准，他认为斯大林把共产主义社会第一阶段的标准降低了。当然，在今天看来，毛泽东的"高标准"仍然不高。1959 年，毛泽东在读苏联《政治经济学（教科书）》社会主义部分时指出："过渡时期包括一些什么阶段，现在也有各种各样的说法。一种说法是，过渡时期包括从资本主义到社会主义，也包括从社会主义到共产主义；另一种说法是，过渡时期只包括从资本主义到社会主义。究竟怎样说才对，要好好研究。"他还说："从资本主义过渡到共产主义，有可能分为两个阶段，一个是由资本主义到社会主义，这可以叫不发达社会主义；二是由社会主义到共产主义，即由比较不发达的社会主义到比较发达的社会主义即共产主义。"① 显然，这是把斯大林的"社会主义社会"与马克思的共产主义社会第一阶段区分开来，前者是不发达的社会主义，也就是由资本主义到共产主义第一阶段的过渡时期的社会主义，后者是比较发达的社会主义，也就是被列宁称为社会主义的共产主义第一阶段。可见，在这个时候，毛泽东的认识已经十分接近正确和科学！

20 世纪 60 年代初，毛泽东的无产阶级专政下继续革命的错误理论正在酝酿和形成之中。这时他发现一个尖锐的矛盾：一方面，马克思明确指示无产阶级专政只存在于过渡时期；另一方面，斯大林宣布过渡时期结束却仍然保持无产阶级专政，中国达到了斯大林的"建成"标准也仍然必须坚持无产阶级专政。这个矛盾促使毛泽东的认识发生了"矫枉过正"的变化，提出了"大过渡"理论。1962 年，经过毛泽东修改、审定的八届十中全会公报说："在由资本主义过渡到共产主义的整个历史时期，这个时期需要几十年，甚至更多的时间，存在着无产阶级和资产阶级的阶级斗争，存在着社会主义和资本主义这两条道路的斗争。"② 这在中共中央的文件中第一次明确提出了"大过渡"的观点。1964 年 7 月，九评苏共中央的公开信又指出："马克思和列

---

① 转引自《党史研究》1987 年第 2 期，第 46 页。
② 《人民日报》1962 年 9 月 29 日。

宁所说的无产阶级专政国家存在的历史时期,并不是像郝鲁晓夫修正主义集团所说的仅仅是从资本主义过渡到共产主义的第一阶段,而是指的从资本主义过渡到'完全的共产主义'的时候,过渡到消灭一切阶级差别和实现'无阶级社会'的时候,也就是过渡到共产主义的高级阶段的时候"。①

"大过渡"的理论毫无疑问是错误的。之所以是矫枉过正,是因为毛泽东看到了斯大林的错误,斯大林称为"共产主义社会第一阶段"的社会主义社会仍然存在着阶级斗争和无产阶级专政,这完全符合马克思所说的"过渡时期"的基本特征,在这种情况下,毛泽东不是正确地指认斯大林的"社会主义"并不是马克思的共产主义社会第一阶段,而是干脆把共产主义社会第一阶段划入了过渡时期。这一切表明,在过渡时期问题上,在现实社会主义所处的历史发展阶段上,理论上的混乱在当时已经到了何等惊人的地步!谁能说,这种理论上的混乱在今天已经彻底肃清了呢?

回顾毛泽东的这一理论探索过程,不能不让人感慨万千;往上追溯,从列宁"第一个把社会主义社会与共产主义社会区分开来",第一个把"社会主义"应用于过渡时期当中,到斯大林 1936 年宣布苏联建成社会主义社会,1939 年宣布向共产主义高级阶段过渡,不能不让人五味杂陈。应当说,恢复科学社会主义理论的科学性,坚持以生产力的性质和发展阶段来区分社会发展阶段的时候已经到了;恢复马克思恩格斯关于未来社会发展阶段的设想,把现实社会主义"赶回"过渡时期的时候已经到了。

19 世纪中叶,在形形色色的社会主义思潮空前泛滥的情况下,马克思恩格斯为了与这些非无产阶级思潮划清界限,坚持把自己的学说称为共产主义学说。今天,"社会主义"这个词再次用乱了,在很大程度上成了左的、教条主义社会主义观的代名词。在这种情况下,要不要停止使用"社会主义"而改用"共产主义"呢?或者至少,把过渡时期无产阶级的崭新事业称之为"过渡时期社会主义"呢?

我们主张:对于共产主义社会第一阶段,停止使用"社会主义"这一概念,也就是纠正列宁的提法;将"社会主义"这个概念作为"过渡时期"的

---

① 《中共党史教学参考资料》第 24 期,第 453 页。

代名词。在其他情况下,例如作为理论学说、作为革命实践和运动,"社会主义"和"共产主义"这两个概念继续通用。

这是科学社会主义理论的科学性、严谨性和彻底性的需要。

第十二章　追问机器生产力

现在我们暂停对过渡时期社会主义实践的考察,再次把目光转向机器生产力。在第四章对机器生产力的研究中,一些问题本来是可以同时解决的,但是我们故意留到现在再予论及,因为这些问题与过渡时期社会主义的最新实践息息相关。确切些说,它们正是在最新实践中产生的问题,而且这些问题在某种程度上影响了最新实践的"声誉",许许多多善良的人们心存疑虑和困惑:我们在建设怎样的社会主义?我们建设的还是社会主义吗?

让我们举例说吧。大家都知道,在资本主义社会,工人阶级只有把自己的劳动力当作商品卖给资本家才有饭吃。那么,在当今的社会主义国家,例如我们的社会主义中国,劳动力是不是商品呢?如果是商品,那么我们还是社会主义吗?如果不是商品,那么为什么到处都有劳动力市场呢?国家不是在积极倡导生产要素市场化吗?大家还知道,我国改革开放伊始,邓小平对全国人民说:贫穷不是社会主义!允许一部分人先富起来!先富起来的肯定是一部分人,但是想富起来的却是每一个人,于是"一切向钱看,人人向钱看"蔚然成风。而随着改革开放的深入,特别是随着市场经济的倡行和民营经济的蓬勃发展,"人都是经济人,人都是在追求个人利益最大化,人都是自私自利的,这正在成为一个'公理'广泛流传,随着市场经济的普遍推行,信奉这个'公理'的人与日俱增。而实际上,正是这样一个'公理'的影响下,我们这个社会变得越来越尔虞我诈,善自为谋,唯利是图。"① 所有这些,

---

① 陈学明:《永远的马克思》,人民出版社,2006年5月版,第42页。

与人们记忆犹新的历史上的那个"激情燃烧的岁月"相比,简直一个天上、一个地下。这还是社会主义么?善良的人们在心中这样想。

这就是我们"追问"机器生产力的原因。

第一节 劳动力商品、剩余价值、资本及其他

劳动力商品问题

在当今中国,除了公有制经济外,还存在着引进的和重新培植的资本主义经济,它们是国家资本主义经济。在这样的企业中的劳动者,他们的劳动力是商品,我们这样说估计不会引起非议,因为这符合传统观念,也就是把劳动力商品与资本主义划等号。但是,如果我们说:社会主义公有制企业里的劳动者,他们的劳动力也是商品,肯定会有人反对,至少更多的人不能理解。然而这却是铁一样的事实和真理。

把劳动力商品与资本主义划等号是完全错误的,因为它首先违背了历史事实。在历史上,劳动力商品不是资本主义生产方式的结果,相反,是它的前提,就是说,先有劳动力商品,后有资本主义生产方式和资本主义生产关系。马克思在《资本论》第一卷中已经指出:最初的资本家怀揣货币走进市场,这时的资本家是以货币资本家或者货币所有者的身份走进市场的,还不是真正的资本家,不是产业资本家;而在他走进的市场上,既有现成的、作为商品的生产资料,又有现成的、作为商品的劳动力;于是他购买他所需要的一切,接着离开市场,回去投入生产。就这样,资本主义生产方式开始产生了,资本主义生产关系开始出现了。可见,劳动力成为商品,既不是资本主义生产关系的结果,更不是资本主义生产关系的表现,而是资本主义生产关系得以产生的前提条件,它在资本主义生产关系产生以前就存在了。

市场上为什么会有现成的劳动力商品呢?毫无疑问,这是一个复杂的和长期的历史过程。为了节省笔墨,也为了不过多地重复历史,我们不妨直接以当今中国说事,并且撇开非公有制经济不谈。在这个前提下,我们假设有

一批刚刚走出校门的城市青年。

这些城市青年是个什么状况呢？首先，他们是一无所有的，既没有生产资料也没有生活资料；其次，他们的人身是完全自由的，与任何人任何机构都没有人身隶属或者人身依附关系。马克思把这种人称为自由劳动者，他们是与劳动条件相分离的劳动者。可能有人不同意这种意见，他们说："不对！社会主义公有制财产是全体人民的财产。这些城市青年是人民的一部分，怎么能说一无所有呢？"是的，从名义上说，似乎是这样。但是，全体人民所有制是公有制，不是按份共有制；全体人民的所有权是由国家代为行使的，单个的人从来没有、也不可能有独立行使权，他既不能自由地到任何一个全民所有的企业去劳动，去与那里的劳动资料相结合，也不能自由地去占有作为生活资料的全民财产，如果他硬要享受这种自由，那么国家法律早有一系列的罪名在等着他。

劳动者与劳动条件相分离，或者说自由劳动者的出现，在资本主义历史上是资本原始积累的产物，但那时是个别、少量的现象。自由劳动者成为普遍的经济现象和事实，则是工业革命的结果。机器生产力走到哪里，就无情地消灭着那里的小生产，把小生产的劳动资料变成一文不值的废铜烂铁，把小生产者变成一无所有的自由劳动者。而这个历史过程一结束，或者说随着自由劳动者形成为一个社会阶级暨无产阶级，这个阶级的成员，无产者，作为自由劳动者的事实也就固定下来，只有不断地出卖劳动力商品才能生存。

无产阶级作为社会的劳动阶级，它的成员作为自由劳动者，这种状况并不因为社会制度的改变而改变。无产阶级国家开始不认识这一点，开始不认识这是一个生产力问题而不是生产关系问题，硬要对非农业劳动者实行"统包统分"，并且限制流动。从表面上看，这一部分劳动者的"地位"提高了，从自由劳动者上升为"主人劳动者"；而企业，作为机器生产力个别生产单位的工厂，"地位"也提高了，由国家直接管理和经营。这就是所谓的计划经济。结果怎样呢？历史已经作出回答。劳动者和企业都失去了自由，被捆住了手脚，生产力也就失去了发展的活力。于是在新的历史发展时期，国家根据机器生产力的性质和诉求，建立了现代企业制度，把作为国家财产的劳动资料分解给企业所有，成为法人财产权的标的，使企业成为独立的市场主体，国家只享有股东权,同时大力培育生产要素市场。在这种情况下,让我们再看一看那些刚刚走出校门的城市青年吧。面对作为企业法人财产的劳动资料,谁还能说那里有他们的一份、有他们享有的什么财产权利吗?不能了。作为可能的劳动者,他们是与劳动资料相分离的,他们自由得一无所有。而30多年发展商品经济、20多年实行市场经济的实践告诉我们每一个人:谁也离不开商品交换,离不开商品的买和卖,也就是离不开货币;企业是这样,个人也是这样;交换或者说货币成为每一个人、每一个企业生存的条件。说得粗俗些,没有钱谁也活不了。因此,这些刚刚走出校门的青年,他们要想生存下来,就必须购买生活资料,而在买之前又必须先有买的手段,即货币,他们要获得货币就必须先卖,先出售自己的商品。他们有自己的商品吗?有的。于是他们就以商品所有者的身份走进了市场,他们的劳动力就在市场上成为商品,成为市场上现成存在着的商品。这是经济的必然性,经济的强制性。

我们已经指出,机器生产力的生产过程是个别生产过程和社会生产总过程的统一,而作为社会生产总过程,又是生产过程和交换过程的统一。这些刚刚离开校门的青年走进了市场,也就是走进了交换过程,走进了机器生产力的社会生产总过程。因此,劳动力成为商品,准确地说,劳动力商品,它属于机器生产力的范畴,与生产关系无关。我们在第四章已经证明,商品、价值,作为普遍的和必然的经济现象,属于机器生产力的范畴,其中就包括劳动力商品。

当着资本主义生产关系建立在手工生产力的基础之上的时候,劳动对资本的从属,反过来,资本对劳动的统治,只能是形式上的而不可能是实际上的,这是不成熟的、过渡性质的资本主义生产方式,这一点我们在本书第三章予以说明了。现在我们看到,当着社会主义生产关系建立在机器生产力的基础之上的时候,劳动者作为劳动条件的主人也只能是形式上的而不可能是实际上的,他们既不能自由地与企业的劳动资料相结合,更不能自由地占有社会生活资料,这是不成熟的、过渡性质的共产主义生产方式。只有智能生产力全面取代机器生产力以后,劳动者才能完成从形式上的主人到实际上的主人的过渡,才能实现个人"对生产工具的一定总和的占有",人类才能进入马克思所设想的共产主义社会第一阶段。

"按劳分配"问题

1936年,斯大林宣布苏联建成了"社会主义社会","按劳分配"被写在了他的社会主义旗帜上,被载入当年的《苏联宪法》。从那以后,其他社会主义国家纷纷效法,把按劳分配作为自己正在建设的社会主义的基本经济特征之一,似乎是不可以怀疑和不容怀疑的。

但是,按劳分配实行得如何呢?我国一位学者认为:

> 传统的社会主义经济理论一直把按劳分配当作社会主义社会的唯一的分配原则和本质特征,然而,社会主义实践表明,按劳分配原则从来都没有得到真正的贯彻和落实。①

这大概说的是"计划经济"年代。那个年代的"按劳分配",后来人们形象地比喻为"吃大锅饭",与马克思所说的共产主义社会第一阶段的按劳分配是大不相同的。我国进入新的历史发展时期,特别是实行市场经济以来,"按劳分配"越来越令人生疑,劳动力越来越像是商品,加上资本主义剥削的存在与发展,理论界关于分配问题的学说日渐增多起来。这里值得一提的是"按要素分配"说。"按要素分配"的理论在本质上是资产阶级的分配理论:工人分得工资、资本家分得利润、地主分得地租。本来,在落后国家的过渡时期特有的初期阶段,仍然需要资本主义在一定范围和一定程度上的存在和发展,也就是允许剥削并适当扩大剥削,剥削仍然有功,国家资本主义仍然是过渡时期社会主义的帮手。允许剥削,这是无产阶级向资产阶级交纳的"学费",是过渡时期社会主义向资本主义交纳的"贡款"。但是,资本主义就是资本主义,剥削就是剥削,应当向人民说明真相,说明允许剥削的必然性和必要性,而决不能像某些"理论家"那样,以"按要素分配"的说法来糊弄人民,来掩饰剥削、美化剥削,似乎要把资本主义剥削永久地保持下去。

---

① 谷书堂主编:《社会主义经济学通论——中国转型期经济问题研究》,高等教育出版社,2000年4月版,第122页。

南京有一位"理论家",写了一本《新资本论》,就是鼓吹这种东西。

在机器生产力的条件下,劳动力应当是商品,必然是商品。既然如此,以机器生产力为基础的过渡时期社会主义就不应当实行按劳分配,也不可能实行按劳分配。

这是为什么呢?

我们认为,只要提出一个十分简单的问题就够了。这个问题是:我们能够实行按劳动"交换"商品吗?

在机器生产力的条件下,劳动具有二重性。如果按照具体劳动的时间量来交换商品,那么就是认可并鼓励懒惰和落后;如果按照抽象劳动的时间量来交换商品,那么就不会有任何交换,因为抽象劳动的时间量是任何人也计算不出来的,是任何人也不可能知道的。商品交换必须要有那个著名的价值插手其间,而价值是在社会的背后形成的。因此,商品交换从来是、只能是按价值交换。

不能实行按劳动"交换"的理由就是不能实行按劳动"分配"的理由;不存在按劳动"交换"的原因就是不存在按劳动"分配"的原因。

不能实行按劳分配,劳动力作为商品,有什么不好吗?难道它不是过渡时期"人尽其才"的必由之路吗?当然,忽视过渡时期劳动力商品与资本主义社会劳动力商品的区别,把它们视为完全相同的东西,也是错误的。只是鉴于本书的主要任务,这里就不予展开了。过渡时期社会主义是一支普照的光,社会的一切都改变了色彩。至于共产主义社会第一阶段的真正的按劳分配,我们已经在第五章予以说明了。

剩余价值和资本

自从人类社会诞生以来,社会的物质生产过程都是人的劳动过程,都是人生产物质产品的过程。而自从原始社会末期以来,生产过程不仅是生产物质产品的过程,而且是生产剩余物质产品的过程。不生产剩余产品,就无法养活非生产劳动者,社会就不能进步。而自从资本主义社会以来,以机器为劳动资料的商品生产过程,不仅是生产剩余产品的过程,而且是生产剩余价值的过程,统一起来就是生产剩余价值产品的过程。到了未来的共产主义社会，智能化、自动化的生产过程将不再是人的劳动过程，人不再被包括在生产过程之中，而是站在生产过程的旁边、外边，这时的生产过程只生产"剩余"产品。这是人类社会的三代生产力依次演进发展的历史过程。人类用越来越少的生产劳动、直至不用生产劳动，生产出越来越多、越来越丰富的物质产品，这是生产力的自身发展史，它决定着人类社会的发展进步史。诚然，生产力的发展一刻也离不开生产关系，总是与生产关系结伴而行，但是，生产关系只能促进或者阻碍生产力的发展，从来不能决定它的发展，尤其不能决定生产力自身发展的阶段性以及在不同阶段上所表现出来的不同的"质"，相反地，是生产力决定生产关系，是生产力的升级换代决定着生产关系的升级换代。因此，在生产力自身发展的第二个大的阶段上，也就是在第二代生产力的阶段上，生产过程既是生产物质产品和剩余产品的过程，又是价值形成和价值增值的过程，质言之，是生产剩余价值的过程，这完全是第二代生产力自身的事情，是它不同于第一代和第三代生产力的固有特征，与生产力的社会利用形式无关，与生产关系无关。就是说，剩余价值属于机器生产力的范畴，而不属于生产关系的范畴。生产关系是资本主义的还是过渡时期社会主义的，不在于机器生产力生产剩余价值或者剩余价值产品，而在于生产出来的剩余价值或者剩余价值产品为谁占有、为谁所有，这才是生产关系的本质所在。剩余价值为私人占有，不论是单个资本家还是几个、几十个资本家或者总资本家所占有，那么这就是资本主义生产关系，就是资本主义私人占有制；剩余价值为劳动者集体或者劳动者国家所占有，那么这就是过渡时期社会主义生产关系，就是过渡时期社会主义公有制。

由此而来的是"资本"。如果我们说"资本是自行增殖的价值"或者"资本是生产剩余价值的价值"，那么，这就是从生产力的角度观察"资本"，这样的资本就属于生产力的范畴。在这个意义上，资本这个概念就可以在过渡时期社会主义的经济生活和经济研究中使用。但是，如果说"资本就是占有他人创造的剩余价值的价值"那么这就是作为生产关系的资本，就是资本主义私有制。

过渡时期社会主义与它脱胎出来的那个资本主义相比，是"非此即彼又亦此亦彼"的。机器生产力及其相关范畴，例如劳动力商品、价值、剩余价值、资本等等,就是它们的"亦此亦彼";而生产关系的质的改变,则是它们的"非此即彼"。

第二节 货币共同体:人对物的依赖

前面讲到,机器生产力的社会生产总过程是生产过程和交换过程的统一;并不是人人都卷入了生产过程,但是却人人都卷入了交换过程;交换成为每一个人的生存条件。因此,有必要对这个交换过程进行专门的考察。

货币共同体的形成

货币共同体的形成过程也就是机器生产力取代手工生产力的过程,在历史上,它发生在工业革命以后,最早出现于自由竞争阶段的资本主义社会。

机器生产力是必然生产商品的生产力,随着机器生产力取代手工生产力,整个社会变成了一个商品的堆积、商品的社会、商品的王国。这个商品的王国又可以叫做商品共同体,这个商品共同体就是作为社会生产总过程一部分的交换过程的别称。

> "假如商品能说话,它们会说:我们的使用价值也许使人们感到兴趣。作为物,我们没有使用价值。作为物,我们具有的是我们的价值。我们自己作为商品物进行的交易就证明了这一点。我们彼此只是作为交换价值发生关系。"但是,"直到现在,还没有一个化学家在珍珠或者金刚石中发现交换价值"。[①]

价值,交换价值,不是物,而是人与人之间的社会关系,确切地说,是人与人之间的劳动交换关系,价值量便是人在自己商品中所付出的劳动量。价值不是物,所以任何高明的化学家也不可能从商品中找出它的成分,但是,

---

① 《资本论》第1卷,人民出版社,1975年版,第100页。

价值却采取了物的形式，物的外观，这就是商品本身，商品物。人的关系物化了。价值被称为商品的社会属性，人的关系变成了物的属性，不仅某一种商品具有这种属性，而且所有商品都具有这种属性。因此，商品共同体就是所有交换过程和交换关系的"系统"，是人与人之间一切劳动交换关系的总体。

在历史上，随着交换关系的发展，商品自身使用价值和交换价值的矛盾导致了货币的产生。货币是商品价值的外在化、独立化，是影子与肉体的分离。从此，人与人之间的劳动交换关系获得了二重的存在、二重的物化：一方面存在于商品自身，被商品物掩盖着；另一方面（观念地）存在于货币中，被货币物掩盖着。而货币的本质在于：它是一切商品价值的总代表，也就是人的一切劳动交换关系的总代表；它以自身的重量代表一切商品的价值量，也就是代表人在生产商品中所付出的劳动时间量。价值不是物，价值的总代表就更加不是物。但是却同样采取了物的形式："金银天然不是货币，货币天然是金银"。货币金或者银以物的形式掩盖了人与人之间的劳动交换关系。

货币的能量、身份和地位是与之活动的天地息息相关的。当着交换关系还不发展，商品生产只存在于社会的空隙之中的时候，也就是在手工生产力的条件下，对于在生产和生活上自给自足的人们来说，货币是无关紧要的，用老百姓的话说："有它过年，没它也过年。"在这个时候，人们只是用自己的剩余产品换取少量的货币，用以购买种类和数量不多的必需品；有时则直接地以物易物。粮食，例如小麦，就是农民手中的另一种"货币"，可以用来交换肉类、酒类、瓜果等等。这种现象在上世纪八、九十年代在我国的落后或者边远的地区还可以看到。在这种情况下，货币仅仅执行价值尺度的职能，因为双方在交易前要首先进行估价；而在用少量的货币换取少量的必需品的情况下，货币则执行着奴仆般的交换手段的职能。在这个阶段上，人支配货币，而不是货币支配人。

但是，在机器生产力的条件下，一切都改变了。马克思指出：

> 活动和产品的普遍交换已成为每一单个人生存的条件，这种普遍交换，他们的相互联系，表现为对他们本身来说是异己的、独立的东西，

表现为一种物。在交换价值上，人的社会关系转化为物的社会关系；人的能力转化为物的能力。①

生产越是发展到使每一个生产者依赖于自己的商品的交换价值，也就是说，产品越是在实际上成为交换价值，而交换价值越是成为生产的直接对象，那么，货币关系以及货币关系的内在矛盾，即产品同作为货币的自身的关系的内在矛盾就必然越是发展。交换的需要和产品向纯交换价值的转化，是同分工按同一程度发展的，也就是随着生产的社会性而发展的。但是，随着生产的社会性的增长，货币的权力也按同一程度增长，也就是说，交换关系固定为一种对生产者来说是外在的、不依赖于生产者的权力。最初作为促进生产的手段出现的东西，成了一种对生产者来说是异己的关系。生产者在什么程度上依赖于交换，看来，交换也在什么程度上不依赖于生产者，作为产品的产品和作为交换价值的产品之间的鸿沟也在什么程度上加深。货币没有造成这些对立和矛盾；而是这些矛盾和对立的发展造成了货币的似乎先验的权力。②

所以，货币同时直接是现实的共同体，因为它是一切人赖以生存的一般实体；同时又是一切人的共同产物。③

货币从它表现为单纯流通手段这样一种奴仆形象，一跃而成为商品世界中的统治者和上帝。货币代表商品的天上的存在，而商品代表货币的人间的存在。④

放眼当今世界，存在着许许多多货币共同体，到处都有货币共同体。人们依赖于哪一种货币而生存，就属于哪一种货币共同体。中国人依赖于人民币而生存，所以中国市场是人民币共同体。俄国人依赖于卢布而生存，所以俄罗斯市场是卢布共同体。世界上最大的货币共同体是美元共同体，除了美

---

① 《马克思恩格斯全集》第30卷，人民出版社，1995年版，第107页。
② 同上，第95—96页。
③ 同上，第178页。
④ 同上，第173页。

国以外，还包括以美元为本币的国家；其他国家在多大程度上被卷入美元共同体，这些国家的生产就在多大程度上被卷入美国的生产总过程，就在多大程度上造福于美国的垄断资产阶级。但是，除了以纸币美元冒充世界货币的因素以外，这里所说的仅仅是生产力。

由此，我们想到马克思的《资本论》。有人说：马克思从分析商品开始，就是从分析生产关系开始。这种说法值得怀疑了。不能不承认我们对于《资本论》的基本内容的看法已经根本地改变了。马克思从分析商品开始，不是从生产关系开始，而是从生产力开始，是从分析生产力的社会性质开始；马克思分析的资本的生产过程、流通过程、生产总过程等等，无一不是生产力，无一不是作为资本主义社会物质技术基础的机器生产力；马克思在分析机器生产力的运动规律的基础上，揭示了资本主义生产关系与生产力之间的深刻矛盾、揭示了资本主义社会必然灭亡的客观规律；马克思在分析机器生产力的发展趋势、预见到新的更高的生产力的基础上，揭示了未来共产主义社会的若干基本特征。如此等等。马克思所说的资本，既包括作为生产关系的资本，又包括作为生产力的资本，但更多的是指作为生产力的资本；马克思对于机器生产力的分析所占篇幅之多、之大，翻一翻《资本论》就清楚了。由此而来的是政治经济学的研究对象问题。这个问题在今天应该迎刃而解了：研究生产力！剖析生产力！再也不能继续那种"落后"、"先进"、"发达"、"比较发达"、"高度发达"之类的空谈了！否则就不可能真正认识什么样的生产关系去适应什么样的生产力，就不可能真正认识过渡时期社会主义的发展规律和整个人类社会的发展规律，甚至就不会知道什么是新的和更高的社会形态，就会陷入历史唯心主义的泥潭，即使他是一个真心想做马克思主义者的人，也不会例外和幸免。

人对货币的依赖

在机器生产力的条件下，社会劳动的交换过程是一个大的系统，内部充满着、交错着数不清的具体的、个别的交换过程和交换关系。这些个别的交换过程和交换关系的总汇、总体，可以叫做商品共同体、货币共同体，也可以称之为市场或者市场共同体。交换过程成为生产过程的前提和结果，这是什么意思呢?这是说:个别生产过程(企业)依靠市场才能生产,同时又是为了市场而生产,市场成为企业的生存条件和晴雨表,制约着、调节着企业生产和整个社会生产。对于社会生产总过程内部的生产过程和交换过程的这种对立统一关系,人们称之为市场经济。商品经济和市场经济,这是机器生产力的必然,是它的基本规定性。因此,所谓商品经济和市场经济是人类社会不可逾越的阶段,实则是生产力自身发展的必然阶段、必经阶段,即机器生产力阶段。人们不可能自由地选择脚下的生产力,当然也就不能自由地跨越生产力发展的必经阶段,不能改变生产力的自身发展规律,就像一个幼儿不可能跨越少年和青年阶段而直接进入成年那样。

商品共同体、货币共同体、市场共同体,都是一个意思,都是机器生产力的生产总过程中的交换过程、交换系统、交换总体的别称,而货币则是它的总代表。马克思已经指出:人在多大程度上依赖于交换关系,就在多大程度上受到交换关系的支配;人大多大程度上受到交换关系的支配,货币就在多大程度上具有支配人的权力。因此,在机器生产力的条件下,不再是人支配货币,相反,是货币支配人。这既是人的交换关系的物化,又是这种物化关系的异化。

货币对人的支配,反过来人对货币的依赖,首先表现在"卖"上,即 W—G。特殊的商品体现着特殊的劳动种类,个别商品的生产者和所有者,只有通过交换,通过出卖自己的商品,把他的商品转化为货币,才能占有社会生产中他所需要的那一部分。而商品是否能够转化为货币,是否能够同货币相交换,它的交换价值是否能够实现,取决于与商品毫不相干的、不以它为转移的各种情况,也就是取决于价值规律、供求规律等等市场法则。因此,可能出现这样的情况:商品不再能同货币相交换、相等同。对于每一个商品生产者和所有者来说,"W—G"成为"惊险的一跃",成为一个"普遍的困难"。

其次表现在买和卖的分离、脱节上。买和卖本来是一个统一的过程:W—W。对于任何一方来说,既是买又是卖,二者是统一的、平衡的。但是,随着货币插手其间,交换行为被分为两个互相独立的行为:商品交换货币,货币交换商品;买和卖。因为买和卖取得了一个在空间上和时间上彼此分离的、互不相干的存在形式，所以它们的直接同一性就终止了。它们可能互相适应和不适应；它们可能彼此一致或不一致；它们可能出现彼此不协调。固然，它们不断力求达到平衡，但是，现在代替过去的直接相等的，是不断的平衡的运动，而这种运动正是以不断的不相等为前提的。现在完全有可能只有通过极端的不协调，也就是只有通过经济危机才能达到协调。人们就这样被"不断的平衡的运动"支配着。

第三，正像交换本身分裂为两个独立的行为一样，交换的总运动本身也同交换者、商品生产者相分离，为交换而交换同为占有商品而交换相分离。G—W—G'，这首先是商人阶层的行为公式。商人只是为卖而买，只是为再买而卖，目的不是占有作为产品的商品，而只是取得交换价值本身，取得货币。G—W—G'，也成为生产者的行为公式，成为生产行为的总公式：用货币生产，投入货币组织生产，不是为了生产并占有作为产品的商品，而是为了生产货币，生产出更多的货币；用更多的货币生产，扩大再生产，是为了生产出更多更多的货币。货币成为生产的直接目的，与商人的交换行为的目的一模一样。这当然并不奇怪。货币并不仅仅作为价值尺度和交换手段，就像在前面两种场合下那样。货币是"万物的结晶"，它可以满足任何需要，可以换取任何需要的对象，可以说财富的概念实现在货币上了，外在化、个体化了，货币就是财富本身，就是财富的一般物质代表。因此，货币不仅成为致富欲望的一个对象，而且是唯一的对象；货币不仅成为致富欲望的对象，而且成为致富欲望的源泉。谁不想致富呢？谁不想得到货币呢？可以说，每一个生产者和交换者，无不精打细算，甚至是老谋深算，以追求个人利益的最大化，追求更多的货币，但是结果怎样呢？结果是"谋事在人，成事在天"、"人算不如天算"！

最后，货币不是物，但是具有物的形式，例如金或银。因此，货币虽然有它的一般规定，但是仍然是一种与其他可交换物并列的可交换物，在货币经营业从真正的商业分离出来时，货币的这种特殊的性质就显现出来。特别是，当金融业发展到一定阶段，在致富欲望的推动下，必然自发地产生脱离实体经济、脱离货币实体，纯粹以货币符号为对象的虚拟经营，例如金融业自行设计和生产的各种金融衍生品。2008年始自美国的全球金融风暴，让每一个人都领略了这种虚拟金融资本的厉害。每一件金融衍生品都是一台硕大的吸款机和赌博器，把数以万计、百万计的芸芸众生带进了疯狂追逐货币的黄粱美梦。在货币这个上帝的面前，人成了它的臣仆和奴隶。

这是人对货币的依赖，人对物的依赖。

货币依赖的历史进步性

马克思说："人的依赖关系（起初完全是自然发生的），是最初的社会形式，在这种形式下，人的生产能力只是在狭小的范围内和孤立的地点上发展着。以物的依赖性为基础的人的独立性，是第二大形式，在这种形式下，才形成普遍的社会物质变换、全面的关系、多方面的需要以及全面的能力的体系。建立在个人全面发展和他们共同的、社会的生产能力成为从属于他们的社会财富这一基础上的自由个性，是第三个阶段。第二个阶段为第三个阶段创造条件。"①

人的依赖关系、以物的依赖性为基础的人的独立性、自由个性，简言之，人身依赖、个人独立、个性自由，这是与三代生产力相联系的人自身发展的三大历史阶段。在手工生产力阶段，个人的生产能力十分低下，只有组成"人身共同体"，才能抵御自然力的侵袭，个人才能生存下去。在机器生产力阶段，整个社会形成了"普遍的物质变换、全面的关系、多方面的需要以及全面的能力体系"，在这基础上个人具有了独立性，或者说独立的个人已经能够生存下去。在智能化、自动化生产力阶段，个人得到全面发展，个人的生产能力成为他们共同的、直接的社会生产能力并从属于他们，在这个基础上，个人获得个性自由，获得最后的解放。人们容易忽略的是，在机器生产力阶段，所谓"全面发展""全面能力"是对于整个社会而言的，是整个社会的全面发展和全面能力体系，还不是个人的全面发展和全面能力；在这个阶段上，社会需要的是片面发展的专家，而不是全面发展的个人，也不存在全面发展的个人。由此可见，人的发展，人的解放，与个人生产能力的提升是一

---

① 《马克思恩格斯全集》第 30 卷，人民出版社，1995 年版，第 107—108 页。

回事，与社会生产力的发展是一回事。个人的生产能力提高了，社会生产力就发展了。人是最主要的社会生产力。生产力的发展表现为三大历史阶段，表现为三代社会生产力，于是人的发展也就表现为三大阶段。因此，在机器生产力阶段，人对物的依赖，对货币的依赖，具有历史的必然性和不可跨越性；与手工生产力阶段的人身依赖相比，有着巨大的历史进步性。

首先，货币依赖加速了生产力的发展。货币作为发达的生产要素，"是社会形式发展的条件和发展一切生产力即物质生产力和精神生产力的主动轮"。①马克思指出：

> 因为每个人都想生产货币，所以致富欲望是所有人的欲望，这种欲望创造了一般财富。因此，只有一般的致富欲望才能成为不断重新产生的一般财富的源泉。……作为目的的货币在这里成了普遍勤劳的手段。生产一般财富，就是为了占有一般财富的代表。这样，真正的财富源泉就打开了。
>
> 由于劳动的目的不是为了特殊产品，即同个人的特殊需要发生特殊关系的产品，而是为了货币，是一般形式的财富，所以，首先个人的勤劳是没有止境的；勤劳具有怎样的特殊性都无所谓，它采取可以达到目的任何形式；在为社会需要等创造新的对象方面，勤劳是富有发明创造才能的。②

其次，货币依赖的形成过程是经济领域里的彻底的民主革命，使人破天荒成为独立的个人。货币依赖的形成过程，如前所述，就是机器生产力取代手工生产力的过程。单是机器生产力所生产的廉价商品的重炮，就使炮口下的小生产迅速瓦解了。随着大生产取代小生产，封建社会的那个"人身共同体"也就崩溃了，它的成员被一个又一个地解放出来，使他们摆脱了自然发生的或者政治性的人的统治和从属关系，摆脱人身依赖关系，成为人身自由

---

① 《马克思恩格斯全集》第30卷，人民出版社，1995年版，第175—176页。
② 同上，第176页。

和人格平等的独立的个人。这是人的第一次大解放，因为他们的人身自由了，人格平等了；这是资产阶级的伟大历史功绩，因为它是机器生产力的代表者、领导者和推动者。用大生产消灭小生产，用物的依赖取代人的依赖，这是经济领域资产阶级反对封建阶级的民主革命。

获得独立的个人将如何生存下去呢？不要忘记，是机器生产力解放了他们，而机器生产力的基本规定是："劳动直接生产交换价值，从而生产货币；而货币也直接购买劳动，从而购买工人。"① 只要他愿意让渡自己的劳动，愿意出售他的劳动力商品，他就可以成为工人，成为货币共同体的一员，从而获得自己的生存条件。

社会存在决定社会意识。人的第一次经济大解放必然带来观念的革命。有了货币这个唯一的上帝，其他的上帝也就烟消云散了，天上的和人间的"上帝"都不复存在了；人身的自由和人格的平等，导致自由、平等的观念油然而生。的确，人是生而平等的，不再是"龙生龙、凤生凤、耗子的儿子会打洞"了，不再有那么多的等级区分了；的确，人的人身是自由的，在与人身相关的所有领域都是自由的，人开始有了"私生活"，有了人权，甚至有权利决定把自己的商品卖给谁或者不卖给谁的自由。因此，人的第一次经济大解放同时又是一次思想大解放，是意识形态领域的一场反封建的民主革命。

但是，十分明显的是，人的第一次大解放又是有限度的，仅限于人身自由和人格平等的范围之内，超出这个范围，自由就消失了，平等就不见了。机器生产力赶跑了天上的和人间的"上帝"，却又给人们带来一个新的上帝，一个新的主宰者和统治者，即货币。在这样的上帝面前，人怎么可能是自由的呢？的确，人人都有追求并占有货币的平等的权利和自由，但是，占有货币总是偶然的，占有货币的富人总占人口的极少数，而人的自由和权利又总与他占有的货币量成正比。因此，在资本主义社会，资本家阶级作为货币这个新上帝的代言人、代表者，一切自由和权力都归于资本家阶级。只有消灭一切上帝，或者说人成为自己的上帝，人人都是上帝，人才能得到最后的解放，才能获得个性的自由，这就是马克思所说的共产主义社会。

---

① 《马克思恩格斯全集》第30卷，人民出版社，1995年版，第178页。

第十三章　改革开放：过渡时期社会主义的迂回前进

毛泽东从1956年开始的长达20年的艰辛探索，在某种意义上具有代表性。就是说，斯大林1953年逝世后，除南斯拉夫外，其他社会主义国家都针对"斯大林模式"的弊端，进行了程度不同的改革探索，但最终都没能突破这一模式。

"斯大林模式"，或者说斯大林建成的"社会主义社会"，从理论上说，他把过渡时期社会主义说成是共产主义社会第一阶段，混淆了过渡时期与共产主义社会的差别和时空界限，违背了历史唯物主义，颠覆了科学社会主义的科学性；从实践上说，他竭力按照共产主义社会（第一阶段）的基本经济特征来塑造过渡时期社会主义，跨越了生产力的发展阶段，跨越了人类社会的发展阶段。因此，如果用一个字来评价斯大林的社会主义观，那么就是"左"；如果用两个字来评价斯大林建成的"社会主义社会"，那么就是"超前"。

因此，现实的社会主义，无论是中国还是其他社会主义国家，若想摆脱在与资本主义竞争和竞赛中业已陷入的困境，就必须实行"退却"，从共产主义社会的"天国"退回到过渡时期社会主义的"人间"；就必须重新探索走向共产主义社会的发展道路，重新探索建设过渡时期社会主义的新道路，一句话，在理论上和实践上实行全面的"拨乱反正"。

退却是痛苦的，但是只有退却才能前进，正确的退却本身就是前进，真正的前进；退却又是困难的，容易引起惊慌失措，容易引发溃败和倒退。这就是从 20 世纪 70 年代末开始的社会主义国家的改革大潮。

在这一改革大潮中,过渡时期社会主义在苏东地区的溃败,全世界无产者无不扼腕叹息。而令人欣慰和欣喜的是,所剩无几的社会主义国家无不在"思变"、在变革,在进行"什么是社会主义"的痛苦思考和"怎样建设社会主义"的艰辛探索,其中最令人瞩目的是社会主义中国的改革开放的伟大事业。

第一节　中国特色社会主义

1978 年 12 月,中国共产党召开了具有历史意义的十一届三中全会,根据邓小平在全会之前召开的中央工作会议上所作的《解放思想、实事求是,团结一致向前看》的讲话精神,全会作出两项重大决定:一是恢复和确立党的解放思想、实事求是、一切从实际出发的马克思主义思想路线;二是把全党工作的重心转移到社会主义现代化建设上来。从此,邓小平带领全党和全国人民,反复试验,"摸着石头过河",开始了开辟建设过渡时期社会主义新道路的艰辛探索。

邓小平作为伟大的马克思主义者和无产阶级革命家,作为中国共产党第二代领导集体的核心,始终牢牢把握住中国航船的前进方向。1979 年 3 月,邓小平在党的理论务虚会上发表讲话,代表党中央郑重指出:在中国实现四个现代化,必须坚持社会主义道路,坚持无产阶级专政,坚持共产党的领导,坚持马列主义、毛泽东思想;这"四项基本原则"是立国之本,动摇不得。回答了今后的中国将举什么旗、走什么路的大问题。1982 年,邓小平在党的第十二次全国代表大会的开幕词中庄严宣告:"把马克思主义的普遍真理同我国的具体实际结合起来,走自己的路,建设有中国特色的社会主义,这就是我们总结长期历史经验得出的基本结论。"[①] 1987 年,在党的十三次全国代表大会上,邓小平提出了社会主义初级阶段的理论,领导全党制定了党在社

---

① 《邓小平文选》第 3 卷,人民出版社,1993 年版,第 3 页。

主义初级阶段的基本路线,即领导和团结全国各族人民,以经济建设为中心,坚持四项基本原则,坚持改革开放;自力更生,艰苦奋斗,为把我国建设成为富强、民主、文明的社会主义现代化国家而奋斗。1989年6月,邓小平带领全党和全国人民开展了反对资产阶级自由化的斗争,他强调:十一届三中全会制定的路线方针政策,包括发展战略的"三步曲"是正确的;党的十三大概括的"一个中心,两个基本点"没有错,要说不够,就是改革开放得还不够,我们原来制定的基本路线、方针、政策照样干下去,坚定不移地干下去,十三大报告一个字都不能改。1992年,邓小平在"南方谈话"中再次重申了这一点:"要坚持党的十一届三中全会以来的路线、方针、政策,关键是坚持'一个中心、两个基本点'。不坚持社会主义,不改革开放,不发展经济,不改善人民生活,只能是死路一条。基本路线要管一百年,动摇不得。只有坚持这条路线,人民才会相信你,拥护你。谁要改变三中全会以来的路线、方针、政策,老百姓不答应,谁就会被打倒。这一点,我讲过几次。"①

在邓小平和其后几代中央领导集体的带领下,在改革开放三十多年一以贯之的接力探索中,全党和全国人民坚定不移高举中国特色的社会主义伟大旗帜,既不走封闭僵化的老路,也不走改旗易帜的邪路,走出了一条中国特色社会主义道路,创造了中国特色社会主义理论体系,建立了中国特色社会主义制度。就经济制度和经济体制而言:顺应手工生产力的诉求,确认家庭是其基本生产单位,在广大农村实行了家庭联产承包责任制;顺应机器生产力的诉求,确认工厂(公司)是其基本生产单位,建立现代企业制度,大力发展商品经济、实行市场经济;顺应机器生产力的开放性和多方面联系的诉求以及建设过渡时期社会主义必须借鉴、吸收资本主义创造的一切文明成果的要求,坚持对外开放,兴办"三资"企业,融入世界经济体系;根据我国人口多、底子薄、小生产普遍存在的基本国情,确认资本主义仍然具有先进性,支持和鼓励民营企业的发展,如此等等,建立起公有制为主体、多种所有制经济共同发展的基本经济制度和国家宏观调控下的市场经济体制。经过三十多年的艰苦奋斗,中国特色社会主义取得举世瞩目的伟大成就,我国经

---

① 《邓小平文选》第3卷,人民出版社,1993年版,第370—371页。

济总量于 2010 年超过日本，跃居世界第二位，中华民族伟大复兴展现出光明前景！

第二节　邓小平的社会主义观

对于中国特色社会主义理论体系，相关的著述、文章已经很多很多，堪称汗牛充栋。根据本书的研究需要，我们在这里只探讨邓小平理论中的一个问题。

我们认为，长时间以来，在对邓小平理论的学习和宣传中，包括"官方"的宣传中，存在着重大缺陷。具体说，在这些学习和宣传中，基本忽视了邓小平理论中一个带有根本性的理论，即邓小平的社会主义观。

这决非危言耸听，而是铁一样的事实。

学界公认，邓小平理论回答了最重大的时代性课题：什么是社会主义，怎样建设社会主义。我们注意到，胡锦涛在"十八大"报告中的新提法是：建设什么样的社会主义，怎样建设社会主义。"建设什么样的社会主义"，说到底，还是"什么是社会主义"这一个问题。

我们完全赞成、完全拥护对于邓小平理论的这一评价。

"什么是社会主义，怎样建设社会主义"，其中"什么是社会主义"更带有根本性。那么，对于"什么是社会主义"，邓小平理论是怎样回答的呢？

迄今为止，我们被告知，邓小平理论是这样回答的：贫穷不是社会主义，发展太慢也不是社会主义；社会主义的本质，是解放生产力，发展生产力……

这是非常不严肃的，因为所答非所问。什么"不是"社会主义，并没有回答什么"是"社会主义；什么是社会主义的"本质"，同样没有回答什么是社会主义。

毫无疑问，社会主义本质观与社会主义观是紧密相关的，但同样毫无疑问的是，它们是两个问题而不是一个问题。把社会主义本质观与社会主义观混为一谈，无论如何是不正确的。

所以我们说在对邓小平理论的学习和宣传中存在重大缺陷：既承认邓小平理论回答了"什么是社会主义"，又说不出邓小平的社会主义观是怎样的。

"什么是社会主义"，或者说社会主义观，所要回答的是一个什么问题呢？它要回答的问题是：这个"社会主义"在人类社会发展的长河中，处在哪一个历史阶段？应当建立或者具有什么样的经济制度、政治制度、文化制度和社会制度。什么是资本主义？什么是共产主义？所要回答的问题也是这样。大家都知道，根据马克思恩格斯的历史唯物主义，人类社会的发展规律是五大社会形态依次更替，中间有四个过渡时期。当然，学界有不同的看法，认为是三大社会形态而不是五大社会形态。即便如此也没有关系，至少以下的发展序列是一致的、肯定的：资本主义社会形态——过渡时期（无产阶级专政）——共产主义社会形态（低级阶段和高级阶段）。而这也恰是马克思恩格斯的科学社会主义已经指明的。因此，"什么是社会主义"只能有两种选择：（1）过渡时期的社会制度；（2）共产主义社会制度。

那么，邓小平理论是怎样回答"什么是社会主义"的呢？邓小平的社会主义观是怎样的呢？我们就来分析这个问题。

首先，从邓小平的"社会主义初级阶段论"看什么是社会主义。

1987年，党的"十三大"报告对社会主义初级阶段正式作了如下界定："它不是泛指任何国家进入社会主义都会经历的起始阶段，而是特指我国在生产力落后，商品经济不发达条件下建设社会主义必然要经历的特定阶段。我国从五十年代生产资料私有制的社会主义改造基本完成，到社会主义现代化的基本实现，至少需要上百年时间，都属于社会主义初级阶段。这个阶段，既不同于社会主义经济基础尚未奠定的过渡时期，又不同于已经实现社会主义现代化的阶段"。这个"初级阶段"与"社会主义经济基础尚未奠定的过渡时期"是否不同，从而"十三大"报告所说的"过渡时期"与马克思所说的从资本主义社会到共产主义社会的"过渡时期"有什么不同，我们下一章再谈。现在我们从初级阶段的任务说起。初级阶段的任务是什么呢？就是基本实现社会主义现代化，就是在经济上达到中等发达的资本主义国家的水平，也就是赶上资本主义。而赶上资本主义以后又怎样呢？"已经实现社会主义现代化的阶段"又是什么阶段呢？"十三大"报告没有说，并且至今也没有人说，我们无从判断"任何国家进入"的"社会主义"究竟是什么。但是我们可以作现实的比较，现实的分析。例如我们可以提出这样的问题：中等发达的资本主义国家，甚至最发达的美国，假如这些国家的无产阶级取得了革命的胜利，夺取了国家政权，并且当天就宣布剥夺一切资本家，当天就完成了"生产资料私有制的社会主义改造"，那么，这些国家是否在第二天就进入了作为自由人联合体的共产主义社会了呢？当然不是，肯定不是。道理很简单，这些国家的无产阶级在完成政治革命以后，虽然可以在一天之内完成生产关系的革命，在一天之内建立起清一色的社会主义国家公有制，但是绝不可能在一天之内完成生产力的社会主义革命，绝不可能在一天之内由第三代生产力全部取代机器生产力，绝不可能在一天之内"消灭劳动"，把所有的无产者都从生产劳动中解放出来而成为共产主义社会的自由人。可以说，生产力的革命是不以无产阶级的意志为转移的，无产阶级可能加快这场革命的到来，也可能缩短这场革命的过程，但是这场革命何时到来、这场革命的过程是三年、五年还是更长的时间，则是不以无产阶级的意志为转移的。而没有新的更高的生产力的革命，任何一个过渡时期是决不会结束的，新的更高的社会形态是决不会出现的。因此，这些发达国家的无产阶级在完成政治革命以后，哪怕再完成生产关系革命之后，所必然进入的只能是马克思恩格斯所说的从资本主义社会到共产主义社会的"过渡时期"。发达的、先进的国家尚且如此，而不发达的、落后的国家反倒能够"跨越"这个过渡时期，似乎只要把私有制改造一下，就能直接进入比发达的资本主义还要发达的共产主义？真是天大的笑话！因此，"十三大"报告中所说的初级阶段"不是泛指任何国家进入社会主义都会经历的起始阶段"，其中任何国家都要进入的"社会主义"，所对应的只可能是马克思恩格斯所说的"过渡时期"，换句话说，这个"社会主义"只能是过渡时期社会主义，这难道还不明显吗？要知道，共产主义社会（包括第一阶段）作为比最先进、最发达的资本主义社会还要先进、还要发达的新的和更高的社会形态，如果它有什么标准的话，那么这个标准对于任何国家、任何民族都是一样的，达不到这个标准，任何国家、任何民族都不可轻言、妄言进入了共产主义社会，都应当而且必须老老实实地"蹲"在过渡时期，老老实实地建设自己的过渡时期社会主义。因此，资本主义的发展程度不同，经济文化方面的先进与落后，决定着各自的"过渡时期"的长短不同；与先进国家相比，落后国家的过渡时期必然要长久一些；而这个必然"长"出的阶段，即是在经济上文化上追赶先进国家的阶段，是落后国家建设过渡时期社会主义"必然要经历的特定阶段"，也就是"十三大"报告所说的"社会主义初级阶段"。由于马克思"没有想到"社会主义革命首先在经济文化落后的国家取得胜利，由于列宁逝世得过早，他虽然提出了"新经济政策"但没有来得及作出深层次的理论概括，所以这个落后国家所特有的"社会主义初级阶段"，如同邓小平所说，"马克思的本本上找不出来，列宁的本本上也找不出来"。① 经过这个特有的"初级阶段"，在"已经实现社会主义现代化的阶段"上，落后国家就与先进国家站到了同一的起跑线上，开始了马克思"想到的"从资本主义社会到共产主义社会的过渡时期。由此可见，"十三大"报告所说的"社会主义初级阶段"，它不过是马克思所说的"过渡时期"的"前置阶段"；"十三大"报告所说的我国已经进入的"社会主义社会"，它不过是过渡时期的社会主义社会，并且是低水平的过渡时期社会主义社会。

其次，从邓小平的"社会主义改革论"看什么是社会主义。

邓小平多次讲到，"改革是一场革命"，是经济领域、上层建筑领域的革命。这场革命的性质我们下一章再谈，这里只谈革命的结果。结果就是建立了中国特色社会主义制度，在经济领域，正如胡锦涛在"十八大"报告中指出的，是"公有制为主体、多种所有制经济共同发展的基本经济制度，以及建立在这些制度基础上的经济体制"。学界有人把"社会主义市场论"也作为邓小平理论的一个基本理论，我们把它与"改革论"放在一起，将中国特色社会主义的经济特征概括为多种经济成分并存和市场经济，据此分析中国特色社会主义是什么、不是什么，探讨邓小平的社会主义观。多种经济成分并存是什么意思呢？这意味着有资本主义的存在与发展。可以这么说，有史以来，中国的资本主义在绝对数量和绝对规模上，都没有像今天这么多、这么大，占了我国经济总量的半壁江山。资本主义经济和剥削的存在以及商品经

---

① 《邓小平文选》第3卷，人民出版社，1993年版，第260页。

济和市场经济的存在表明：中国特色的社会主义，既不是共产主义社会的低级阶段，更不是共产主义社会的高级阶段，与共产主义社会不搭界。谁听说过存在着资本主义的共产主义社会呢？谁听说过存在剥削的共产主义社会呢？谁听说过存在商品经济和市场经济的共产主义社会呢？我国理论界已经注意到了这一点。作为新闻出版总署迎接党的十八大重点出版物的《走向世界历史：中国特色社会主义的成长历程》一书，作者在援引"十三大"报告对于社会主义初级阶段的界定后写道："照此理解，这个阶段并不是'共产主义第一阶段'的'初级阶段'，尽管它在朝着这个方向努力；也不是'共产党领导下的资本主义'，尽管它要借鉴和吸收资本主义的文明成果；也不应该是'苏联模式'，也不仅仅'有'中国特色。归根结底，它就是中国'自己的道路'，只有中国人才有资格为自己选择的这条道路命名。'社会主义初级阶段'概念的形成，为认识社会主义提供了新的视野。在中国，它打通了社会主义改造完成到'共产主义第一阶段'之间的联系"。[①] 至少有两点是明确的：第一，社会主义初级阶段不是共产主义社会第一阶段；第二，社会主义初级阶段也不是资本主义。这是一个巨大的进步。在我国承认社会主义初级阶段不是共产主义第一阶段，进而承认"十三大"确认的"我国社会已经是社会主义社会"也不是共产主义第一阶段，把我国的"实际"与共产主义社会撇清关系，这在理论上不能不是一个巨大的进步，一个来之不易的进步。这位迎接"十八大"的理论家讲话很霸气："只有中国人才有资格为自己选择的这条道路命名！"可是，"社会主义"是中国人发明的么？是中国人专有的么？都不是；即使是中国人发明的或专有的，"命名"也要讲求科学；更何况，中国人自己也承认，中国人是接受外国人马克思的"主义"作指导的。因此，中国的社会主义初级阶段，与外国人马克思的科学社会主义、与马克思所说的"过渡时期"是个什么关系，还是要讲一讲的。这位理论家说："社会主义初级阶段"概念的形成，"在中国，它打通了社会主义改造完成到'共产主义第一阶段'之间的联系"。这话讲得好！这表明，社会主义初级阶段是"通"到共产主义第一阶段的一个阶段，中国正处在从半封建半殖民地社会通到共

[①] 刘海涛：《走向世界历史》，中共中央党校出版社，2012年9月版，第166页。

产主义第一阶段的过渡时期!可是,这位本来有些霸气的理论家在十分接近真理的时候却表现得羞羞答答,不肯把"社会主义初级阶段"与马克思的"过渡时期"挂起勾来。他自己解释说:如果社会主义初级阶段"被认为是从资本主义到共产主义的'过渡时期',因此要'以阶段斗争为纲'、进行'无产阶级专政下继续革命'"。① 把毛泽东的晚年错误当作自己在理论上怯懦的挡箭牌,这真是绝妙的遁词。这位理论家的表现从一个侧面折射出我国理论界的现状。需要指出的是,说社会主义初级阶段"不是"共产主义第一阶段,从逻辑上讲,就不仅"初级阶段"不是共产主义第一阶段,而且"社会主义"也不是共产主义第一阶段。那么,中国人的这个"社会主义"是什么呢?自己做结论吧。

最后,从邓小平的"社会主义本质论"看什么是社会主义。

邓小平说:"社会主义的本质,是解放生产力,发展生产力,消灭剥削,消除两极分化,最终达到共同富裕"。② 十分明显的是,邓小平的社会主义本质观虽然与"初级阶段"有关系,但是并不限于初级阶段,主要针对的是初级阶段以后的阶段,因为在初级阶段上,不是消灭剥削,而是允许剥削、鼓励和发展剥削,即支持和鼓励民营企业的发展;不是消除两极分化,而是开始出现并一直存在着两极分化,甚至两极分化还在不断扩大。只有在初级阶段以后的阶段上,才能谈得上消灭剥削和消除两极分化的问题,并且毫无疑问的是,那时的消灭剥削和消除两极分化,是一个过程,是一个或长或短的发展阶段,不可能在一个晚上解决。"最终达到共同富裕",这"最终"二字就凸显了"过程"、"阶段"的意思。这个"阶段"会不会再来一个"一百年",我们不知道,我们希望不要这样长久。

有必要把邓小平的社会主义本质观与马克思的过渡时期本质观作一个比较。在第十一章第三节,我们把马克思的过渡时期本质观概括为"消灭阶级"或者"消灭劳动",包括消灭剥削阶级、消灭阶级差别、消灭无产阶级自身三个内容。邓小平所说的消灭剥削,自然就是消灭剥削阶级;消除两极分化也

---

① 刘海涛:《走向世界历史》,中共中央党校出版社,2012年9月版,第165页。
② 《邓小平文选》第3卷,人民出版社,1993年版,第373页。

可以理解为消灭阶级差别。至于"最终达到共同富裕",既然共产主义社会(包括第一阶段)是普遍富裕、不知贫困为何物的社会,那么,我们就有理由认为邓小平的社会主义本质观是与马克思的过渡时期本质观基本一致的。就是说,邓小平所说的社会主义就是马克思所说的过渡时期。其实,只要认识到"消灭剥削、消除两极分化"是一个过程、一个发展阶段,邓小平所说的社会主义也就包括在马克思的过渡时期之中了。

由此可见,什么是社会主义?在邓小平看来,社会主义就是过渡时期的社会制度,就是在过渡时期生长着的、还不成熟的共产主义制度;对于经济文化落后的国家来说,例如对于中国来说,它的过渡时期要比马克思所设想的过渡时期更长久一些,要有一个必然要经历的、追赶先进资本主义国家的特定阶段,即社会主义初级阶段。这就是结论。这就是邓小平的社会主义观。

当然,必须看到,邓小平的社会主义观有一个形成的过程。十年动乱后的中国,百废待兴、百业待举,需要邓小平思考的问题太多太多。"因此,邓小平认识社会主义的方法是,首先把那些被实践检验是错误的东西,与中国国情不相适应、与科学社会主义背道而驰的观念和做法从社会主义中彻底剥离出来:贫穷不是社会主义,少数人富裕多数人贫穷也不是社会主义,平均主义不是社会主义,发展太慢不是社会主义,没有民主就没有社会主义,计划经济不等于社会主义,等等"。① 在剔除了非科学社会主义因素之后,邓小平转向对于社会主义本质的认识。1985 年,邓小平认为"一个公有制占主体,一个共同富裕,这是我们所必须坚持的社会主义的根本原则";② 1986 年他又把"发展生产"的地位由社会主义的根本任务上升为社会主义的原则本身,进一步提出"社会主义原则,第一是发展生产,第二是共同致富"。③ 1989—1991 年,邓小平的认识曾一度回到"公有制为主体加共同富裕"的观点上,但到了 1992 年,邓小平在视察南方的过程中终于形成了自己的完整的社会主

---

① 刘海涛:《走向世界历史》,中共中央党校出版社,2012 年 9 月版,第 163—164 页。
② 《邓小平文选》第 3 卷,人民出版社,1993 年版,第 111 页。
③ 同上,第 172 页。

义本质观。从现有的资料看,邓小平在形成自己的社会主义本质观以后,还没有对"什么是社会主义"的问题作出直接的、正面的回答。尽管如此,从他提出的一系列基本理论出发,我们不难看出他的社会主义观的基本面貌,就是说,他在基本上回答了"什么是社会主义"的问题。还必须看到,邓小平不仅是中国共产党第二代领导集体的核心,而且是第一代领导集体的重要成员,他与毛泽东一样,长期受到斯大林左的、教条主义的社会主义观的影响,这种影响不可能一下子全部摆脱干净,因此,在他形成自己的社会主义本质观以前,难免讲过一些与斯大林社会主义观相类似的话。所以,正像他当年要求全党完整地、准确地理解和掌握毛泽东思想那样,我们也要完整地和准确地理解掌握邓小平理论,理解和掌握他的社会主义观。如果抓住他的个别讲话和个别观点不放,否认邓小平社会主义观的客观存在,否认他基本上回答了"什么是社会主义"的问题,那么在理论上就是不严肃的,在态度上就是不科学的。

总之,人类社会发展到今天,一方面,过渡时期社会主义历经磨难、遭受了大起大落的挫折;另一方面,第三代生产力的幼芽茁壮成长,共产主义新社会的曙光已经出现。在这种情况下,是我们清楚认识第三代生产力与机器生产力的本质差别,清楚分辨什么是过渡时期(社会主义)、什么是共产主义的时候了。因此,我们需要牢牢记住的是:第一,共产主义社会的生产力是第三代生产力,谁要是站在机器生产力的基础上,甚至站在大量存在的手工生产力的基础上,继续轻言、妄言进入共产主义,谁就是在颠覆科学社会主义的科学性。第二,面对中国特色社会主义,谁要是无视马克思五大社会形态依次更替的理论和过渡时期理论,硬要整出一个不同于共产主义的"新的社会主义社会形态",或者整出一个所谓与资本主义同属一个社会形态的"新社会主义",谁就是修正科学社会主义,就是篡改马克思主义。

第三节 跨越"卡夫丁峡谷"的曲折历程

对于马克思晚年关于跨越资本主义"卡夫丁峡谷"的设想,学界见仁见智,争论已久。"用我们清醒后认识问题的标准看",马克思晚年的这一设想无疑具有重大的理论意义和现实意义。

马克思生前设想,社会主义革命首先在西方先进资本主义国家同时取得胜利,然后进入从资本主义向共产主义的过渡时期,最终实现共产主义。的确,马克思的这一设想至今也没有变成现实。

马克思晚年在坚持"同时胜利"的前提下,提出了跨越资本主义"卡夫丁峡谷"的设想。学界认为,20世纪的东方现实社会主义与马克思的这一设想并无直接联系。

那么,马克思晚年究竟"想到了"什么呢?

我们认为,马克思在提出跨越"卡夫丁峡谷"的设想时,不论预设了怎样的、多少个前提条件,仅仅提出这一设想的本身就足以表明,晚年马克思"想到了":第一,在经济文化相对落后的国家,或者说在资本主义尚未得到充分发展的国家,无产阶级争取革命胜利、夺取国家政权的"可能性"问题,并且是"可以"、"能够"的问题;第二,取得革命胜利的无产阶级应当怎样建设自己的新社会的问题,亦即"吸收资本主义制度所取得的一切肯定成果"①的问题。

因此,说马克思"没有想到"经济文化落后国家的无产阶级首先取得革命的胜利,这是正确的;但是说马克思没有想到经济文化落后国家的无产阶级"可能"、"能够"取得革命的胜利,则是错误的。而历史事实表明,马克思已经"想到的"这两个问题,恰恰是20世纪东方国家的无产阶级所面对的全部问题,是现实社会主义的全部问题和全部历史。

"跨越"并不是"超越"。前已说明,生产力的发展阶段是不可能超越的。马克思所说的"吸收资本主义制度所取得的一切肯定成果",包括资本所创造的、所代表的机器生产力,包括作为机器生产力的题中应有之义的商品经济和市场经济。伟大的马克思列宁主义者斯大林不了解这一点,不了解脚下生产力的性质和诉求,硬要按照共产主义社会(第一阶段)的基本经济特征来塑造无产阶级的新社会,结果不但没有成功跨越"卡夫丁峡谷",反倒在

---

① 《马克思恩格斯全集》,第19卷,人民出版社,1963年版,第451页。

他逝世38年后苏联社会一头栽进了资本主义制度的"卡夫丁峡谷"之中。相反地,列宁的新经济政策的理论和实践,毛泽东的建设新民主主义社会的理论和实践,都是跨越"卡夫丁峡谷"的有益探索,而中国特色社会主义则是跨越资本主义"卡夫丁峡谷"的成功实践和光辉典范。

"跨越"是一个历史过程,一个历史时期,一个历史阶段。过渡时期社会主义初级阶段的轨迹与资本主义"卡夫丁峡谷"的历史走向是一致的,是上下平行的。换句话说,过渡时期社会主义初级阶段是以完成经济文化领域的彻底的民主革命为任务的,是以在经济文化领域追赶上先进资本主义国家为使命的。时至今日,我们还不能说已经完成了这个任务,我们还没有赶上先进的资本主义国家。中国社会科学院史忠义先生说:"用我们清醒后认识问题的标准看,苏联东欧仍处于社会主义的初级阶段。这对于建立社会主义政权已达70年的苏联,是很遗憾的,但事实确实如此。"① 因此可以说,过渡时期社会主义初级阶段就是马克思"想到的"跨越资本主义制度的"卡夫丁峡谷"的历史阶段。我们至今还没有最后跨越这个历史阶段,还没有进入马克思所说的从资本主义向共产主义的过渡时期。

因此,研究马克思晚年关于跨越"卡夫丁峡谷"的设想,认识这一设想的重大的理论意义和现实意义,就不仅在理论体系方面,而且在"操作"层面,把马克思主义与列宁主义、毛泽东思想、中国特色社会主义理论体系连结一起、融为一体了,这对于中国人民增强道路自信、制度自信和理论自信,胜利完成社会主义初级阶段的历史任务,成功跨越资本主义制度的"卡夫丁峡谷",是完全必要的。

---

① 史忠义《读〈走出后现代——历史的必然要求〉兼及几个重要理论问题》,见毛崇杰《走出后现代——历史的必然要求》,河南大学出版社,2009年10月版,第17—18页。

第十四章 重塑公有制：过渡时期社会主义的未来进攻

任何一个历史发展阶段都是有始有终的，过渡时期社会主义的初期阶段或者初级阶段也是如此。那么，我国的社会主义初级阶段何时结束呢？党的"十三大"报告说："到社会主义现代化的基本实现"结束、"在新中国成立一百年时建成富强民主文明和谐的社会主义现代化国家"。可见，我国的社会主义初级阶段到建国一百年时结束，初级阶段整整一百年。

初级阶段以后又是什么阶段呢？新阶段的主要任务又是什么呢？要回答这些问题，就必须对初级阶段有一个更全面、更深刻的认识。知道现在是什么，才能准确判断将来会怎样。在前面的叙述中，我们已经知道：初级阶段是经济文化落后、国家向共产主义第一阶段过渡时期的一个特有阶段，在经济文化方面追赶先进资本主义国家的阶段，这个阶段的主要任务是解放生产力、发展生产力。但是，仅仅有这样的认识还是远远不够的，还不能将初级阶段与将来的新阶段区分开来，因为将来的新阶段也必须大力"解放生产力，发展生产力"。因此，有必要对初级阶段作进一步地剖析，确切地说，要认识初级阶段的社会性质。

第一节 新民主主义社会的复活

邓小平说：改革是一场革命。社会主义初级阶段，或者说中国特色社会主义，就是这场革命的产物。因此，要了解它的社会性质，就要首先了解这场革命的性质。

改革的性质是什么呢？人们都会说，改革是社会主义制度的自我完善，经济改革是社会主义经济制度的自我完善。这种说法是正确的，又是十分不全面的；在这个意义上，又是不正确的。例如对外开放引来了外国的资本主义，这个外国的资本主义也属于社会主义经济制度的范畴吗？不会吧！外国资本主义不具有社会主义性质。

改革首先是社会主义制度的自我完善。这里主要谈经济领域。从改革的结果看，计划经济体制被革掉了，代之以国家宏观调控下的市场经济体制；国家直接经营企业被革掉了，建立起现代企业制度，国有企业成为独立的市场主体。而在建立现代企业制度伊始，社会主义经济首先进行了"瘦身运动"，大批大批的国营工厂和集体所有制工厂被"瘦"掉了，要么破产，要么转制，这叫做"抓大放小"。单从企业数量看，大多数的国营工厂被消灭了，集体所有制工厂全军覆没。改制后的国有企业很快适应市场法则，运转灵活，效益提高，迅速发展壮大，牢牢占据着国民经济的主体和主导的地位。因此，这一改革是建国之初剥夺大资本的社会主义革命的继续，是社会主义经济制度的自我完善。

而公有制经济退出的领域或空间，在国家政策引导和国家法律保护下，引来了外国的资本主义，叫作"三资企业"；兴起了私人资本主义和个体工商业，叫作"民营企业"。工商业领域的这一总体格局被学界称为"国退民进"。于是，从上世纪50年代末期在我国"绝种"的资本主义复活了，并且不久占据了全国经济总量的半壁江山。因此，这一改革是我国经济领域的一场资产阶级民主革命。

再看农业领域。农村改革的内容主要是家庭联产承包责任制，实行家庭经营，也就是个体经营，国家法律将这种经营权规定为一种新型物权，与所有权并列。上世纪50年代初，我国实行土地改革，那是革地主阶级的命，革封建生产关系的命。后来实行社会主义改造（革命），实行集体所有、集体经营。这一次改革，把集体经营革掉了，实行集体所有、个体经营。因此，这次改革是向从前土地改革成果的部分回归，在客观上具备了发展农业资本主义的可能性,是农业领域的一场资产阶级民主革命。君不见,30 多年下来,农村已出现许许多多的"种粮大户"、"养殖大户"等等农民企业家,这些企业家不仅用机器生产,而且雇工,也就是购买劳动力商品,他们是农村中先富起来的一部分人,是中国式的农业资本家。

由此可见,我国的这场经济改革,既有社会主义制度的自我完善,又有经济领域资产阶级民主革命。无论如何,资本主义不是这场改革或者革命的对象,而革命的性质总是由革命对象决定的。为什么要进行这样的革命呢?读一读毛泽东的论述就明白了。毛泽东说:

> 只有经过民主主义,才能到达社会主义,这是马克思主义的天经地义。而在中国,为民主主义奋斗的时间还是长期的。没有一个新民主主义的联合统一的国家,没有新民主主义的国家经济的发展,没有私人资本主义经济和合作社经济的发展,没有民族的科学的大众的文化即新民主主义文化的发展,没有几万万人民的个性的解放和个性的发展,一句话,没有一个由共产党领导的新式的资产阶级性质的彻底的民主革命,要想在殖民地半殖民地半封建的废墟上建立起社会主义社会来,那只是完全的空想。
>
> 有些人不了解共产党人为什么不但不怕资本主义,反而在一定的条件下提倡它的发展。我们的回答是这样简单:拿资本主义的某种发展去代替外国帝国主义和本国封建主义的压迫,不但是一个进步,而且是一个不可避免的过程。它不但有利于资产阶级,同时也有利于无产阶级,或者说更有利于无产阶级。现在的中国是多了一个外国的帝国主义和本国的封建主义,而不是多了一个本国的资本主义,相反地,我们的资本主义是太少了。[1]

由此可见,要在半封建半殖民地的废墟上建立起社会主义社会(共产主义第一阶段),单单一个以推翻"三座大山"为任务的新民主主义性质的政治

---

[1] 《毛泽东选集》人民出版社,1991 年版,第 1060 页。

革命是不行的，还必须有经济领域和文化领域的"彻底的民主革命"才行。换句话说，不仅要进行新民主主义政治革命，而且要进行新民主主义的经济革命和文化革命，要经过一个完整的新民主主义社会的发展阶段。其所以如此，是因为经济领域的彻底的资产阶级性质的民主革命不仅要铲除封建的生产关系，而且要革小生产的命，革手工生产力的命，要用机器生产力去取代手工生产力，这无疑是一个十分长期的过程；与汪洋大海般的小生产相比，资本主义无疑地具有显著的先进性和优越性，中国的资本主义不是太多了而是太少了。由此可见，这次改革开放中引进外国的资本主义和培植本国的资本主义，是继续进行在上世纪50年代被超前中断的新民主主义革命，是补经济领域民主革命的课。

经过三十多年的补课，中国发生了怎样的变化呢？大家知道，这就是建立了中国特色社会主义制度。胡锦涛在"十八大"报告中指出："中国特色社会主义制度，就是人民代表大会制度的根本政治制度，中国共产党领导的多党合作和政治协商制度、民族区域自治制度以及基层群众自治制度等基本政治制度，中国特色社会主义法律体系，公有制为主体、多种所有制经济共同发展的基本经济制度，以及建立在这些制度基础上的经济体制、政治体制、文化体制、社会体制等各项具体制度"。这与毛泽东所描绘的、新中国成立后新民主主义社会所展示的政治经济文化制度相比较，有什么根本不同吗？没有。基本相同。

自鸦片战争以来，我国一步步陷入半封建半殖民地的深渊。救中国，救人民，实现国家的独立、统一、民主、富强，成为中国各族人民不懈追求的共同理想。独立、民主、富强，成为近代中国社会发展的三位一体的主题，成为反帝反封建的资产阶级民主革命的三位一体的任务。我国资产阶级民主革命的伟大先行者孙中山先生为此奋斗终生。但是，在世界历史日渐形成的背景下，西方列强要变中国为它的殖民地，要在中国发展它的资本主义而不是中国发展资本主义，要在中国实行它的资产阶级专政而不是中国资产阶级专政，因此，孙中山领导的旧的资产阶级民主革命除了赶跑一个皇帝外，三位一体的任务一个也没有完成。完成这些伟大历史任务的是中国无产阶级。毛泽东带领中国人民进行新民主主义的政治革命，建立新中国，实现了国家独立和人民民主；邓小平带领中国人民继续经济文化领域的新民主主义革命，建设中国特色社会主义，初步实现民富国强，中华民族伟大复兴展现出光明景象。我国学者把中国近代以来的发展表述为"一个主题、两大理论、三位巨人"。在谈到"两大理论"的关系时，这位学者写道：

> 新民主主义革命理论和建设有中国特色社会主义理论，虽然产生于中国现代社会发展的两大不同的历史阶段，在所面临的时代课题、所要解决的社会主要矛盾等方面存在着重大区别，但是，这两大理论却有着深刻的历史的和逻辑的联系。它们合起来犹如一篇完整的大文章，新民主主义革命理论是这篇大文章的上篇，建设有中国特色社会主义理论是这篇大文章的下篇。上篇是下篇的基础，下篇是上篇的继续。如果没有新民主主义革命理论以及这一理论指导下的新民主主义革命的实践，就没有国家的独立、人民的解放，就没有中国的社会主义，因而也就不可能有建设中国特色社会主义理论。反过来，如果没有建设中国特色社会主义理论以及在这一理论指导下的改革开放、争取民富国强的实践，在新民主主义历史阶段所取得的民族独立和人民民主就不可能得到真正的巩固和深化，新民主主义革命理论最终也就难以确立它的历史地位。只有把这两大理论结合起来，才能构成一篇完整的中国人民争取独立、民主、富强的大文章。所以，新民主主义革命理论和建设有中国特色社会主义理论，这两大理论相辅相成；毛泽东和邓小平，这两位巨人相互衔接。①

两大理论，一个是革命，一个是建设，合起来就是一篇完整的大文章，就是一部宏大的"新民主主义论"，合起来就实现了中国各族人民不懈追求的共同理想，合起来就完成了反帝反封建的资产阶级民主革命的三位一体的任务。革命开辟出新民主主义新社会，建立起新民主主义新中国；而建设这个新中国，建设这个新社会，实现民富国强，追赶上先进资本主义国家，这恰

---

① 童星主编：《科学社会主义的理论与实践》，南京大学出版社，2011年5月版，第235页。

恰是从半封建半殖民地旧中国向共产主义过渡时期所特有的初级阶段的题中应有之义。

毛泽东多次说过，新民主主义社会既不是资本主义也不是完全的、单纯的社会主义，而是社会主义"起决定作用"。中国特色社会主义正是这样，它既不是资本主义，不是共产党领导的资本主义，也不是完全的、单纯的社会主义，它还存在着资本主义。因此，中国特色社会主义是在新的历史条件下、在生产力较之解放初期更高的水平上以更高的形式再现的、复活的新民主主义社会，它是过渡时期的社会主义社会的初级阶段。

第二节 二次社会主义改造

经济文化落后的国家渡过了自己特有的初期阶段或者初级阶段，在经济文化领域完成了彻底的民主革命，打扫干净了封建主义的废墟，并使机器生产力获得较大程度的发展，就要进入新的历史发展阶段，进入马克思恩格斯设想的从资本主义社会向共产主义社会的过渡时期。

由此可见，初级阶段的任务是双重的：第一，在经济文化领域完成本国资产阶级没有完成的反封建的彻底的民主革命；第二，使机器生产力得到充分的发展。二者毕其功于一役，于一个初级阶段。新中国成立时，我们落后于先进资本主义国家一百多年。在共产党的领导下，中国人民经过整整一百年的奋斗，如果赶上先进资本主义国家，在我们这样一个人口多、底子薄、土地少的大国实现四个现代化，达到中等发达国家的水平，着实是一件十分不容易、十分了不起的事情。

当然，现在我们仍然处在初级阶段，并将长期处于初级阶段。但是，只要不出现特殊情况，我们就一定能够在一百年内完成初级阶段的任务，进入新的历史发展阶段，进入马克思恩格斯所设想的过渡时期，这是没有疑问的。对于这个新的阶段，要不要称之为"社会主义高级阶段"？就像马克思根据发展程度的不同将共产主义社会区分为两个阶段那样？这也许不是我们现在所应该提出的问题。我们应该提出的问题是：在这个新的阶段上，无产阶级的

第十四章 重塑公有制：过渡时期社会主义的未来进攻

任务是什么？

其实，这个问题马克思恩格斯早有明确的指示：无产阶级在争得民主，上升为统治阶级以后，"无产阶级将利用自己的政治统治，一步一步地夺取资产阶级的全部资本，把一切生产工具集中在国家即组织成为统治阶级的无产阶级手里，并且尽可能快地增加生产力总量。"① 可见，无产阶级的任务仍然是解放生产力，发展生产力。但是这时的"解放生产力"，不再是培植资本主义，发展资本主义，而是剥夺资本，消灭资本，也就是进行生产关系的社会主义革命，向资本主义发起进攻，用人们比较熟悉的说法就是"对生产资料私有制进行社会主义改造"。当然，这种生产关系革命不是一蹴而就的，而是"一步一步"进行的。并且，生产资料是集中在无产阶级国家手中，从而这时的所有制形式是国家公有制，清一色的国家公有制。既然"过渡时期"是在资本主义充分发展的基础上开始的，那么事情就不可能不如此。

新中国成立后，我们剥夺官僚买办资本，消灭了中国资本主义的80%，开始了中国的特殊的过渡时期，开始了过渡时期社会主义初级阶段，很快建立了以公有制为主体、多种所有制经济共同发展的基本经济制度，其中包括私人资本主义。可是，几年后我们又搞了一场"对生产资料私有制的社会主义改造"，一下子剥夺了全部资本，剩下的20%的资本主义也被消灭了。中国社会是否因此而结束自己的过渡时期，因此而进入了共产主义社会（第一阶段）呢？没有。非但没有进入共产主义社会，反而在几十年后不得不重新培植和发展资本主义，重新塑造"以公有制为主体的、多种所有制经济共同发展的基本经济制度"。这是怎么回事呢？又是何苦来着？

由此不能不谈一谈我国上世纪50年代进行的那场社会主义改造以及那时的"过渡时期"问题。必须承认，党提出过渡时期总路线，对农业、手工业和资本主义工商业进行社会主义改造，有其历史必然性。具体说，一是斯大林左的、教条主义社会主义观的影响，二是"斯大林模式"的榜样的力量，三是民族资产阶级在抗美援朝战争期间的恶劣表现，促成了这次改造运动。毕竟，"事后诸葛亮"好做，创业者、开拓者难当。否认这场改造运动的历史

---

① 《马克思恩格斯选集》第1卷，人民出版社，1972年版，第272页。

必然性是完全错误的。但是，我们不同意长时期以来所给予这场改造运动的过高的历史评价和过高的历史地位。事实上，这场改造运动并不是基于社会生产力的客观诉求，而是在左的、教条主义社会主义观的主导下，急于过渡并且是过渡到共产主义社会（第一阶段）的表现。事实上，对农业、手工业的改造，或者说以小农经济和手工生产力为对象的生产关系革命，无论如何不应当是社会主义性质的，搞"社会主义"改造太超前了；对资本主义工商业的改造虽然具备社会主义性质，但无疑是太早了，因为我国的资本主义整个说来不是太多而是太少了。事实上，这场改造运动的"成果"在几十年以后的改革开放中基本被否定、被扬弃了。刚才说过，从剥夺官僚买办资本那天起，新中国就进入了从半封建半殖民地社会向共产主义社会过渡的漫长的历史发展时期，就开始了特有的过渡时期社会主义初级阶段，中国社会就已经是新民主主义社会或者说过渡时期社会主义社会。这正如毛泽东所说："一九四九年中华人民共和国建立，标志着新民主主义革命阶段的基本结束和社会主义阶段的开始。"① 那场"社会主义改造"运动没有、也不可能把我国社会过渡到共产主义社会（第一阶段），我们仍然处在社会主义初级阶段，仍然处在过渡时期社会主义社会，因此它不是任何意义上的真正的"过渡时期"，更不能与马克思所说的"过渡时期"相提并论。那场改造运动和所谓"过渡时期"的说法如果有什么意义的话，那么只能是：第一，表现了我们对于"什么是社会主义"、"什么是共产主义"的盲目性；第二，标志着我国过渡时期社会主义建设道路的曲折性。

一旦我们度过初级阶段而进入新的发展阶段，与马克思恩格斯的设想有所不同的是，无产阶级不是一无所有，而是已经有了强大的、在国民经济中占有主体和主导地位的社会主义经济，需要剥夺的只是处于次要地位的资本主义。由于我们已经搞过一次"社会主义改造"，所以我们把新阶段的剥夺资本称为二次社会主义改造；由于我们曾经在一个长时间里建立过单纯的社会主义公有制，所以我们把新阶段的社会主义改造称为重塑公有制。至于无产阶级将采取什么方式、什么步骤来剥夺资本，在多长的时间里完成这一剥夺，

---

① 《毛泽东文集》第8卷，人民出版社，1999年6月版，第113页。

这是我们不知道、也不可能知道的。我们所知道的是，资本主义在那个时候因为失去先进性而应当被剥夺、被消灭；我们还知道，重塑公有制是"解放生产力，发展生产力"的需要，是"消灭剥削，消除两极分化"的必由之路，是"最终达到共同富裕"的根本保障，一句话，是过渡时期社会主义的天经地义。

第三节　迎接生产力的革命

在本书即将结束之际，有必要对过渡时期的三大革命、尤其是过渡时期社会主义社会的三大革命，作一个统一的概述。而要作这样的概述，又有必要重录毛泽东的一段重要谈话。毛泽东说：

> 从世界的历史来看，资产阶级工业革命，不是在资产阶级建立自己的国家以前，而是在这以后；资本主义的生产关系的大发展，也不是在上层建筑革命以前，而是在这以后。都是先把上层建筑改变了，生产关系搞好了，上了轨道了，才为生产力的大发展开辟了道路，为物质基础的增强准备了条件。当然，生产关系的革命，是生产力的一定发展所引起的。但是，生产力的大发展，总是在生产关系改变以后。拿资本主义发展的历史来说，正如马克思所说的，简单的协作就创造了一种生产力。手工工场就是这样一种简单协作，在这种协作的基础上，就产生了资本主义发展第一阶段的生产关系。手工工场是非机器生产的资本主义。这种资本主义生产关系产生了一种改进技术的需要，为采用机器开辟了道路。在英国，是资产阶级革命（十七世纪）以后，才进行工业革命（十八世纪末到十九世纪初）。法国、德国、美国、日本，都是经过不同的形式，改变了上层建筑、生产关系之后，资本主义工业才大大发展起来。
>
> 首先制造舆论，夺取政权，然后解决所有制问题，再大大发展生产力，这是一般规律。在无产阶级革命夺取政权以前，不存在社会主义的生产关系，而资本主义的生产关系，在封建社会中已经初步成长起来。

在这点上，无产阶级革命和资产阶级革命有所不同。但是，这个一般规律，对无产阶级革命和资产阶级革命都是适用的，基本上是一致的。①

关于过渡时期资本主义，毛泽东先后讲到了三个革命：工业革命，上层建筑革命，生产关系革命。换句话说，生产关系革命，政治革命，生产力革命，这是任何一个过渡时期都必然要发生的三大革命。

在人类社会的史前时期，旧社会形态所能容纳的生产力发展到一定阶段，便必然地、自发地产生出新的更高的生产关系，从而开始了从旧的社会形态向新的更高的社会形态的过渡时期。这种新的生产关系的产生，便是生产关系的革命，是过渡时期得以开始的第一个革命。新生产关系的代表者在形成新兴阶级的过程中以及在形成阶级以后，不断地向旧社会形态的统治阶级展开斗争，直至发动推翻旧统治阶级的政治革命，夺取国家政权，即毛泽东所说的上层建筑革命。这是过渡时期发生的第二个革命。新兴阶级取得政权以后，保护和发展新的生产关系，于是新的生产关系就大发展了。"把上层建筑改变了，生产关系搞好了，上了轨道了"，就"为生产力的发展开辟了道路，为物质基础的增强准备了条件"，于是导致生产力的革命（升级或换代）。这是过渡时期发生的第三个革命。随着生产力革命的结束，新的更高的生产关系建立在新的更高的生产力的基础上，新的更高的社会形态得以形成并开始自身的发展运动，过渡时期结束。由此可见，在人类社会的史前时期，生产关系革命在前，政治革命居中，生产力革命在后。历史事实表明，政治革命不是一次完成的，一般要进行多次；生产力革命总是发生在过渡时期的后期，生产力革命的结束也就是过渡时期的结束；而新的生产关系自从产生以后，就一直处于发展、（政治革命后）大发展、（生产力革命过程中）更大发展这样一个不断地量变的过程之中，贯穿了整个过渡时期的始终。三大革命是过渡时期的代表者阶级的三大历史任务，或者说是这个阶级的三位一体的历史使命。

过渡时期社会主义与史前时期有所不同的是，政治革命在前，紧接着生

---

① 《毛泽东文集》第8卷，人民出版社，1999年6月版，第131—132页。

产关系革命，最后是生产力革命。无产阶级在取得政治革命的胜利进入过渡时期社会主义以后，立即实施剥夺资本，开始生产关系的社会主义革命。根据马克思恩格斯的设想，社会主义政治革命首先在先进资本主义国家取得胜利，无产阶级利用政权的力量"一步一步"地剥夺资本。一旦爆发生产力革命，智能生产力取代了机器生产力，资本主义也就寿终正寝了，共产主义新社会也就到来了。

经济文化落后的国家的过渡时期社会主义与马克思恩格斯的设想又有所不同。一方面，剥夺官僚资本，如毛泽东所说，具有社会主义革命的性质，是生产关系的社会主义革命，由此产生的社会主义生产关系在整个过渡时期将不断发展壮大，这是"特殊"中的"一般"，即从资本主义向共产主义的过渡；另一方面，无产阶级还要在生产关系和生产力领域进行彻底的资产阶级民主革命，这是过渡时期社会主义所特有的初级阶段的任务之一，是区别于"一般"的"特殊"。因此，同任何过渡时期一样，生产关系的革命将贯穿于整个过渡时期的始终，但是经济文化落后国家的过渡时期的生产关系革命又具有更为复杂的内容。

无论是生产关系革命在前，还是政治革命在前，人类社会发展中的四大过渡时期都向我们昭示了一点：对于过渡时期的代表者阶级来说，开始取得的政治革命和生产关系革命的胜利都不是最后的胜利，这些胜利成果存在着得而复失的可能性，存在着旧社会复辟的危险性，只有最后发生的第三大革命，即生产力的革命，才是先进阶级的最后的胜利，才是从前取得的胜利成果的根本保障。而这种新的生产力革命的爆发又是必然的、不可避免的，正因为这样，人类社会的发展才形成了五大社会形态依次更替的历史进程，并且这一历史进程又是任何力量所无法阻挡的。

例如过渡时期社会主义。无产阶级在取得政治革命和生产关系革命的胜利以后，并非万事大吉，可以高枕无忧了。不是这样的。过渡时期社会主义社会存在着复辟资本主义的危险性，而苏东剧变就是资本主义复辟的严酷的现实性。过渡时期社会主义存在资本主义复辟的危险性的最深刻的根源，在于其脚下的生产力。撇开小生产自发地产生资本主义不谈，单说机器生产力，由于它必然地生产商品，必然地生产价值和剩余价值，这就决定了人对物的依赖和追求，也就是对货币的依赖和追求。一方面，人人都可能萌生发财致富的欲望；另一方面，存在着出现以追逐、占有剩余价值为目的的资本主义生产方式的可能性。只有不生产任何价值和剩余价值的智能化、自动化生产力，才能根除个人发财致富的欲望，才能彻底粉碎任何人复辟资本主义的妄想。由此可见：

一旦新的生产力取代了旧的生产力，旧社会及其代表者也就退出历史舞台，彻底地灭亡了。

一旦机器生产力取代了手工生产力，封建主义和地主阶级也就退出历史舞台，彻底地灭亡了。

一旦智能生产力取代了机器生产力，资本主义和资产阶级也就退出历史舞台，彻底地灭亡了。

报载：2012年，中国第一座智能发电厂建成投产。

科学界公认：新的科学技术革命已呈"山雨欲来风满楼"之势。

让我们举起双手，迎接生产力的新的伟大革命！

对马克思主义的再学习、再认识(代后记)

在本书即将付梓之际,我把在写作过程中所产生的一个感想书之于此,作为后记,与读者共享。

这个感想是:应当对马克思主义进行再学习、再认识。这里所说的马克思主义仅指马克思恩格斯的学说。

这个感想是由以下问题引起的:中国特色社会主义是在马克思主义的指引下进行的吗?换句话说,马克思恩格斯的学说还能够指引中国特色社会主义的实践吗?

以下看法带有普遍性,或者说是学界的主流认识:"在新的历史条件下,我们不仅不可能直接地从马克思主义创始人的著作中找到解决问题现成答案,而且'老祖宗'的理论也已经不够用了;马克思主义本身需要不断丰富、补充、发展和创新"。①

我不完全赞同这种看法,因为我在研读经典著作的过程中发现,我们所建立的中国特色社会主义制度,特别是基本经济制度和经济体制,从马克思主义创始人的著作中几乎都能够找到理论说明。

邓小平同志说:"社会主义是什么?马克思主义是什么?过去我们并没有完全搞清楚。"② 由此我形成确信:马克思主义是与时俱进的科学,需要在实践中不断发展和创新,但是发展和创新应以坚持和继承为前提;马克思主义

---

① 陈文通:《重温经典:拜访马克思》,中央文献出版社,2009年9月版,第3页。
② 《邓小平文选》第3卷,人民出版社,1993年版,第137页。

作为博大精深的理论宝库,过去我们对于这个宝库中的理论武器并没有完全搞清楚,可能遗漏或者忽视了一些重要观点,需要进行再学习、再认识。

被我们长期忽视的理论武器首先是马克思的三代生产力理论。

可以这么说,生产力在人类社会发展中的地位和作用决定了三代生产力理论在整个马克思主义理论体系中的地位和作用。它是历史唯物主义的理论基石,它为科学社会主义注入了科学性和真理性。不认识、不掌握这个理论武器,就不可能了解历史唯物主义的真谛,就不可能树立并保持坚强的共产主义信仰,就可能在大风大浪面前动摇立场。

有人说马克思主义是经济决定论。这话说对了一半。马克思主义还有另一半:把无产阶级当作物质武器,高扬无产阶级的历史主动性和主体能动性,认为无产阶级将开启自觉创造历史的人类社会发展新时期。这就是马克思恩格斯创立的自为阶级理论。这一理论在事实上也被我们长期忽视了。

无产阶级为什么是肩负历史使命的阶级?无产阶级怎样才能保持并提升自己的自为性?无产阶级又是怎样自觉创造历史的?如此等等,都是自为阶级理论的基本内容。过去,人们从马克思主义的理论宝库中疏理出党的建设理论、无产阶级斗争策略的理论;在我国新的历史发展时期,江泽民提出"三个代表",胡锦涛提出科学发展观,并要求全党研究执政规律等等,所有这些都与自为阶级理论相关。十分明显的是,我们还没有对这一理论进行完整的、系统的研究,甚至还没有把它作为一个基本理论来看待。

由此可见,被我们长期忽视的是两个怎样的理论武器啊!一个是三代生产力理论,另一个是自为阶级理论;一个集中体现着经济决定论,另一个集中体现着自为阶级主体能动论;一个浸透着科学性,另一个浸透着革命性。它们是马克思主义理论大厦的两块基石。

根据恩格斯的意见,马克思主义的基本内容是"两个伟大发现"(唯物史观和剩余价值学说)和一个必然结论(科学社会主义),是浑然一体的。后来列宁虽然将马克思主义划分为"三个组成部分",但并未始终坚持。长期以来我国官方和学界将马克思主义划分为哲学、政治经济学和科学社会主义三个部分,近几年学界认识到这种划分的弊端,呼吁"必须着力打通马克思主义哲学、政治经济学和科学社会主义之间的联系。"① 可见，即使从理论体系的形式方面来看，也需要对马克思主义进行再认识。我们认为，首先要重视并加强对于马克思三代生产力理论和自为阶级理论的系统研究，然后以此为基础、以恩格斯的意见为参照，重塑马克思主义理论体系，特别是基本原理体系。我们相信，体现着经济决定论和自为阶级主体能动论相结合、科学性和革命性相统一、自在和自为相一致的崭新的马克思主义理论体系，必将焕发出勃勃生机，再次彰显出放之四海而皆准的真理品格，再次彰显出作为无产阶级精神武器的革命品格。我们将会惊喜地发现，马克思主义的灿烂光芒正在照耀着中国特色社会主义的航船，并把它指引到共产主义社会去。

事实上，本书就是结合过渡时期社会主义实践，对马克思主义进行再学习、再认识的成果。

今春三月，我将书稿传至中央编译出版社，不久获得出版社领导的首肯。在本书即将出版之际，借此机会，谨向中央编译出版社领导表示诚挚的感谢！

还要感谢我的老朋友、中共徐州市委党校副校长、研究员赵厚军同志，感谢他放下自己的研究，拨冗为本书作序。

作　者
2013 年 12 月

---

① 王峰明：《〈资本论〉与历史唯物主义微观基础——以马克思的生产力理论为例》，百度网。